ANDREA HARMONIKA

Jedem Anfang wohnt ein verdammter Zauber inne

Vom Sinn und Unsinn mit Kindern

BASTEI
LÜBBE
TASCHENBUCH

BASTEI LÜBBE TASCHENBUCH
Band 60967

Dieser Titel ist auch als E-Book erschienen.

Originalausgabe

Copyright © 2018 by Bastei Lübbe AG, Köln
Textredaktion: Anne Büntig
Illustrationen Innenteil und Umschlaggestaltung: FAVORITBUERO, München
Unter Verwendung von Motiven von © getty-images/PeopleImages und
© shutterstock: Feaspb | Vladimir Wrangel | Derek Hatfield |
Robles Designery | StockphotVideo
Satz: hanseatenSatz-bremen, Bremen
Gesetzt aus der Adobe Garamond Pro
Druck und Verarbeitung: CPI books GmbH, Leck – Germany
ISBN 978-3-404-60967-3

2 4 5 3 1

Sie finden uns im Internet unter
www.luebbe.de
Bitte beachten Sie auch: www.lesejury.de

Ein verlagsneues Buch kostet in Deutschland und Österreich jeweils überall dasselbe.
Damit die kulturelle Vielfalt erhalten und für die Leser bezahlbar bleibt, gibt es die gesetzliche
Buchpreisbindung. Ob im Internet, in der Großbuchhandlung, beim lokalen Buchhändler, im Dorf
oder in der Großstadt – überall bekommen Sie Ihre verlagsneuen Bücher zum selben Preis.

Für die drei Vollgasnarrischen.

Ohne die mein Herz
und die folgenden Seiten leer wären.

Inhalt

Guten Tag 9
Am Anfang war das Wort 10
Lügen haben kurze Beine 16
Nicht ganz dicht 21
Deine Nächte sind gezählt 26
Pubertät 30
Der grüne Klaus 31
Arschbombe 36
Enkeltrick 40
Fisimatanten 41
Demenz hat viele Gesichter 47
Kickerkränzchen 49
Har. Har. 55
Deine Mudda – ein Pressedrama 56
Die Mama kommt gleich 69
Esskapaden 74
Der grüne Bereich 80
Freischwimmer 81
Kleine Langfinger 86
Mama ante portas 87
Der echte Scout 89
The Grosser 95
Das Onomatopoesiealbum 100
Der Equipster 102
Familienkurve 106
Helicobacter-Eltern 108
Quod erat demonstrandum 111
Krieg und Frieden 112

X-mal	116
Enjoy the Silence	117
Warum es das nächste Kapitel gibt	128
Mein Baby ist doof	130
Hallo Internet,	135
Die verlorene Ehre des Fräulein Prysselius	137
Nicht ganz bei Prost	141
Milf-Life-Crisis	146
Arschbombe: Das Erwachen der Macht	152
House of Pain	163
Frau Rambo	165
Antons Kindergeburtstag	171
My God rides a Longboard	172
Revenge is a dish best served hot	177
Alle Mann in Deckung: Mama hat Geburtstag	179
Kinderüberraschung	183
Wir können nur Jungs	185
Das Ende der Arschbombe	189
Friedhof der Kuscheltiere	195
Kein Balg mit Kacknamen an Bord	200
Die Kinder von heute	201
Das Scheitern ist der Mütter Lust	206
Bedürfnisorientiert	210
Masternerds	212
Der Corl-Faktor	217
Prepper-Mom	219
Pachycephalodingsbums	225
Jammerlappen	230
Nachruf	231
Von einer, die auszog das Fürchten zu lehren	233
Jedem Anfang wohnt ein verdammter Zauber inne	243
Ab heute gehe ich ohne Feuchttücher auf den Spielplatz	246
Das letzte Wort	251
Das allerletzte Wort	253

Guten Tag,

mein Name ist Vorwort. Die meisten Leute lesen mich nicht. Und wenn sie mich lesen, dann wirft ihr Hirn spätestens ab dem ersten Absatz mit Popcorn nach mir und schreit »Laaaaaangweilig!«.

Aus diesem Grund möchte ich heute auf meinen üblichen Eröffnungsmonolog verzichten und stattdessen gemeinsam mit Ihnen die vielen kleinen Geschichten begrüßen, die bereits hinter dieser Seite auf ihren großen Auftritt warten.

In diesem Sinne:
Licht aus – Leselampe an!

Am Anfang war das Wort

Können Sie sich noch an die ersten Worte Ihres Kindes erinnern? Also nicht das gebrabbelte Silbengefasel, von dem nur Eingeweihte wussten, dass es sich bei »Itti«, »Nanie« oder »Hu-Hie« um Autoschlüssel, Zwieback und Tante Judith handelte. Ich meine das allererste, klar verständliche Wort. Das Wort, das sich seinen Weg direkt durch Ihre Ohren ins Herz gebahnt hat. So wie Ball. Oder Papa. Oder Tee. Oder Tor. Und als Sie schon befürchteten, Ihr Kind könne wohlmöglich eher das Wort Interphasenspulenspanner aussprechen, war es schließlich so weit. Einem kräftigen Kopfstoß unter der Tischplatte sei Dank hörten Sie es endlich. Das langersehnte Wort, mit dem Ihr schreiendes Kind die zu Hilfe eilende Oma zur Seite schubste: MAMAAAAAA. Na also. Geht doch.

>*»Und wie soll dein Schäfchen heißen?«*
>*»Ga-da-fi.«*

Wenn Kinder anfangen zu sprechen, wird vieles leichter. Zwar können sie sich auch vorher mit Lauten, Gesichtsausdruck und Gebaren Gehör verschaffen (wenn Sie einmal für die Ernährung eines Säuglings zuständig waren, wissen Sie das). Trotzdem funktioniert jede Erweiterung des kindlichen Wortschatzes wie ein Update. Je mehr Wörter ein Kind spricht, desto benutzerfreundlicher wird es. Und lustiger. Denn mit Babys haben Sie zwar viel zu lächeln. Richtig was zu lachen haben Sie aber erst, wenn die Kinder sich zum ersten Mal vom Christkind »Cockporn« wünschen. So schnell können Sie dann gar nicht mehr Tagebuch führen, wie

Ihre Kinder behaupten, die Oma hätte »Magen-Darm-Gyros« oder dass *Die drei Fragezeichen* Justus, *Dieter* und Bob heißen.

Allerdings bringt die Sprachentwicklung auch gewisse Nachteile mit sich. Zwar ist es sehr schön, wenn Ihnen Ihr Kind endlich sagen kann, wo der Schuh gerade drückt. Aber spätestens wenn auch die letzte Erzieherin im Kindergarten weiß, an welchen Stellen sich die Mama überall rasiert, waren rückblickend die Zeiten, in denen die Kleinen gemütlich vor sich hin gesabbert haben, eigentlich auch ganz schön.

Ach ja, damals. Das waren noch Zeiten. Als Ihnen Ihr Kind bei der Einschlafbegleitung unvermittelt über das Gesicht gestreichelt und »Schlaf schön, Spätzchen« zugeflüstert hat. Und kaum einen Kopf größer hüpft es plötzlich im Einkaufswagen auf und ab und ruft »*Dreh dich, knick dich, fick dich!*« durch den Laden. Und während Ihnen vor Schreck fast der Fairtrade Bio-Honig aus der Hand rutscht, studiert das ältere Kind in der Zwischenzeit die Ekelfotos auf den Zigarettenschachteln an der Kasse und muss anschließend auf dem Supermarktparkplatz davon abgehalten werden, mit wildfremden Rauchern über blutigen Husten zu diskutieren.

> *»Aber Mama, vielleicht wissen die das nicht.«*
> *»Doch die wissen das.«*
> *»Aber warum machen die das dann?«*
> *»Warum hast du denn gestern deinen Bruder mit dem Ärmel an die Werkbank getackert?«*

Das soll natürlich nicht heißen, dass alle Kinder automatisch gleich gesprächig sind. Tatsächlich hat der Große eine beste Freundin, die bereits seit vier Jahren bei uns zu Hause ein- und ausgeht, aber erst seit zwei Jahren Fragen wie: »Alles im Lack?« oder »Möchtest du auch was trinken?« mit mehr als einem Grunzen beantwortet.

Was aber ausnahmslos alle Kinder, ob nun mitteil- oder schweigsam, eint, ist ihr Humor. Der kennt nämlich mit zunehmender Sprachkompetenz keine Grenzen. Vor allem keine zeitlichen. Nichts, ich wiederhole, nichts dauert so lange wie ein Witz, den Ihr Kind Ihnen »*noch schnell*« vor dem Mittagessen erzählen will.

»*Es war einmal ein Mann.*
Nein, eine Frau.
Nein, ein Mann.
Der war Jäger.
Nein, Lehrer.
Nein, Jäger.
Es war einmal ein Jägermann …«

Das eigentliche Problem mit Jägermann-Witzen ist aber gar nicht so sehr ihre Länge. Immerhin sind Ihre Kinder ja beschäftigt, während Sie selbst in aller Ruhe den Tisch decken, das Essen verteilen, sich hinsetzen, selbst essen, wieder abräumen, den Geschirrspüler einschalten und unter dem Tisch die Reste zusammenfegen. Das Problem sind die scheiß Pointen. Erstens sind die nie lustig und zweitens ab dem dritten »Es war einmal ein Jägermann« auch genauso vorhersehbar wie die Sauerei, die ein Beikostkind veranstaltet, wenn es sich selbst Wasser einschütten will.

Aber es hilft nichts. Da müssen Sie als Eltern durch. Denn wer möchte schon demoralisierte Kinder großziehen (oder ihnen für den Rest des Lebens das Wasser reichen müssen)? Also Backen zusammenkneifen und loslachen. Nicht zu übertrieben. Nicht zu lang. Ein einfaches, kurzes Fake-Lachen mit einer Prise Überraschung reicht. Das können Sie! Alle Eltern können das. Himmel, einen Cent für jede Mutter, die schon mal beim Mittagessen eine Pointe vorgetäuscht hat.

Ganz anders sieht es hingegen mit spontanen Witzeinlagen aus. Denn im Gegensatz zum geplanten Witz geraten die fast immer außer Kontrolle. Vor allem abends, wenn Sie Ihre Kinder eigentlich dazu bringen wollen, sich einen Schlafanzug anzuziehen, das Gesicht zu waschen und die Zähne zu putzen. Das alles können Sie sich nämlich abschminken, wenn kurz zuvor das Wort »Powolle« gefallen ist. Glauben Sie mir, sobald nach 18 Uhr irgendwer das Wort »Powolle« ausspricht, hat wirklich niemand mehr die Absicht, mehr als eine Socke allein auszuziehen.

Auch hier gilt wieder: Mit einem Säugling kann Ihnen das nicht passieren. Die sind gegen »Powolle«, »Kacksaft« oder »Pimmelpammel« vollkommen immun (so lange Sie Ihre Gesichtszüge unter Kontrolle haben). Säuglingshumor ist nämlich regulierbar. Er unterliegt strengen Regeln, die Ihnen helfen, den Spaß zu kontrollieren. Zum Beispiel, indem Sie das Geschirrtuch einfach auf die Seite legen und verstummen. Denn wo kein Kuckuck – da kein Hihi. So einfach ist das. Oder besser gesagt: war das.

Beim Sprechling können Sie den Spaß nicht mehr regulieren. Dieser Zug ist spätestens ab dem ersten Drei-Wort-Satz abgefahren. Erst recht, wenn er Verstärkung von einem anderen Sprechling bekommt. Und wenn die sich dann erst einmal gegenseitig auf die oberste Eskalationsstufe hochgewitzt haben, hilft erfahrungsgemäß nur noch eines: abwarten. Das ist natürlich doof. Vor allem, wenn es schon spät ist und die in Spielplatzsand panierten Kinder eigentlich noch duschen sollten. Aber was soll's. Bis sich das Humorzentrum Ihrer Kinder wieder beruhigt hat, können Sie in der Zwischenzeit ja etwas Sinnvolles tun. Zum Beispiel die Waschbecken saubermachen oder den angetrockneten Grind von den elektrischen Zahnbürsten runterkratzen. Immerhin warten Sie ja im Badezimmer ab. Dem potenziell versifftesten Raum jeder Durchschnittsfamilie.

Während Sie die Wartezeit sinnvoll nutzen, sollten Sie sich allerdings an die drei folgenden Deeskalations-Regeln halten:

1. Wiederholen Sie auf Anfrage keine verdächtigen Substantive!

2. Lassen Sie sich nicht von Toilettengesängen wie »Jungs sind super – Mädchen sind puper« zu einer Diskussion über Geschlechterstereotype hinreißen!

3. ZIEHEN SIE UM HIMMELS WILLEN AN KEINEM FINGER – sonst stehen Sie nämlich morgen früh immer noch neben der Toilette und winken mit dem Schlafanzug.

   »Sag mal Marsch … Sag mal Marsch … och bitte, Mamaaaa!«

Also warum genau waren Sie noch einmal so erpicht darauf, dass Ihre Kinder sprechen lernen? Denn mal ehrlich, entweder nutzen Kinder ihren nah am Lacher gebauten Wortschatz, um Sie zu veralbern,

   »Welches Buch soll ich dir vorlesen?«
   »Hans Kackmann im Wunderglück.«

Sie zu verpfeifen,

   »Guck mal Oma, hier ist die Mama letztens geblitzt worden. Dabei hat sie sich soooo erschrocken, dass sie ihr Handy quer durch das Auto geworfen hat.«

oder aber um Sie irgendwann mit Ihren eigenen Waffen zu schlagen:

   »Wieso? Dein Schreibtisch sieht doch genauso aus!«

Und was die Humorbereitschaft Ihrer Kinder angeht, glauben Sie bloß nicht, dass für Elternwitze dieselben Regeln gelten wie für »Powolle«. Ihre Kinder mögen 20 Minuten lange Lachtränen über einen Zeichentrick-Hai vergießen, der eine Hyäne und einen Einsiedlerkrebs um eine Vulkaninsel jagt. Aber sobald Sie sich ihnen mit hocherhobenem Wischmop zwischen Hausflur und frisch gewischter Küche in den Weg stellen und rufen: »Zurück zu den Schatten, Flamme von Udun! DU! KANNST! NICHT! VORBEI!«, dann heißt es plötzlich: »Mama, lass den Scheiß!«

Deshalb werden mir Eltern von erfahrenen Sprechlingen am Ende dieses Kapitels auch sicher beipflichten, dass wir statt Warnhinweisen auf Zigarettenschachteln lieber Warnhinweise auf »Meine ersten Wörter«-Bücher kleben sollten. Wenn Sie jetzt allerdings neben einem schlafenden Baby liegen, dann haben Sie natürlich erst einmal allen Grund zur Vorfreude. Immerhin wird dieser kleine, duftig-zarte Engel Sie eines Tages zum ersten Mal bei Ihrem Namen nennen und Ihnen irgendwann sagen, dass er Sie liebt.

Aber vergessen Sie nicht: Derselbe kleine, duftig-zarte Engel wird den Leuten in der Warteschlange beim Bäcker auch in ein paar Jahren von den »*schönen flauschigen Haaren*« an Mamas Beinen erzählen oder Ihnen bitterste Vorwürfe machen, sobald er Sie und Ihren Mann freitagabends in flagranti auf der Wohnzimmercouch erwischt.

Großer (7): »Ihr esst hier ohne uns Chips?! Wie gemein!«
Kleiner (4): »Gemein ist gar kein Ausdruck!«

Lügen haben kurze Beine

*»Meine Mama sagt immer, dass Wölfe Pudding in Häuser werfen.«** [*]

Kennen Sie auch den Spruch: »Betrunkene und kleine Kinder sagen immer die Wahrheit«? Keine Ahnung, wer sich diese Binsenweisheit ausgedacht hat, aber auf meine Familie trifft es nicht zu. Als wir beispielsweise letztes Jahr nach dem Karnevalsumzug nach Hause kamen, rief der Franz beim Betreten des Hausflurs überglücklich: »Ich bin unzerstörbar!« und lag keine fünf Minuten später auf dem Sofa im Tiefschlaf. Und unsere Kinder beantworten mir beim Betreten eines neuen Tatorts, also eines überschwemmten Badezimmers oder einer verqualmten Küche, sofort alle überhaupt noch nicht gestellten Fragen mit »Das war ich nicht, das war schon so«.

Das war ich nicht, das war schon so … Die einzigen Menschen, die diesen Satz vermutlich öfter zu hören bekommen als Eltern von kleinen Kindern, sind Kinder von alten Eltern, die bei der telefonischen Fernwartung ihres PCs Stromkabel »Schnüre« und den Router »kleine schwarze Blinkekiste« nennen.

Aber zurück zum Nachwuchs. Ganz gleich, ob absichtlich oder unwissend, aus Scham oder Spaß: Kinder lügen wie gedruckt. Alle. Vor allem die kleinen. Die haben nämlich recht zackig raus, dass man mit der Flunkerei vor allem verbotene Handlungen verschleiern kann. Zwar stellen sie sich am Anfang noch recht plump an,

---

[*] Sagt sie nicht. Nie. Wurde aber trotzdem gegenüber anderen Dreijährigen behauptet.

sobald sie mit der *Captain-Sharky*-Stempelspur auf den Küchenschränken konfrontiert werden (»Warsnis. Papamacht.«), aber irgendwann haben sie alle den routinierten Lügenbogen raus.

Wer hat an der Uhr gedreht? Oder faustgroße Polyethylenstücke aus der Schwimmnudel gebissen? Warum ist der ganze Hausflur voll Sand, wo doch niemand mit den Schuhen ins Haus gelaufen ist, und wieso wird im Stuhlkreis eigentlich behauptet, ich würde morgens meine Familie mit »Hallo ihr Kacka« wecken und zum Abendbrot »Kaffeeschaum und Kekse« servieren? All das ist genauso frei erfunden, wie der Einbruch bei Oma, bei dem die Diebe sämtliche »Stromrohre auseinanderverschraubt und schrottgemacht« haben, oder dass ich die neue Fleecejacke selbst genäht, und die blau weißen Streifen mithilfe von »auflösenden Federn eingebügelt« hätte. »Magische Phase« lautet dann die Diagnose der Erzieherin (auch wenn ich mich eher frage, ob die Stadtwerke vielleicht aufgehört haben, unser Trinkwasser zu filtern).

Wenn der Kleine also nicht gerade entwicklungsgerecht vor sich hin halluziniert, behauptet er auch gerne »ein schlimmes Autschi« zu haben, sobald es ans Aufräumen geht, oder dass sich das lose Kilo Parboiled Reis ganz von allein im Küchenschrank verteilt habe. Dasselbe Kind behauptet allerdings auch, dass es »dreitausend Kilograd« wiegt und ich ihm morgens immer die Reste vom Frühstückstisch in die Brotdose packen würde. (Was schon deshalb gelogen ist, weil die Tischreste für gewöhnlich mein Frühstück sind.)

Größere Kinder lügen da schon diffiziler. Zum Beispiel fangen sie alle irgendwann an, gebetsmühlenartig zu behaupten, dass die Eltern von X, Y und Z alles, wirklich alles erlauben, was in den eigenen vier Wänden verboten ist. Außerdem haben sie nie eine Erklärung, warum die kleineren Geschwister plötzlich heulen, und keinen, wirklich keinen blassen Schimmer, weshalb auf einmal alle Mario-Kart-Spielstände seit 2008 gelöscht sind. WÄHREND SIE AUF DEM CONTROLLER HERUMDRÜCKEN!

Das war ich nicht, das war schon so … Die einzige Antwort, die tatsächlich noch weniger Wahrheitsgehalt hat als dieser Satz, ist »*gleich*«. »*Gleich*« ist eine der schlimmsten Lügen. »*Gleich*« bedeutet nämlich praktisch »*nie*« und ist sozusagen der verbale Mittelfinger Ihres Kindes.

> *»Wann fängst du mit den Hausaufgaben an?«*
> *»Gleich.«*

> *»Wann räumst du dein Zimmer auf?«*
> *»Gleich.«*

> *»Hast du mir überhaupt zugehört?«*
> *»Gleich.«*

Es ist zum Haareraufen! Dabei ist Lügen ja streng genommen ein Zeichen von Intelligenz. (Obwohl ich diese Theorie bezweifle, wenn der Kleine mir verklickern will, dass unser Babysitter lauter abgeleckte Nutella-Löffel in die Besteckschublade gelegt habe.) Und nicht nur das. Rein wissenschaftlich gesehen ist Lügen sogar eine überlebenswichtige Fähigkeit. Tatsächlich gibt es in der Tier- und Pflanzenwelt eine ganze Reihe erfolgreicher Bescheißer. Zum Beispiel die völlig harmlose Schwebfliege, die mit ihrem gefährlich gemusterten Hintern so tut, als wäre sie eine Wespe. Funktioniert bei mir prima. Das können Sie jeden Sommer beobachten, wenn ich wild fuchtelnd durch den Garten renne. Oder aber eine bestimmte Orchideenart, die den Duft und das Popowackeln einer Bienenkönigin auf Hochzeitsflug nachahmt und so fälschlicherweise Drohnen dazu bringt, ihren Rüssel in sie hineinzustecken*.

---

* Bitte an dieser Stelle Blumen nicht mit Frauen und biologisches Mimikry nicht mit Slut-Shaming verwechseln!

Auch wenn Lügen also rein soziologisch betrachtet das Vertrauen schwächen, stärken sie zumindest vom biologischen Standpunkt aus unsere Überlebens- und Vermehrungschancen. Und das wiederum erklärt am Ende auch, weshalb die schlimmsten Lügner in Ihrer Familie gar keine kurzen Beine haben. Na? Klingelt da etwas bei Ihnen? Vielleicht das Christkind? Der Osterhase? Oder die Zahnfee? Hand aufs Herz: Wann haben Sie das letzte Mal behauptet: »Die Strohhalme waren alle ausverkauft«, weil vor Ihrem inneren Auge bereits ein klebriger Fußbodenfilm mit Ihnen auf allen vieren in der Hauptrolle ablief? Oder haben so getan, als würden Sie immer noch das Baby einschlafstillen, obwohl dem bereits seit 20 Minuten Ihre Brust nur noch unmotiviert im Mundwinkel hing? Und alles nur, weil der Lautstärke nach zu urteilen Ihr Mann auf dem Flur immer noch mit Schlafanzug und Zahnbürste in der Hand hinter dem älteren Geschwisterkind herrannte. Und wo wir gerade bei schlafenden Kindern sind: Wie oft haben Sie in Ihrem Wöchnerinnenleben am Telefon den »Ich muss auflegen – das Baby ist wach!«-Joker gezogen, obwohl Sie eigentlich nur auf der Couch weiterdösen wollten, bis das Baby tatsächlich wieder wach war? Oder aber haben Ihren Kindern leise in der Adventszeit zugeflüstert, dass sie nun auf keinen Fall mehr aufstehen dürfen, weil die Mama jetzt nach unten geht und Weihnachtswerkstatt macht, während sie den Rest des Abends in Wirklichkeit nur die Füße hochgelegt und Serien geguckt haben.

Sie schütteln jetzt den Kopf? Solche Sachen tun Sie nicht, weil das moralisch fragwürdig ist? Da gebe ich Ihnen Recht und jedes Mal, wenn mich meine Kinder fragen, was ich da im Mund habe und ich mit vollem Mund »Porree« antworte, fühle ich mich schlecht. (Und nicht nur, weil ich dann ein komplettes Snickers mit geschlossenem Mund zu Ende kauen muss.) Aber schließlich muss ich ja nicht nur das Überleben unserer Spezies, sondern auch das meiner Nerven sichern. Und das kann ich nur, wenn in genau diesem Flutschfinger jetzt leider, leider Alkohol drin ist.

Ist das eine logische Entscheidung?

Nein, eine menschliche.*

---

* Stammt der kluge Schluss von mir? Nein, von Captain Kirk und Mister Spock aus *Star Trek IV*.

Nicht ganz dicht

›Wie gut, dass ich nicht da oben stehe‹, denke ich jedes Mal, wenn ich mit den Kindern *Die Eiskönigin* schaue. Ansonsten würde nämlich immer an der Stelle, wo Königin Elsa hoch oben auf dem Berg ihre Krone in den Schnee wirft und »Ich bin frei« singt, mein nasses Gesicht zufrieren. »Mama heult wieder«, sagt der Große dann zum Kleinen, und er sagt dies mit derselben Begeisterung, mit der er auch Sätze sagt wie: »Oma hat kein Internet« oder »Heute gibt es Reste von gestern«.

Aber es stimmt. Seit ich Mutter bin, gibt es für mich ständig was zu heulen. Kinderkriegen weicht nämlich nicht nur den Beckenboden, sondern vor allem auch die Psyche auf. Leider wird man auf Letzteres nicht annähernd so gut vorbereitet, wie auf die Tatsache, dass man sich spätestens nach dem zweiten Kind einen Tampon herausniesen kann.

Das geht schon in der Schwangerschaft los. Sobald sich der Winzling erfolgreich eingenistet hat, kommen einem ständig die Tränen. Beim Anblick des positiven Schwangerschaftstests, des ersten Ultraschallbildes oder eines leeren Glases Nutella. Nichts ist vor einem spontanen Gefühlausbruch sicher. Aber auch Väter sind gegen emotionaler Inkontinenz nicht gefeit. Allerdings tritt diese häufig mit einer Zeitverzögerung von etwa 40 Wochen auf. Meistens vor lauter Dankbarkeit, wenn sie das erste Mal ihr Kind im Arm halten (oder weil ihnen die Frau unter der letzten Presswehe nicht die Hand gebrochen hat.)

Während also neugeborene Väter von ihrer ersten postpartalen Gefühlswelle umspült werden, sind Mütter zu diesem Zeitpunkt bereits echte Vollprofis. Zwei Liter Tränen habe ich nach der Geburt des Großen über die ersten Seiten von Henning Mankells *Kennedys Hirn* in mein Badewasser geheult, weil zu Beginn der Geschichte eine Mutter ihren toten Sohn findet. Das mag verständlich sein. Allerdings habe ich am selben Tag auch zwei Liter Tränen über einen Werbespot vergossen, in dem eine alte Frau ihrem Postboten eine Schachtel Schokoriegel schenkt. Emotionale Inkontinenz kennt nämlich keine rationalen Grenzen. Zumindest im Wochenbett. Danach pendelt sich das Ganze natürlich wieder ein. Außer, Sie stellen sich versehentlich den Tag vor, an dem das schlafende Baby in ihren Armen auszieht. Oder Sie bekommen ihren ersten Tesafilm-Quatschklumpen zum Muttertag geschenkt. Und wenn unterwegs im Radio ein rührseliges Lied läuft, sollten Sie vielleicht auch besser umschalten. Es könnte nämlich gut sein, dass Sie sonst nach zwei Strophen rechts ranfahren müssen, weil Sie vor lauter Mascara-Schmierfilm keine Verkehrsschilder mehr erkennen können.

Ach, machen wir uns nichts vor. Sobald wir Eltern werden, ist nichts mehr vor uns und unserer Knopfdruck-Gerührtheit sicher. Geburtssendung im Fernsehen? Läuft. Ein Orang-Utan-Baby küsst seine Mutter? Mimimi. Ihr Kind ist unterwegs im Kinderwagen mit der Laugenstange im Mund eingeschlafen? Okay, das ist witzig. Aber sobald Ihnen besagtes Kind seinen ersten »Mama is lip«-Zettel schreibt, können wir für nichts garantieren. Überall lauern sie. Momente, in denen kein Auge trocken bleibt. Manchmal kommen sie mit Ankündigung (zum Beispiel mit dem Elternbrief für die Einschulung) oder einfach so ohne Vorwarnung. Ich habe schon aus heiterem Himmel auf allen vieren im Hausflur auf ein Kehrblech geheult. Aber nicht, weil ich kurz vorher wie so ein Anfänger die Kinderschuhe umgedreht hatte, sondern weil sich plötzlich beim Gedanken an den letzten mit Sand gefüllten Kinderschuh mein Herz zusammengezogen hat.

Wobei es natürlich Unterschiede gibt. Nicht jede Mutter verliert automatisch die Nerven, sobald ein einarmiger Kinderchor in einer Casting-Show »Heal the World« von Michael Jackson covert. (Schließlich macht sich auch nicht jede Mutter nach zwei Sprüngen auf dem Trampolin in die Hose.*)

Natürlich gibt es Mütter, die nach der Eingewöhnung nicht erst eine Runde auf dem Kindergartenparkplatz in ihren Kaffeebecher heulen. Und während die einen schwer sentimental werden, sobald sie den ersten Milchzahn ihres Kindes in der Hand halten, erinnern sich die anderen vielleicht einfach nur kopfschüttelnd an die vielen wunden Hintern und schlaflosen Nächte, die das kleine, weiße Scheißerchen verursacht hat.

Aber, um es mit den Worten der Verkäuferin zu sagen, bei der ich letztens neue Trinkflaschen für die Kinder gekauft habe: »Einen hundertprozentigen Auslaufschutz gibt es leider nicht.« Denn spätestens, wenn sie ein paar Jahre später zum letzten Mal die Jacke ihres Kindes vom Birnen-Haken nimmt, knickt auch die coolste Eingewöhnungsmutter ein, und nicht selten wird dann der einen innig geliebten Erzieherin beim Abschied die Schulter bis auf den BH-Träger nassgeheult.

Aber was können wir denn jetzt dagegen tun? Diese unkontrollierte Flennerei ist ja nicht zum Aushalten.

»Buhuuuuu … Schon Schuhgröße 35.«
»Buhuuuuu … Im Internet erkennen Babys ihre Mütter am Geruch.«
»Buhuuuuu … Sie haben mir einen großen Strauß Lavendel gepflückt.«

Nun, als Erstes sollten Sie Ihre Kinder vielleicht daran erinnern, dass der Lavendel in den frisch bepflanzten Blumenkästen unter absolutem Pflückverbot steht.

Zweitens könnten Sie während künftiger Krisensituationen

---

* Pffz, Rückbildungsstreber!

eine Art desensibilisierende Gegenoffensive starten. Wenn Sie also beispielsweise am ersten Schultag Ihrem kleinen Kind dabei zusehen, wie es mit der großen Schultasche auf die Bühne der Grundschulaula klettert, könnten Sie sich in den Oberschenkel kneifen und dabei leise ein Anti-Tränen-Mantra wiederholen. »Hackbratenhackbratenhackbraten …«. (Das funktioniert meistens aber nur so lange, bis der Erste in der Reihe die Nase hochzieht. Emotionale Inkontinenz ist nämlich nicht nur die Pest, sondern leider auch sehr ansteckend.)

Oder aber Sie entscheiden sich für die dritte und letzte Herangehensweise: Es ist Ihnen einfach wurscht, dass Sie jetzt ein Lauch sind. Was soll's? Dann können Sie halt an Kindergeburtstagen spätestens ab » *Wie schön, dass du geboren bist* « nicht mehr mitsingen. Lassen Sie Ihren Tränen einfach freien Lauf. Am Ende unserer Nerven lautet nämlich die frohe Botschaft: Das ganze Geheule ist völlig normal.

Tatsächlich hat es nämlich einen tieferen Sinn, warum Sie immer, wenn Sie an den Hasen denken, der Ihnen vors Auto gelaufen ist, sich wünschen, dass dieser keinen Bau mit Jungen hinterlässt. Mutter Natur hat uns nämlich mit voller Absicht verweichlicht. All die sensiblen Antennen, die auf einmal überall aus unserem Boden sprießen, helfen uns nämlich, besser die Bedürfnisse der uns anvertrauten Kinder wahrzunehmen. Diese neugeborene Sensibilität treibt uns an, unsere Kinder in einen festen Kokon aus Liebe und Geborgenheit zu hüllen, in dem sie weder frieren noch hungern (oder aus dem Fenster geworfen werden, sobald sie einen wahnsinnig machen). Deswegen ist am Ende unsere eigentliche Achillesferse nicht der ramponierte Beckenboden, sondern unser Herz. Dieses butterweiche Ding, das plötzlich bei jedem Pipifax dahinschmilzt.

Wenn sich also das nächste Mal Ihr Kind beim Poabputzen an Sie lehnt und flüstert: »Wenn ich groß bin und du klein, dann helfe ich dir auch.«, dann denken Sie einfach an Olaf. Aber nicht an das Europäische Amt für Betrugsbekämpfung, das ulkigerweise genauso heißt*, sondern den kleinen Schneemann aus der Eiskönigin. Wie er am Ende des Films ein loderndes Feuer im Kamin entfacht, um seiner Freundin Anna das Leben zu retten.

»Manche Menschen sind es eben wert, dass man für sie schmilzt.«

---

* Glauben Sie nicht? Stimmt aber. Ist ein Amt, sitzt in Brüssel und hört auf den Namen: »*Office Européen de Lutte Anti-Fraude*«

Deine Nächte sind gezählt

Wenn es ein Thema gibt, das Eltern völlig zu Recht bis zum Abwinken beweinen, dann ist es ihr Schlafmangel. Schlafmangel ist eine grausame Folter und wird von Herbert Grönemeyer äußerst treffend in seinem 1984er-Jahre-Hit *Ich kann nich' pennen* wie folgt beschrieben:

Wir haben wieder die Nacht zum Tag gemacht
Ich nehm' mein Frühstück abends um acht
Gedanken fließen zäh wie Kaugummi
Mein Kopf ist schwer wie Blei, mir zittern die Knie

Okay, streng genommen heißt das Lied eigentlich *Alkohol* und rührt in erster Linie die musikalische Werbetrommel für Entzugskliniken. Dennoch kommt man beim Lesen von Textzeilen wie:

Gelallte Schwüre in rot-blauem Licht
Vierzigprozentiges Gleichgewicht
Graue Zellen in weicher Explosion
Sonnenaufgangs- und Untergangsvision

nicht umhin, eine frappierende Ähnlichkeit zwischen dem alkoholisierten und dem schlafdefizitären Zustand zu beobachten.

Damit wir uns richtig verstehen: Wir sprechen hier nicht von überstunden-jetlag-müde. Auch nicht von monströs verkaterten Hundebesitzern, die glauben, sie wüssten wie sich Eltern fühlen, nur weil ihnen ihr Vierbeiner sonntagmorgens um 6 Uhr die Leine aufs Kopfkissen wirft. Wir sprechen von echtem Schlafentzug. Einem Müdigkeitsmarathon, bei dem die kognitiven Fähigkeiten irgendwann so weit heruntergeschraubt sind, dass man sich im Gästebad verläuft und Rezepte für Gyrossuppe in den Gelben Seiten sucht. Denn Nächte mit kleinen Kindern sind wie ein nicht enden wollendes Festival. Nur dass aus drei schlaflosen, fröhlich alkoholisierten Tagen, an denen man zu Klassikern wie *Ich verabscheue Euch wegen Eurer Kleinkunst zutiefst* über den Rasen getanzt ist, plötzlich 300 schlaflose Nächte werden, an denen man sich lediglich alkoholisiert fühlt und nach der tausendsten Zugabe von *Eure watt mit eurer watt verwatt ich zu watt?!* den Bandmitgliedern von Tocotronic am liebsten ihre Brillengläser zertreten möchte.

Was im letzten Drittel der Schwangerschaft beginnt, endet mit Kindern, die erst so richtig glücklich zu sein scheinen, wenn mindestens ein Drittel ihrer Körpermasse auf dem mütterlichen Gesicht ruhen.* Das ist auch der Grund, weshalb sich Mütter tagsüber an die alte Hebammenweisheit »Schlafe, wenn das Baby schläft« halten sollen. Aber das ist leider romantisierter Käse. Denn selbst, wenn wir uns tatsächlich an dieses Wochenbettmantra halten, (also zu schlafen, wenn das Baby schläft – und im Gegenzug natürlich aufzuräumen, wenn das Baby aufräumt), sind die meisten von uns, trotz anhaltender Müdigkeit oft gar nicht in der Lage, das sich bietende Schlaffenster auf Knopfdruck zu nutzen. Tatsächlich liegen viele Mütter mit weit aufgerissenen Augen neben dem schlafenden Baby, während ihnen eine innere Stimme ins Ohr brüllt:

»Du musst jetzt auch schlafen!
J E T Z T!!
J-E-E-E-E-E-T-Z-T!!!«

---

* Ich spreche hier bewusst vom *mütterlichen* Gesicht, weil Väter (zumindest jene, die eine Einkommensgrundsicherungskarte zücken können) in der Regel nach dem ersten Tritt in die Rippen ein Zimmer weiter ziehen.

Oder sie nehmen sich vor, noch schnell zu duschen, Zeitung zu lesen, den Korb Wäsche zu bügeln und ... huch ... zu spät – Kind ist wieder wach. Die gute Nachricht lautet: Man gewöhnt sich an alles. Tatsächlich sind die meisten Eltern nach zwei, drei Jahren in der Lage, mit erstaunlich wenig Schlaf auszukommen. Zwar macht der chronische Schlafmangel mitunter dick, dumm, krank und/oder alt, aber nachdem sich solche Nebenwirkungen ja meistens gerechterweise auf beide Elternteile verteilen, sollte uns dieser Umstand nicht allzu nervös machen. Denn früher oder später tritt die sagenumwobene Phase des Durchschlafens in unser Leben. Der paradiesische Zustand einer durchgängigen, mehr als zehnstündigen Nachtruhe hält tatsächlich irgendwann Einzug in den nächtlichen Familienalltag. Allerdings sollte man an dieser Stelle auch deutlich darauf hinweisen, dass ein Großteil der Kinder zu diesem Zeitpunkt bereits in der Lage ist, sich seine Schuhe selbst anzuziehen. (Ein Umstand, der leider immer noch viel zu oft verschwiegen wird. Suggeriert uns doch unsere Gesellschaft an allen Krabbelgruppenecken und Verwandschaftsenden, dass Eltern nicht durchschlafender Kinder an irgendeiner Stelle versagt haben.)

Jedenfalls kommt jedes Durchschnittskind irgendwann von allein an den Punkt, an dem es relativ verlässlich ein- und durchschläft. (Diesen *Kast*-Zahn dürfen wir Ihnen an dieser Stelle getrost ziehen.) Und auch das große rosa Hubba Bubba, das lange Zeit als Platzhalter für Ihr beurlaubtes Hirn gedient hat, bildet sich langsam wieder zurück. Jetzt wäre natürlich der ideale Zeitpunkt gekommen, wieder zu alten Schlafmustern zurückzukehren.

Pffz. Von wegen.

Denn die schlechte Nachricht lautet: Die hormonelle Schlaflosigkeit, mit der uns Mutter Natur bedacht hat, damit wir rechtzeitig das hungrige Wolfsrudel bemerken oder unsere Kinder zwölfmal in der Nacht wieder zudecken, geht leider beinahe übergangslos in die senile Bettflucht über. Jetzt wandelt sich der Nachwuchs endlich zum Langzeitschläfer, und was machen wir? Wir bleiben auf. Finden einfach nicht den Weg ins Bett oder liegen dort wach und hängen bis in die Puppen im Internet herum und wundern uns, warum wir am nächsten Morgen Nerven aus Zahnseide haben. Aber bei der Ableistung unserer Freizeitpflicht hat sich unser Biorhythmus nach all den Jahren so sehr auf die Zeitspanne zwischen 22 Uhr abends und zwei Uhr morgens eingependelt, dass es schlichtweg unmöglich scheint, zu diesen Zeiten das Bett aufzusuchen. Nicht einmal den Beischlaf können wir an dieser Stelle zweckentfremden, da dieser den weiblichen Körper bekanntermaßen eher wachrüttelt statt ihn, im Gegensatz zum männlichen Pendant, ins unmittelbare Koma zu befördern.

Mütter durchschlafender Kinder legen sich nicht endlich hin, sondern nähen plötzlich mitten in der Nacht Breitcordpumphosen, recherchieren im Internet potenzielle Inhalte für Adventskalender oder starten einen äußerst unvernünftigen Serienmarathon. Aber damit nicht genug. Plötzlich werden wir morgens sogar vor den Kindern wach. Da liegen wir dann mit unserer vollen Blase und wägen äußerst sorgfältig den Toilettengang ab, da die einmal getätigte Wasserspülung quasi als Weckruf missverstanden werden könnte. Wobei dieses Phänomen meiner Erfahrung nach eher auf die Wochenenden zutrifft. An Werktagen stehe ich nämlich um diese Zeit wild fuchtelnd mit Hose und Zahnbürste in der Hand vor den Kinderbetten und halte einen zehnminütigen Aufstehmonolog, während die ungerührten Nachwuchsnasen einfach weiterschnarchen. Ist das zu fassen? Dieselben Kinder, denen bis vor Kurzem noch das Knacken meines Sprunggelenkes ausgereicht hat, um hellwach-kerzengerade wieder im Bett zu sitzen, stehen ein paar Jahre später schlaftrunken vor dem Badezimmerspiegel und lassen ihre Gedanken fließen. Und zwar zäh wie Kaugummi. Aber der Apfel fällt ja auch nicht umsonst weit vom Stamm.

Pubertät

»Du brauchst nicht auszusteigen, Mama«, meinte der Große neulich auf dem Parkplatz vor der Schule zu mir.

›Hat der mich gerade peinlich genannt?‹, fragte ich mich, als ich mit dem Kleinen weiter Richtung Kindergarten fuhr. Eigentlich dachte ich immer, Kinder wären erst in der Pubertät, wenn man sie dabei erwischt, wie sie heimlich die Flasche Grappa im Eisfach wieder mit Leitungswasser auffüllen. Tatsächlich beginnt die Pubertät aber offensichtlich, sobald Ihr Kind eingeschult wird. Denn spätestens, wenn der frisch gebackene Abschiedskussverweigerer lautstark vor sich hin schimpfend die Treppe hochstapft, weil er für den Religionsunterricht noch »jeden einzelnen der zwölf Scheißkackapostel auf dem Arbeitsblatt ausmalen muss«, wissen Sie, dass die unschuldigen Kindheitstage ab jetzt wohl gezählt sind.

Der grüne Klaus

Im Freundeskreis meines Vaters gab es einen Mann, den alle nur den *grünen Klaus* nannten. Der grüne Klaus war ein Fahrrad fahrender Vollkornbrotesser, der sein Altglas nicht in die Restmülltonne warf. Das mag heute drollig klingen, aber in einer Zeit, in der Asbest-Toaster und FCKW in Haarspraydosen quasi zum guten Ton gehörten, hat das tatsächlich ausgereicht, um jemanden als Ökohippie abzustempeln.

Jedenfalls war der grüne Klaus ein netter alter Typ, der die allerdings etwas unangenehme Angewohnheit besaß, sich auf den Geburtstagsfeiern unseres Vaters irgendwann zwischen mich und meine Geschwister zu quetschen, um über »*Mucke*« zu »*quatschen*«. Manchmal hakte er auch augenzwinkernd nach, ob wir später noch »*auf 'ne andere Fete gehen*«, während die übrigen Gäste im Hintergrund zu der Melodie *Eine Seefahrt, die ist lustig* »Ja der Gisbert wird heut 40« sangen.

Mit so einem »Man ist so alt, wie man sich fühlt«-Typ hat wohl jeder von uns im Laufe seiner Jugend Bekanntschaft gemacht. Erwachsene, die einem mit Ausdrücken wie »*Rockröhre*« eine Ganzkörpergänsehaut bescherten, und auf deren »*W-i-r haben ja früher immer*«-Gebabbel man lediglich mit höflich-hilflosen Zweisilblern wie »A-haaa« oder »O-kaaay« reagierte.

Die gute Nachricht lautet: Je älter man wird, desto weniger grüne Kläuse und Kläusinnen* laufen einem über den Weg. Al-

---

* Beispielsweise Doppelhaushälften-Mütter, die sich nach zwei Sektflöten auf dem Straßenfest unter die Unter-18-Jährigen mischen und ein »*Ich hab ja auch schon mal an 'ner ›Sportzigarette‹ gezogen*« in die Runde zwinkern.

lerdings ist der wahre Grund für die nachlassenden Begegnungen mit berufsjugendlichen Blitzbirnen eher beunruhigend. Denn mit zunehmendem Alter steigt die Wahrscheinlichkeit, dass man sich selbst peu à peu vom Opfer- in einen Täterklaus verwandelt.

Es ist geradezu erschreckend, wie viel Omma-erzählt-vom-Kriech-Energie plötzlich freigesetzt wird, wenn man im Wartezimmer der Kinderarztpraxis einem 12-Jährigen gegenübersitzt, der ein Nirvana-T-Shirt trägt. Und es mag ja durchaus sein, dass man seine Neffen vor ein paar Jahren mit der Tatsache beeindrucken konnte, dass man *Die Rückkehr der Jedi-Ritter* noch im Kino gesehen hat. Aber nur ein paar Jahre später reicht schon ein halber Glühwein unterm Tannenbaum, und ich höre mich selbst erzählen, dass der Franz damals »monatelang sein Wehrdienstverweigerungsgehalt für die a-l-l-e-r-e-r-s-t-e Playstation 1 gespart habe«.

»A-haaa. O-kaaay.«

Bämm! Da sind sie wieder. Das Schulterzucken. Die hilfloshöflichen Einsilber, mit denen man auf Alte-Leute-Gequatsche reagiert. Und ehe ich mich versehe, stehe ich unserer Babysitterin gegenüber, die bis über beide Boyband-Ohren in *One Direction* verliebt ist. Und während ich Wörter wie »Konzert« und »1990« fasele, schaut sie mich genauso verstört an, wie ich einst alte Schachteln, die *New Kids on the Block* mit so hässlichen alten Vögeln wie den *Bee Gees* verglichen haben.

So fühlt es sich also an, wenn man von einer Retourkutsche über den Haufen gefahren wird. Immer wenn mich ein Anfang-20-Jähriger mit »Entschuldigen Sie bitte ...« anspricht, stirbt ein kleiner Teil von mir, während ein anderer leise flüstert:

»*Gebt mir eure Gebrauchten. Gebt mir eure Kaputten. Gebt mir eure Toten.*«

»*Aber ich bin noch nicht tot.*«

»*Ach du bist doch schon so gut wie scheintot.*«

*»Ich will aber noch nicht auf die Karre. Es geht mir ausgezeich-
net. Ich bin kerngesund. Ich würde gern etwas spazieren gehen.«** *

Dabei will ich die Kinder, die streng genommen keine Kinder
mehr sind, doch nur ein bisschen beeindrucken. Möchte sie
wissen lassen, dass sich mein Leben nicht nur um *Sesamstraße*
und Riester-Rente dreht. Doch genug gejammert. Dieser peinliche Midlife-Crisis-Scheiß ist ja nicht zum Aushalten. Selbst-
erkenntnis muss her, und zwar reichlich. Immerhin ist sie, laut
meinem Abreißkalender in der Küche, der erste Schritt zur Bes-
serung.

In meinem Fall führte mich der erste Schritt zum nächsten
Kleinstadtbahnhof. Dort hockte ich im Auto auf dem Parkplatz
und wartete auf den verspäteten Regionalexpress aus Dings-
bums. In dem saß nämlich mein Neffe mit seinen Eltern, um
mit uns am nächsten Tag auf der Einschulungsfeier des Großen
Händchen zu halten. 15 Jahre war er da alt. In dem Alter habe
ich geraucht, Löcher in geschüttelte Bierdosen gestochen und
dem Franz eine Second-Hand-Wildlederjacke für 5 D-Mark ab-
gekauft (ja-haaa, wir hatten damals noch die Deutsche Mark).
Sie merken schon, dieses Zusammentreffen bot geradezu ideale
Voraussetzungen, um mit dem Grünen-Klaus-Fasten zu beginnen.

Als der Zug endlich eintraf, stieg ich aus dem Auto und über-
querte den Parkplatz. Einen Augenblick später kamen mir auch
schon Bruder und Schwägerin mit meinem jugendlichen Ver-
suchskaninchen im Schlepptau entgegen. Jetzt nur keinen Fehler
machen, dachte ich. Immerhin trug der Junge eine Schlafanzugs-
hose und ein Paar gigantische Kopfhörer um den Hals. Schweren

---

* Sollten Sie den Film *Die Ritter der Kokosnuss* bislang nicht gesehen haben, holen Sie es bloß nicht nach! Ernsthaft. Es sei denn, Sie sind erst 14 Jahre alt und
haben vorher eine Flasche *Bruichladdich* aus der Hausbar Ihrer Eltern geklaut.

Herzens schluckte ich die Frage, ob der Bauhofmitarbeiter, den er auf dem Hinweg überfallen hat, seine Straße jetzt ohne Gehörschutz aufmeißeln muss, hinunter. So wie übrigens auch das Wort »Walkman«. Oder die Geschichte, dass ich früher mit dem Franz immer ohne Führerschein im Moor herumgefahren bin. Herrje, der Junge hat wirklich keine Ahnung, was ich bei seinem Anblick alles durchmachen muss.

Als er schließlich vor mir stand, fragte ich mich, ob er es wohl zu schätzen wusste, dass wir uns bereits 30 Sekunden gegenüberstanden und ich ihn noch nicht angekumpelt hatte? Dieser viel zu große Junge. Kaum zu glauben, dass ich diesem ulkigen Mannkind vor Kurzem noch *Harry Potter und der Halbblutprinz* vorgelesen hatte. Er lächelte auf mich herab und nahm mich zur Begrüßung in den Arm, während ich ihm einen Kuss auf seine stoppelige Wange drückte. Ach du lieber Himmel, war das ein Bart? Wie konnte der Junge einen Bart haben? Der war doch gerade erst geboren. Dieses große kleine Wunder, von dem ich damals glaubte, ich könne den Rest meines gerade mal drei Tage alten Tantenlebens einfach nur dasitzen und ihn in meinem Arm halten und seine butterweichen Wangen streicheln. Bei diesen Gedanken verwandelt sich mein Herz plötzlich in eine warme Wurschtsemmel.

Wo ist die Zeit nur hin, murmele ich und dann passiert es. Meine ganzen guten Vorsätze sind mit einem Schlag dahin. Aber es ist nicht mein innerer grüner Klaus, der sich jetzt seinen Weg an meine Oberfläche bahnt. Es ist eine sentimentale Welle watteweicher Ergriffenheit, die auf einmal von mir Besitz ergreift. Vielleicht liegt es an der bevorstehenden Einschulung. Vielleicht aber auch an der Tatsache, dass diese riesigen Turnschuhfüße, die mir dort auf dem Parkplatz gegenüberstehen, einmal komplett in meine Hände gepasst haben. Jedenfalls stelle ich mich auf meine Zehenspitzen und nehme dieses Gesicht, das nur noch Spuren von Kindheit enthält, in meine Hände. Und bevor mich mein

Gehirn daran hindern kann, platzt es aus mir heraus: »Mann, bist du groß geworden.«

Arschbombe

Im Schulsport war ich immer eine Gurke. So wie meine Mutter. Die hat daraus auch nie einen Hehl gemacht. Mein Vater, der selbst mit einem Zweidrittel-Lungenflügel und Chemotherapie noch Rennrad gefahren ist, haute allerdings bei jedem »Schulsport: ausreichend« auf meinem Zeugnis mit dem Kopf auf die Tischplatte. »Das hast du nicht von mir. Das hast du nicht von mir.« Dabei hatte ich nicht einmal ein gesellschaftlich anerkanntes Sportgurkendefizit wie Übergewicht oder ein zugeklebtes Brillenglas. Ich war einfach ein ganz durchschnittliches, wenn auch auffallend unsportliches Mädchen. Daran muss ich denken, als ich vor zwei Wochen mit dem Kleinen auf dem Arm am Beckenrand im Schwimmbad stehe. Der Franz, damals wie heute ein Sportfeststreber allererster Klasse, steht neben mir und kann froh sein, dass ich ihn trotz seiner ganzen Angeberehrenurkunden im Schrank geheiratet habe. Gemeinsam warten wir auf den Großen, der Woche für Woche im Übungsbecken unseres Schwimmbads seinem heiß ersehnten Seepferdchen entgegenstrampelt.

Ich beobachte die Schwimmlehrerin, die mit einer Horde anderer Schwimmlehrer eine Horde Vorschulkinder durchs Wasser scheucht. Ich finde sie ein bisschen rabiat, weil sie im Gegensatz zu mir keinen »Ich finde es schön, dass du den Armkreisfrosch magst«-Senf von sich gibt. Und dann muss ich an meine eigenen Sportlehrerinnen denken. Dieses sonnenbankgebräunte Trainingsanzugträgerpack, das mir immer mit der Trillerpfeife um den luftgetrockneten Hals und vom Raucherhusten begleitet entgegenschrie: »HÖR AUF ZU HEULEN, HECKER!«

Ich habe es in meinem ganzen Schulsportleben nicht ein einziges Mal über den Bock beim Geräteturnen geschafft, sondern thronte nach jedem Sprung breitbeinig und gedemütigt auf dem verfluchten Holzkasten. »SCHWING DEINEN HINTERN DARÜBBBA, HECKER!« Wie ein nasser Mehlsack hing ich immer an den Ringen und war tatsächlich nie in der Lage, mich auch nur eine Zahnstocherlänge an den Scheißdingern hängend hochzuziehen. »HOCH! HOCH! HOCH, HECKER!«

Plötzlich höre ich die Schwimmlehrerin meinen Sohn anbrüllen: »Schwimmen ist nicht Planschen! Schwimmen ist Sport!«. Bei diesen Worten möchte ich am liebsten hergehen und ihr mit der Schwimmnudel eins überbraten. Nachdem der Große aber sofort aufgehört hat, dem Mädchen neben sich seine mit Schwimmbadwasser gefüllten Backen ins Gesicht zu strahlspucken, ruft sie ihm zu: »Also los! Kopf hoch! Beine zusammen, Arme auseinander!« Er schwimmt eine Bahn. Sie schaut zum Franz und mir und schreit: »Der macht das super. Der hat überhaupt keine Angst.« Und dann brüllt sie das nächste Kind an. Ja, sie brüllt. Tatsächlich muss sie sich in dem Schwimmbecken voller Trainer und Kinder Gehör verschaffen.

Der Junge, der nach unserem Großen schwimmen soll, ist eine Sportgurke. Für so was habe ich ein Auge! Er traut sich nicht mit dem Kopf unter Wasser, und überhaupt klammert er sich am Beckenrand fest, während der kleine Angeber vor ihm eine Schneise durch das Wasser pflügt, als ob er im Leben noch nie etwas anderes getan hätte. Während ich den armen Jungen beobachte, fällt mir ein, dass ich in der 7. Klasse mal während der Bundesjugendspiele nach Hause gegangen bin. Ich war auf dem Weg zum 1000-Meter-Lauf und ging stattdessen einfach, ohne mich abzumelden, nach Hause. Ich weiß noch, dass ich den ganzen Heimweg über Rotz und Wasser in meinen Turnbeutel geweint habe, weil ich von vornherein wusste, dass ich, an allen Wartenden vorbei, als Letzte durchs Ziel laufen würde. Am liebsten möchte ich jetzt zu der kleinen Gurke hingehen und sagen: »Du musst das nicht tun, wenn du nicht willst.« Aber ich bin vermutlich auch die Einzige hier, die älter als 6 Jahre ist und immer noch kein Seepferdchen hat.

Und während ich dem fremden, nichtschwimmenden Angsthasen schon fast meine Hand reichen will, um ihn aus der Sportbeckenhölle zu ziehen, taucht neben ihm die Schwimmlehrerin auf. Aber erstaunlicherweise brüllt sie gar nicht: »HÖR AUF ZU HEULEN, HECKER« in sein Ohr, sondern sagt einfach in ganz normalem Ton: »Du brauchst keine Angst zu haben. Du schaffst das.« Sie sagt das mit fester, schnick-schnack-loser Stimme, die keinen Zweifel daran zulässt, dass sie an die kleine Schissbuxe mit den Schwimmscheiben glaubt.

Und der Kleine schwimmt los.

Und geht unter.

Spuckt Wasser.

Hustet und würgt.

Wird gehalten.

»Du brauchst keine Angst zu haben. Du kannst das.«

Und er schwimmt weiter.

Geht wieder unter.

Hustet.

Und schwimmt den Rest zu Ende wie ein Großer.

Am Beckenrand angekommen, dreht er sich um und strahlt irre stolz über das ganze Gesicht. Die Schwimmlehrerin nickt ihm zu, scheißt unseren Großen zusammen, der in irgendeinen Unsinn mit Tauchringen verwickelt ist, und schwimmt zurück zum nächsten Kind. Ich lasse dieses Bild noch einen Moment auf mich wirken, bevor ich dem Franz den Kleinen in die Hand drücke und gehe. Weil ich jetzt etwas tun muss, das ich bereits vor 30 Jahren hätte tun sollen.

Ich gehe aus dem Trainingsbereich hinaus zum Sprungbecken. Ich klettere die Leiter hinauf und gehe langsam den Steg bis zum Ende. Ich schließe meine Augen und denke an das kleine Mädchen, das sich immer und überall vor Angst in die Hose gemacht hat.

Und dann springe ich.

Als ich wiederauftauche, kann ich es kaum glauben. Hecker hat endlich aufgehört zu heulen. Hecker, die schon lange nicht mehr so heißt, ist gesprungen. Als ich wieder aus dem Sprungbecken klettere, strahle ich über das ganze Gesicht. Genauso wie vorhin die kleine Schissbuxe mit den Schwimmscheiben. Tatsächlich bin ich von mir selbst und dem Moment so sehr gerührt, dass ich für einen Moment befürchte, mir schießt die Milch wieder ein. Als ich wieder beim Kursbecken im Trainingsbereich ankomme, hüpfen die Seepferdchenanwärter gerade in der Abschlussrunde vom Beckenrand. Ich hänge mir das Handtuch vom Großen um den Hals und stelle mich wieder neben den Franz. Er schaut zu mir hinunter und fragt: »Wo warst du?«, und ich antworte irre stolz:

»Ich habe eine Arschbombe vom Einmeterbrett gemacht!«

Enkeltrick

Treffen sich zwei flüsternde Kinder im Flur. Sagt das eine zum anderen: »Und dann guckst du ganz niedlich und fragst die Oma, ob wir zocken dürfen.«

Fisimatanten

Ich stehe an der Kasse und öffne mein Portemonnaie. Da fällt mein Blick auf eine leicht verknickte Fotoecke. Sie lugt zwischen meinem Führerschein und dem Organspendeausweis* hervor, und ich kann nur vermuten, dass der Kleine mal wieder mein Portemonnaie ausgeräumt und den Inhalt anschließend kreuz und quer auf alle Fächer verteilt hat. Ich ziehe das Foto heraus und werfe einen kurzen Blick darauf. Es zeigt mich und meinen jüngsten Neffen an seinem zweiten Geburtstag. Ich trage zwei lila Partyhüte, die mir links und rechts wie ein Paar Hörner vom Kopf abstehen. Und während ich mit gespielter Empörung in die Kamera starre, popelt das Geburtstagskind mit sichtlichem Vergnügen in meiner Nase. »Das waren noch Zeiten«, denke ich. »Damals, als du und ich noch jung und ich deine Fisimatante war …«

* * *

Wenn Sie im Duden unter dem Wort »Fisimatante« nachschlagen, finden Sie nichts. Oder besser: noch nichts. Denn wenn sich dieser Schinken hier wie geschnitten Brot verkaufen sollte, könnte die Wortverwurstung der umgangssprachlichen *Fisimatenten* (ein Ausdruck, der sowohl im Duden als auch umgangs-

---

* Den können Sie übrigens online und kostenlos bei der BZgA unter www.organspende-info.de bestellen. Denn mal ehrlich: Gut erhaltene, aber nicht mehr benötigte Anziehsachen geben Sie doch auch lieber ins Soziale Kaufhaus, statt sie zu vergraben, oder?

sprachlich für Faxen oder Blödsinn steht) ja vielleicht irgendwann auftauchen. Bis dahin müssen Sie mir einfach glauben, dass es sich bei Fisimatanten um Tanten handelt, die, wie der Wortstamm bereits erahnen lässt, ein wahrer Segen für Kinder sind. Das Besondere an Fisimatanten ist nämlich, dass sie selbst keine eigenen Kinder haben. Somit ist das einzige Kind, mit dem das designierte Patenkind konkurrieren muss, lediglich jenes, welches sich die Fisimatante in ihrem Innersten bewahrt hat.

Der typische Arbeits- und Freizeitalltag einer Fisimatante* dreht sich meist ausschließlich um Erwachsene. Das ist auch der Grund, weshalb sie sich auf Besuchen oder Familienfeiern zur Abwechslung gerne (und oft als Einzige) in die exotische Obhut eines Kinderzimmers begibt. Dort hockt sie dann stundenlang mit ihrem Becher Kaffee auf dem Teppich und angelt Magnetfische oder baut völlig tiefenentspannt einen Playmobilzirkus zusammen, während die vergnügten Kinder hinter, vor und neben ihr auf und ab springen.

Da wundert es also nicht, dass eine Fisimatante ihren Besuch meistens nur ankündigen muss, damit die Kinder schon am Rad drehen. Denn im Gegensatz zu deren immer müden und oft genervten Eltern scheinen die Energie- und Spaßreserven von Fisimatanten unerschöpflich. Niemand spielt Monopoly ausdauernder, friemelt Bügelperlenponys schöner oder spielt Brennball-Trampolin härter als dieses menschgewordene Mary-Poppins-Konzentrat. Und wenn sie nicht gerade kindlichen Spielanweisungen lauschen (»Jetzt rettet dein Polizist erst den Babyhund und fährt dann mit dem Heuwender ins Gefängnis. Dann trinken alle Cola und fallen tot um. Harharhar!**«), dann

---

* Oder eines Fisimaonkels, denn Fisimapatentum kennt keine Geschlechtergrenzen.
** In solchen Momenten werfen Fisimatanten den Eltern gerne bestürzte Blicke zu.

hören sie sich aufmerksam die Kindersorgen an (»Und dann hat der Jonas aus der Igelgruppe mir einfach mein Bild kaputtgeschnitten«) und verteilen anschließend gute Ratschläge (»Dann musst du den Jonas aus der Igelgruppe vielleicht einfach mal von der Schaukel schubsen.*«).

Woher ich das alles weiß? Haben Sie die Einleitung nicht gelesen? Weil ich auch mal eine Fisimatante war. Eine, die auf Familienfeiern mit ihrem Becher Kaffee und Geduldsfäden aus Stahlwolle auf dem Bauteppich saß. Die ihre Leihkinder auf Ausflügen mit Pommes, Sprite und Zuckerwatte abfüllte und ihnen im Schwimmbad jeden Kaugummiautomatenwunsch von den Augen ablas. Aus dem Urlaub verschickte ich Postkarten mit Erlebniscomics und zum Geburtstag die tollsten (und pädagogisch meistens eher günstigsten) Geschenke. Und als eines meiner Patenkinder eine gelbe Kaubonbonphase hatte, habe ich wochenlang etliche Kilos der restlichen Farben verzehrt, nur um dem Kind am Ende des Jahres ein reines Kilo gelbes Bauchfett unter den Weihnachtsbaum legen zu können. Quatsch, gelbe *Maoams* natürlich. (Das Bauchfett lag auf der Couch und spielte mit dem anderen Patenkind *Star-Wars*-Quartett.)

Und was ist aus mir geworden? Aus der fisimatantigen Mustertante? Na, was wohl: eine Muttertante. Denn kaum hatte ich eigene Kinder, fiel das ganze schöne Fisimatantentum von mir ab. Wenn ich jetzt zu Besuch kam, hatte ich bereits ein Kind auf dem Schoß sitzen. Und zwar ein eigenes. Eines, dem ich nun meine ganze Aufmerksamkeit schenkte. Deshalb war ich plötzlich auch zu müde für Playmobilzirkus, zu faul für Postkartencomics und definitiv zu undicht für Brennball auf dem Trampolin. Und wenn jetzt eines der Kinder mit einem Fußball neben dem

---

* In solchen Momenten werfen Eltern den Fisimatanten gerne bestürzte Blicke zu.

Esstisch auftauchte, sagte ich plötzlich nicht mehr: »Ich trink nur noch schnell meinen Kaffee aus«, sondern ich sagte das, was alle Leute sagen, die selbst Kinder und keine Lust haben: »Vielleicht später.«

Je mehr ich im Alltag mit kurzen Nächten und Zahnungs-durchfällen beschäftigt war, desto stärker fielen meine Fisimatan-ten-Werte. Und mit der Geburt des zweiten Kindes war mein Mary-Poppins-Konzentrat schließlich so stark verdünnt, dass man es vermutlich als homöopathisches Arzneimittel* hätte zu-lassen können. Dabei fehlte es mir. Das Fisimatantentum. Ein-fach irgendwo als mobiles Spaßkommando einzurücken und einen Scheiß auf gewaschene Hände vor dem Essen oder Kin-der die nach 17 Uhr im Auto einschlafen, zu geben. Das Schöne am Fisimatantentum ist nämlich, dass man lediglich die Party schmeißt. Kotze aufwischen und am nächsten Morgen Leergut einsammeln und die Nachbarn beruhigen ist Aufgabe der Eltern. Oder um es mit den Worten von Lothar Matthäus zu sagen: »Sis are different exercises. Not only bumm!«

Aber gut. So ist das eben. Klar war es schade, dass ich als Mutter plötzlich nicht mehr eine so hochmotivierte Tante war wie vorher. Dass ich auf Familienfeiern nicht mehr, ohne mit der Wimper zu zucken, von der Kaffeetafel aufsprang, um den Rest des Tages in einem Kinderzimmer zu sitzen. Aber zu mei-ner Verteidigung: Ich tat ja praktisch kaum etwas anderes, als auf dem Fußboden eines Kinderzimmers zu sitzen, um mit Di-nosauriern durch ein Kuscheltierkrankenhaus zu galoppieren. Meine exotische Auszeit bestand jetzt quasi darin, mit ande-ren Erwachsenen am Tisch zu sitzen und mich zu unterhalten. Aber war es nicht ebenfalls Lothar Matthäus, der gesagt hat »I

---

* Und wer jetzt auf die Idee kommt, Euphoria D12 oder HappyHeel auf den Markt zu werfen, dem klage ich zusammen mit der juramama.de die Anzugtaschen leer, kapiert?

look not back. I look in front«? (Die Antwort lautet: Ja. Kein Scheiß*!)

Denn abgesehen davon, dass der Franz und ich über Nacht vom Spaßkommando zur öden Elterntruppe mutierten, gab es noch einen weiteren, völlig neuen Aspekt am Fisimapatentum. Der machte uns das Leben allerdings erstaunlich leicht. Nachdem wir nämlich selbst Eltern geworden waren, durften wir plötzlich am eigenen Leib erfahren, was es heißt, selbst Nutznießer einer Fisimatante zu sein. Denn im Gegensatz zu mir hat der Franz noch zwei kleine** Schwestern. Und spätestens seit die das erste Mal mit unseren Kindern auf allen vieren auf der Suche nach Ostereiern durch die Buchsbaumhecken in Omas Garten gekrochen sind, war klar, dass der Bausparvertrag nicht das Wertvollste war, was er damals mit in die Ehe gebracht hatte. Und es kommt noch besser. Seit geraumer Zeit gibt es sogar einen Fisimaonkel. Und dieser Fisimaonkel, den unsere Kinder anfangs immer »den Jungen«*** nannten, ist nicht nur ein ausgesprochen netter Typ, sondern obendrein auch ein erfahrener Gruppenleiter von Kinder- und Jugendfreizeiten. (Ich weiß, was Sie jetzt denken – und Sie haben Recht: *Dingdingding. Fisimajackpot!*)

Bleiben also nur noch die Patenkinder. Denn wenn die eigenen aus dem Säuglings- und Kleinkindalter raus sind, könnten Sie mit ihnen ja eigentlich wieder an alte Zeiten anknüpfen, oder? Doch so einfach ist es meistens nicht. In unserem Fall zum Beispiel sind die Patenkinder in der Zwischenzeit leider auch nicht

---

* Tatsächlich hat er auch »*Gewollt hab ich schon gemocht, aber gedurft ham sie mich nicht gelassen*« gesagt. Leider habe ich dieses Zitat aber nicht besonders stimmig im Haupttext unterbringen können (und glauben Sie mir, ich habe es viel länger versucht, als es mir mein Zeitplan bis zur Abgabe dieses Manuskriptes gestattet hat).

** Ü30 ist doch noch klein, oder?

*** Offensichtlich war das Einzige, was bei unseren Kindern nach dem ersten Treffen keinen bleibenden Eindruck hinterlassen hatte, sein Vorname gewesen.

jünger geworden. Tatsächlich sind sie unterdessen unfassbare 23 und 16 Jahre alt geworden. Und in dem Alter haben die meisten anscheinend keine große Lust mehr, mit ihrer ehemaligen Fisimatante in einer Wolldeckenhöhle unter dem Schreibtisch zu sitzen. Selbst unser Paten-Nesthäkchen auf dem Foto aus meinem Portemonnaie geht mittlerweile stramm auf die 12 zu und hat auf Familienfeiern eigentlich nur noch eine Bitte: das WLAN-Passwort.

Die gute Nachricht lautet allerdings: Auf Nachfrage zu diesem Kapitel haben mir alle drei Kinder versichert, dass sie meine Transformation von der Supertante zur Muttertante überhaupt nicht so dramatisch fanden, wie ich selbst. Die weniger gute: Anscheinend fanden sie mich also nicht mal halb so cool, wie ich mich selbst, wenn ich ihnen früher hinter dem Rücken ihrer Eltern Cola eingeschenkt oder Pulver zum Anrühren von zwei Liter Leuchtschleim besorgt habe. Tja, das bedeutet dann vermutlich auch, dass ihnen nie aufgefallen ist, dass alle nach September 2009 von mir verschickten Geburtstagspäckchen nicht mehr in handbemaltem Packpapier, sondern in einem kreuz und quer mit Klebeband umwickelten Kinderschuhkarton verschickt wurden.

Doch bevor ich jetzt in meinem eigenen Mitleid ersaufe, muss ich zum Schluss noch Folgendes erzählen: Vor ein paar Wochen hat mir mein Neffe per WhatsApp ein paar Fotos geschickt. Es waren lauter unterschiedliche Oberhemden, und er hat mich gefragt, welches er am Abend bei der Schulabschlussfeier anziehen soll. Diese Nachricht nahm ich mir sehr zu Herzen. Denn auch wenn meine Antwort: »Das blaue. Ey und bügel das vorher!« lautete, war die tröstliche Bilanz, die ich im Stillen zog, eine andere:

Eine Beziehung, die wir irgendwann zu den uns geschenkten Kindern aufgebaut haben, muss also nicht automatisch abreißen. Nur weil man streckenweise vielleicht zu wenig Kraft oder Zeit hatte, um sie auf Händen zu tragen.

Demenz hat viele Gesichter

Wenn Sie Wikipedia fragen, bedeutet Demenz das Nachlassen der Verstandeskraft. Das beschreibt recht schön, warum es Schwangere gibt, die sich an der Kinokasse eine Currywurst mit Pommes bestellen, sobald sie an der Reihe sind. Das Nachlassen der Verstandeskraft beginnt nämlich nicht erst beim Opa, der plötzlich anfängt, seinen Kaffee in die Zuckerdose zu löffeln, sondern bereits bei jungen Müttern, die in den ersten Wochen nach der Geburt hauptsächlich damit beschäftigt sind, sich zu fragen, welche Seite sie als Letztes gestillt haben. Umso dankbarer ist man in dieser Zeit für kleine Hilfsmittel.

Zum Beispiel, dass Ihr Auto blinkt und pfeift, sobald Sie auf den Autoschlüssel drücken, nachdem Sie bereits ein paar desorientierte Runden mit dem Kinderwagen durch das Parkhaus gedreht haben.

Oder Ihr Handy. Statt den überall herumfliegenden Zetteln können Sie nämlich Ihre Termine alle mit der Kalenderfunktion inklusive Erinnerungsalarm organisieren. (Zumindest, wenn Sie wissen, wo Ihr Handy gerade ist. Oder nicht vergessen haben, es aufzuladen. Oder nicht vergessen haben, wo Sie das Ladekabel zuletzt gesehen haben. Es ist ein Teufelskreis.)

Aber neben Schwangerschafts-, Wochenbett,- und Stilldemenz kennt die nachlassende Verstandeskraft noch andere Gesichter. Zum Beispiel das eines frisch gebackenen Vaters, der im Aufzug steht und überlegt, welchen Knopf er jetzt drücken muss, weil er sich gerade nicht sicher ist, ob er auf der Arbeit oder zu Hause ist. Und auch Kinder sind dagegen nicht gefeit. Zumindest, wenn sie alt genug sind, um mit Ihnen morgens »Ich sehe was, was du nicht siehst« zu spielen. Zum Beispiel ihre Gummistiefel. Oder den Turnbeutel. Nicht zu vergessen, der Klassiker: wenn Ihrem Kind um 21 Uhr einfällt, dass es sich für das morgige Frühstücksbuffet in der Schule für »Salami und Kakaopulver« gemeldet hat.

Wie gesagt, Demenz hat viele Gesichter. Vor allem, wenn Sie eine Familie gründen.

Kickerkränzchen

Ich habe mal für einen kurzen, irrational-stolzen (und peinlich berührten) Moment geglaubt, unser nicht ganz dreijähriger Großer könne heimlich lesen, als wir in einem Getränkemarkt an der Kasse standen und er auf eine Kiste Bier zeigte und rief: »Guck mal, Mama. Krombacher!«

Des Rätsels Lösung war allerdings recht simpel und sprang mir am nächsten Samstagabend vom Fernseher aus ins Gesicht: Die ARD-*Sportschau* wird nämlich von Krombacher präsentiert.

An diesem Abend habe ich zwei Dinge gelernt:

1. Kleine Kinder speichern jeden Muckefuck in ihrem Großhirn ab, und

2. es geht doch nichts über die frühzeitige Verknüpfung von Fußball und Alkohol.

Neu ist Letzteres für mich allerdings nicht. Auch meine frühesten Erinnerungen an die *Sportschau* sind mit einer Flasche Bier verknüpft. Die hat mein Vater nämlich damals jeden Samstagabend in einem kobaltblauen Samtsessel vor dem Fernseher neben einer rustikal gebeizten Wohnwandeiche* zusammen mit einem Schnittchenteller geleert.

Zu dieser Zeit gab es bereits zahlreiche Antidrogen-Kampagnen, die eng mit dem Thema Sport verbunden waren. Zum Beispiel in Form von Plakaten, mit denen damals die Bushaltestel-

---

* 80er-Jahre-Möbel kannst du dir nicht ausdenken.

lenhäuschen auf meinem Schulweg zugepflastert wurden. Darauf warben kickende Jungs dafür, dass man seine heranwachsende Nase lieber in einen Sportverein als in ein Bierglas stecken sollte (was wirklich drollig ist, wenn man bedenkt, dass, zumindest in meiner Jugend, nirgendwo sonst so früh und so sportlich gekippt wurde, wie unter kickenden Jungs in Sportvereinen.)

Beeindruckt haben mich die ganzen Botschaften aber eh nie. Zum einen, weil sie sich augenscheinlich nur an Jungs richteten (denn offensichtlich waren Mädchen damals nicht die relevante Zielgruppe, die vor Schnaps gewarnt werden musste*). Und zum anderen, weil dieser ganze Zeigefingerunfug von Erwachsenen generell an pubertierenden Gehirnen abprallt.

Woran das liegt? Ich vermute am hormonellen Teflon, das mit dem ersten außerplanmäßigen Haarwuchs ausgeschüttet wird. Dieses Teflon sorgt dafür, dass in den kommenden Jahren Sätze wie »Alkohol tötet Gehirnzellen« oder »Wenn du dich jetzt nicht langsam mal ein bisschen mehr anstrengst, dann bleibst du nächstes Jahr sitzen« zuverlässig abprallen.

Aber obwohl sich die meisten Erwachsenen auf Anfrage noch sehr genau an ihre eigene Teflonphase erinnern können, werden unter ihrer Aufsicht trotz allem weiterhin Kampagnen wie »Alkoholfrei Sport genießen« entwickelt, bei denen dann bei öffentlichen Sportveranstaltungen so ultracoole Typen wie unser Gesundheitsminister Gröhe** mit ultracoolen Saftschorlen in die Kameras winken.

Die einzige Kampagne, die tatsächlich noch bemerkenswert beknackter ist als die der Bundeszentrale für gesundheitliche Aufklärung, ist eine des Bundesverkehrsministeriums. Die

---

* Bei uns lag der Präventionsschwerpunkt damals in (und vor allem ab) der Regel eher auf Sauereien ohne Hütchen als auf Sauereien mit Schirmchen.

** Sie wissen schon: Das ist der, dem wir gerne ein Hermannsdenkmal für die Rettung der Hebammen gebaut hätten.

wollten nämlich kürzlich ihren und meinen Nachwuchs für das Tragen von Fahrradhelmen begeistern, indem sie als Schirmherrn keinen geringeren als Darth Vader, den dunklen Sith-Lord aus der *Star-Wars*-Saga, höchstpersönlich verpflichtet haben. Abgesehen davon, dass es ungefähr genauso pfiffig wäre, den dunklen Lord Voldemort aus der *Harry-Potter*-Saga zum popkulturellen Botschafter für Chemotherapie zu ernennen, hatte offensichtlich noch niemand in der Berliner Werbeagentur, die der Kampagne den markigen Slogan »Die Saga geht weiter: Dank Helm« verpasst hatte, etwas von *Die Rückkehr der Jedi-Ritter* gehört.

Das ist erstaunlich. Immerhin gehört, neben Bambis erschossener Mutter und einem festgefrorenen Leonardo DiCaprio an einer Treibholzplanke der Titanic, der Tod von Darth Vader zu den wohl rührseligsten Filmszenen aller Zeiten. Aus diesem Grund geht die Saga also nicht dank Helm, sondern vielmehr dank einer Zahlung von vier Milliarden Dollar weiter. Das ist nämlich die Summe, die der Konzernriese Disney dem Erfinder George Lucas für die Rechte an seinem *Star-Wars*-Universum hingeblättert hat. Gerüchten zufolge bekam Lucas übrigens die Hälfte der Summe in kleinen, nicht durchnummerierten Disney-Aktien ausbezahlt. Er zählt somit nun zu den größten Teilhabern des Konzerns.

Aber genug von der Börse und zurück zu den Kollegen vom Sport. Schließlich will ich besagte Sparte ja immer noch von der frühkindlichen Verknüpfung mit Alkohol befreien. Und damit dies gelingt, habe ich vor drei Jahren ein völlig neues Konzept erarbeitet. Das ist, im Gegensatz zur Saftschorle nicht nur wirklich ultracool, sondern auch noch ultralecker. Außerdem setzt es bei Ihren Kindern viel früher an, als das bei anderen Präventionskonzepten bislang der Fall war. Und zwar viel, viel früher. Also lange, bevor das pubertätsbedingte Teflon die Kontrolle über die Gehirne unserer Kinder übernimmt. Und zwar um den Zeitraum herum, zu dem Ihre Kinder das erste Mal mit Eiern und Schmalz und Zucker und Salz in Berührung kommen dürfen.

Das Zauberwort lautet: Bundesligakuchen.

Seit dem Krombacher-Vorfall von 2012 habe ich nämlich angefangen, jeden Samstagvormittag einen Kuchen zu backen, der pünktlich um 15.30 Uhr zur Bundesligakonferenz angeschnitten wird. Ich nenne ihn sehr laut und deutlich Bundesligakuchen, und ich tue das sehr ausdauernd und eindringlich in Verbindung mit Fußball, sodass das Wort Bundesligakuchen tatsächlich eines der ersten mehrsilbigen Wörter war, die der nachgeborene Kleine in den Mund genommen hat. Und eines können Sie mir glauben: Es wirkt. Seit ich nämlich bei uns zu Hause den Bundesligakuchen auftische, ist das Wort Fußball für unsere Kinder tatsächlich unwiderruflich mit Kaffee und Kuchen verknüpft.

Das Charmante an der Umsetzung meines Präventionskonzeptes ist aber, dass man für die Umsetzung keinerlei Fähigkeiten mitbringen muss. Denn selbst, wenn Sie – ganz zu schweigen von einer dreistöckigen Kokostorte – nicht einmal eine fertige Backmischung zusammenschütten können, fahren Sie einfach in die nächste Bäckerei oder schieben einen gekauften Tiefkühl-Strudel in den Ofen. Die Hauptsache ist, dass Sie Ihr Präventionsgebäck mit gebetsmühlenartiger Penetranz den »Bundesligakuchen« nennen.

»Welchen Bundesligakuchen sollen wir heute backen?«
»Möchtest du noch ein Stück Bundesligakuchen?«
»Finger weg vom Bundesligakuchen bis zum Anpfiff!«

Ich denke, Sie haben das Prinzip der Wiederholung verstanden. Das ist nämlich existenziell beim neuro-linguistischen, pardon, neuro-gustatorischen Programmieren.

Und wenn Sie sich jetzt nicht angesprochen fühlen, weil Sie die Radiokonferenz überhaupt nicht hören, sondern samstagabends lieber die *Sportschau* schauen, dann ist das auch nicht schlimm. Im Gegenteil. In diesem Fall werten Sie den Bundesligakuchen sogar noch weiter auf, weil von nun an für Ihre Kinder Samstag der Tag in der Woche ist, an dem es zum Abendessen Kuchen vor dem Fernseher gibt. Denn mal ehrlich: Was gibt es für schönere Kindheitserinnerungen als eine kleine, bekloppte, familieninterne Tradition?

Falls Sie meinen Bundesligakuchen allerdings jetzt eine Schnapsidee nennen und nicht glauben wollen, dass Zucker und Zimt etwas gegen den frühzeitigen Abusus von Rauschmitteln ausrichten können, dann möchte ich an dieser Stelle gerne den immer noch reichlich toten Helmbotschafter unserer Bundesregierung zitieren: »Ich finde Ihren Mangel an Glauben beklagenswert.«

Denn natürlich weiß ich selbst, dass man den Tag nicht vor der Adoleszenz loben soll. Da müssen Sie gar nicht erst mit Ihrem *Kristallzucker-ist-ein-Nervengift*-Finger vor meiner Nase herumfuchteln. Aber im Gegensatz zu Ihnen habe ich wenigstens einen Traum. Einen Traum von einer ARD-*Sportschau*, die irgendwann von Coppenrath & Tim Wiese präsentiert wird. Von einer Welt, in der Muffins und Eclairs über den Tresen meiner Fußballkneipe wandern und wo sich Hooligans nach einem Derby in der S-Bahn mit nichts als abgebrochenen Cakepops bedrohen.

Wenn mein Konzept nämlich aufgeht, werden Ihre und meine Kinder in ein paar Jahren Seite an Seite friedlich lächelnd in der Nordkurve stehen, und sie werden siegestrunken singen:

»Grün wie Gras und weiß wie Schnee.
Allez, Deutscher Meister SVW!«

während sie untereinander mitgebrachte Brownies und andere mitgebrachte Leckereien tauschen.

Die Frage ist nur: Warum lächeln alle so debil, während ein selbstgebackener Keks nach dem anderen in ihren grinsenden Mündern verschwindet?

Har. Har.

Kommt 'ne Frau zum Arzt. »Herr Doktor, Herr Doktor, vor ein paar Tagen habe ich mir beim Angeln einen Haken in den Finger gesteckt. Jetzt ist der Finger über Nacht auf die Größe einer Bratwurst angeschwollen und voller Eiter.«

»Sehen Sie, aus diesem Grund sollen Frauen auch nicht angeln. Har. Har.«

Lustig, ne? Frauen und Angeln. So wie Frauen und Technik. Oder Frauen und Handgepäck. Kennste, kennste, wa?

Die Frau in dem Witz war übrigens ich, und der eitrige Bratwurstfinger gehörte meiner Hand, die ich vor ein paar Wochen in der Sprechstunde eines Chirurgen vorstellte. Dabei hatte meine Gebärmutter eigentlich nur indirekt etwas mit meiner Verletzung zu tun. Denn auch wenn es sich bei dem kleinen Mann, der zum Unfallzeitpunkt auf meinem Schoß hockte, um einen selbstgemachten handelte, war der Angelhaken in meinem Finger eigentlich seinem plötzlich einsetzenden Ganzkörpergekreische geschuldet, als der Franz neben uns begann, einen nicht minder zappelnden Dorsch an Bord zu ziehen.

Bevor ich diese Anekdote allerdings zum Besten geben konnte, hatte der Arzt bereits damit begonnen, den kastaniengroßen Abszess an der Innenseite meines Mittelfingers zu spalten und die anschließend heraussuppende Bakteriengrütze mit einem scharfen Löffel auszukratzen. Das tat er übrigens nicht nur ohne Lokalanästhesie, sondern auch mit der erstaunlichen Begründung: »Ach, das brauchen Sie nicht. Sie sind ja schließlich Mutter und haben schon zwei Kinder geboren. Har! Har!«

Deine Mudda – ein Pressedrama

Neulich schrieb der dänische Familientherapeut Jesper Juul in der *Huffington Post*: »Um fruchtbare und tragfähige Beziehungen zwischen Erwachsenen und Kindern aufzubauen, müssen die Erwachsenen die Führung übernehmen.« Er sprach von Gleichwürdigkeit und Fürsorge, von »dialogbasiertem Miteinander« und einer emphatischen Führungskultur, die idealerweise nicht nur in Familien, sondern auch in Kindergärten und Schulen, Sportvereinen und Unternehmen praktiziert werden sollte.

So weit, so wichtig, dachte deine Mutter, als sie den Artikel aufmerksam las. Im Gegensatz allerdings zur *Huffington Post*, die Juuls Artikel über Elternschaft in ihrer Facebook-Vorschau mit der Überschrift: »Renommierter Erziehungswissenschaftler rechnet mit Softie-Müttern ab« bewarb.

Überraschen tut das deine Mutter aber nicht. Immerhin werden schon seit Jahren auf ihre Kosten Klicks generiert. Aber warum nerven sie eigentlich ständig Gott, die Welt und andere Medien? Denn egal, was sie tut, ihr grottenschlechtes Image haftet an ihr wie Kinderkacke und Klischeekaffee.

»Schön is dit nich«, las sie zum Beispiel in der *Taz*, weil es überall, wo sie mit ihren Kindern auftaucht (»Eins im Wagen, eins am Wagen und eins im Bauch«), ungemütlich wird. Vor allem in Kaffeehäusern. Denn dort sitzt deine Mutter am liebsten und packt als Erstes ihre »Euter« und anschließend eine »Thermoskanne und Kekse fürs Kind« aus.

Und wenn deine Mutter dann doch mal was bestellt, dann ordert sie immer »Hackfleischsuppe ohne Hack« und droht Cafébesitzerinnen erst mit einem allergischen Schock und anschließend mit dem Anwaltsehemann.

Dem ist das egal, weil »der natürlich längst was anderes am Laufen hat«, während seine schäbige Jack-Wolfskin-Olle (»Wie die aussehen! Man könnte würgen, wer geht denn über so wat noch drüber?«) an ihrer Sojalatte nippt und sich fragt, welchen Kiez-Parkplatz sie als Nächstes in eine begrünte »Begegnungszone« umwandeln kann.

Deine Mudda ist so dumm, die schmeißt Spagetti an die Wand und hält sich für Spiderman.

Die *Zuger Woche* mag deine Mutter auch nicht. Allerdings nicht, weil sie den Prenzlauer Berg auf dem Gewissen hat, sondern weil sie zum Stillen immer zu Ikea fährt. Jeden Mittag hockt sich deine Mutter nämlich dort zur Primetime ins Restaurant, statt ihrem unappetitlichen Hobby auf der Toilette (oder im fensterlosen Stillzimmer neben der Kackwindeltonne) zu frönen.

Immer knöpft sie sich »demonstrativ ihre Bluse auf« und hält jedem, der bei drei nicht auf einem Pax-Korpus sitzt, ihre Köttbullar unter die Nase. Und natürlich ist sie immer gleich beleidigt, sobald anderen Leuten beim Anblick ihrer »Milchtüten« oder »tropfenden Nippelbretter«, wie es in den Kommentarspalten beim *Stern* so gerne heißt, das Mittagessen wieder hochkommt.

Des Weiteren verabredet sich deine Mutter ständig mit anderen Müttern, um dann mit »einer Armee aus Buggys, Zwillingswagen und Dreirädern den städtischen Fußgängerverkehr lahmzulegen«. Dabei könnte deine Mutter ihren Nachwuchs doch einfach bei einer »fürsorglichen Verwandten oder Nachbarin abgeben«, bevor sie aus dem Haus geht oder in die Stadt zum Shoppen fährt. Das würde nämlich, so die Autorin, »das Leben zwischen Müttern und allen anderen Menschen« erheblich vereinfachen.

Google Earth hat angerufen: Deine Mudda steht im Weg.

Als wäre die körperliche Präsenz deiner Mutter nicht bereits Thema genug. Zum Beispiel in der *Bunten*, die deine schwimmende Promi-Mutter nach 18 Goldmedaillen, vier Weltrekorden und zwei Söhnen so genüsslich auf ihre Waage gezerrt hat.

Oder aber in der *Bild*, wo eine berühmte »Neu-Mami« ihr erstes After-Baby-Body-Interview gab. »Wie schafft sie das nur?« wurde die schweizerisch-italienische Moderatorin gleich in der Überschrift gefragt. Allerdings ging es bei der Frage nicht, wie bei ersten After-Baby-Body-Interviews üblich, um Stuhlgang oder Dammnaht, sondern um die Tatsache, dass die prominente Wöchnerin bereits »vier Tage nach der Geburt unter ihrem pinkfarbenen Kleidchen nur noch ein winziges Mini-Bäuchlein« präsentierte.

Deine Mudda ist so fett, wenn die sich auf 'ne Waage stellt, zeigt die deine Handynummer an.

Die Zeitschrift *Inside* findet da schon deutlichere Worte. »Schenkel-Schande« nennt sie es, sobald deine Mutter nicht mehr für sich selbst in der Kinderabteilung bei H&M shoppen kann. Von »Wabbel-Wellen« und »Dellen-Drama« ist die Rede, und die ganz normale Falte, die sich beim Gehen über der Kniescheibe bildet, wird zur »Knie-Katastrophe« erhoben. Und wenn die *Inside* deiner Mutter nicht gerade ein »Furchen-Fiasko« diagnostiziert, dann warnt ihre Zeitschriftschwester im Geiste namens *Shape* sie eindringlich vor Stress beim Sex. Pardon, vorm Kopfkissen. Denn »Kissen sind unsere Feinde und haben beim Sex nichts zu suchen«, weil sie den schwächsten Punkt deiner beischlafenden Mutter offenbaren: ihr Doppelkinn.

Deine Mudda ist so hässlich, die arbeitet beim FBI als Blendgranate.

Deshalb staunte deine Durchschnittsmutter, die vier Tage nach der Geburt ein bisschen mehr als nur ein Doppelkinn auf die *Bunte*-Waage bringen würde, auch nicht schlecht, als der *Stern* ihr unterstellte, sie würde »mit forty-something am liebsten bauchfrei tragen«. Dass sie sich mehr Sorgen um ihre Taille als um die Gesundheit ihrer Kinder mache (»Ihre geringste Sorge ist, dass ihre Kinder zu dick werden. Die kommen mit Croissants über die Runden und meistens ohne Frühstück in die Schule, weil ihre schlanken Mütter auch erst am Mittag die Mikrowelle anwerfen.«)

Das wiederum macht deine Mutter stutzig. Immerhin weiß zu diesem Zeitpunkt doch bereits die halbe Welt (und die halbe *Bild*), dass sie von »schadstofffreien Lebensmitteln« besessen sei, dass sie alles über »böse Umweltgifte« und »ungesunde Tiefkühlkost« wüsste und »zum Kindergeburtstag nur noch Dinkelstangen« auftische.

Und wenn deine Mutter zum Einkaufen nicht gerade täglich zum »15 Kilometer entfernten Biobauern« radeln würde, dann stünde ein »vollgetankter SUV in der Garage«, mit dem sie ihre Kinder nachmittags in all jene Vereine fahren würde, von denen sie selbst als Kind nur träumen konnte.

Dafür habe sie schließlich auch jede Menge Zeit, denn: »Sie ist wieder da«, titelte der *Spiegel*. Die Hausfrau, ein »Lebensmodell, das plötzlich wieder ein Comeback feiert«. Und zwar ein recht unseliges, wie sich herausstellen sollte.

Deine Mudda heißt Zonk und wohnt in Tor 3.

Denn obwohl deiner hochqualifizierten Mutter »alle Türen offen« gestanden hätten, und sie aus einer »Fülle an Möglichkeiten« hätte wählen können, habe sie den »roten Teppich«, den ihr die Arbeitswelt nach der Geburt ihres Kindes ausgerollt habe, ausgeschlagen. Deine Mutter würde nämlich neuerdings lieber zu Hause bleiben, wo sie »Parkett verlegt« oder »selbstgemachten Ketchup in handbeschriftete Retro-Gläser« füllt. Schließlich sei das Leben »so viel schöner, wenn sich alles nur um Kindererziehung und gepunktete Servietten« drehen würde.

Da wundert sich deine Mutter beim Lesen aber schon, dass ihr Leben mit Trotzphasen und Tischdeko erfüllt sei. Vielleicht beginnt sie aber auch in ihrem Gedächtnis nach dem roten Teppich zu kramen, den man ihr angeblich ausgerollt habe, nachdem sie auf der Arbeit ihre Schwangerschaft gebeichtet hatte.

Vielleicht wundert sich deine Mutter aber auch, dass die permanent zitierte Hausfrau immer »eine promovierte Chemikerin« sein soll, »die zu Hause Frau Doktor am Herd spielt«, wie die Zeitschrift *EMMA* es nannte.

Immerhin sitzen die meisten Mütter, denen deine Mutter in ihrem Alltag begegnet, hinter der Anmeldung einer Arztpraxis. Oder sie schneiden gegen Mindestlohn Haare und binden Blumenkränze, mit denen andere dann ihr Eigenheim veredeln.

Deine Mudda steht vor KIK und schreit:
»Ich bin billiger!«

»Dumm« sei deine Mutter, wetterten *EMMA* und *Spiegel* weiter, dass sie »nicht an ihre Rente« denken würde. Dabei hat deine Mutter ihre Rente doch gar nicht vergessen. Nur lässt es sich so schlecht Rente machen, wenn man nicht 60 Stunden die Woche außerhalb der eigenen vier Wände schuftet.

Dabei wäre das doch »alles kein Problem«. »Frauen, hört auf zu jammern«, wurde an deine Mutter appelliert, denn »das Zeitfenster, in dem eure Kinder ein Händchen zum Laufen oder einen Fahrdienst zum Seepferdchenkurs benötigen, ist doch verhältnismäßig klein.« Deine Mutter könnte doch locker nach

»fünf, sechs Jahren Familienzeit den Fokus wieder verstärkt auf den Job legen«. Idealerweise mit »Mitte 40« in einem »30-Stunden-Job«.

Doch leider habe deine Mutter darauf einfach keine Lust, weil »das heißluftblasende Marketing, die trockene Jurawelt oder die moralisch schwer vertretbare Bankkundenberatung« für sie »in der heimeligen Familienblase« an Anziehungskraft verloren habe.

Deine Mudda ist so faul, dass sie Sätze nicht zu Ende

Ob deine Mutter wirklich »mit 60 eine Heimveredlerin im Ruhestand« sein wolle, fragt der *Spiegel*, und deine Mutter denkt: »Um Pinterests willen, nein!« Hochmotiviert springt sie vom Bauteppich auf und klopft sich – endlich wachgerüttelt – den Malkreidestaub von ihrer Elternzeithose.

Doof nur, dass *Shape* und *Inside* aber nicht die Einzigen sind, die glauben, dass deine Mutter nach der Geburt ihre Attraktivität eingebüßt hat. Laut einer Unternehmerstudie, so berichten *Heise Online* und das *Markt & Mittelstand Magazin*, haben Unternehmen in Deutschland nämlich Vorbehalte gegen Mütter.

So glauben 33 Prozent, dass deine Mutter nach ihrer Elternzeit »nicht mehr so engagiert und flexibel« sei. Ähnlich groß ist auch der Anteil der Chefs, die meinen, »dass die Frauen nach der Einarbeitung wieder schwanger werden«, und 17 Prozent befürchten, dass deine Mutter nach der Elternzeit »nicht mehr auf dem neuesten Stand« sei.

»Mütter werden nicht unbedingt mit offenen Armen empfangen«, weiß auch der *Focus* zu berichten und zitiert die Vorstandschefin der Berliner Verkehrsbetriebe, Sigrid Nukutta: »Meine Kollegen haben Sitzungen bewusst auf 20 Uhr abends gelegt, um zu sehen, wie ich als vierfache Mutter das hinkriege.«

Aber selbst, wenn deine Mutter die Vorbehalte der Arbeitswelt (oder ihre gepunktete Serviettentrotzphase) hinter sich gelassen hat, dann nervt sie nach dem beruflichen Widereinstieg, so der *Tagesanzeiger*, leider alle Kollegen mit ihren »langweiligen Geschichten vom Wickeln, Stillen und Rückbildungsturnen« und fordert bei Urlaubsplanung oder Krankheitsfall »permanentes Verständnis« für ihr »selbst gewähltes Leben« ein.

Am Ende rät der Arbeitsmarktexperte des *Focus* deiner potenziellen Mutter übrigens, sich am besten schon als junge Frau »von Anfang an familienfreundliche Arbeitgeber zu suchen«. Deinem potenziellen Vater rät er dies übrigens nicht. Aber das wundert deine Mutter auch nicht. Immerhin wurden seine und ihre Eier von potenziellen Arbeitgebern schon immer mit zweierlei Maß gemessen.

Deine Mudda ist unbeliebter
als Windows Vista.

Abgesehen davon, dass deine Mutter sich im Alter eine extra Flasche Dornfelder gönnen möchte, will sie aber vielleicht auch einer Arbeit nachgehen, die sich mit den Öffnungszeiten von Schule und Kindergarten verträgt. Also eine Stelle, bei der sie vormittags Geld verdienen und am Nachmittag die Hausaufgaben betreuen oder das Wohnzimmer saugen kann.

Das Stichwort lautet: Teilzeit. Und das klingt in den Ohren deiner Mutter ideal.

Im *Stern* klingt das allerdings so: »Mit einer unglaublichen Energie versuchen diese Frauen, das Unmögliche möglich zu machen – zu arbeiten und Kinder zu betreuen, in einem Land, in dem die Schulen um 13 Uhr schließen und Krippenplätze rar sind. Also konkurrieren viele morgens mit den Männern im Büro und nachmittags mit den Vollzeitmüttern um das beste Bildungsangebot für die Kinder.«

Aber genau da strandet deine arbeitswillige Durchschnittsmutter in den meisten Fällen. Auf einer Unter-20-Stunden-
Woche, wie die *Süddeutsche Zeitung* unkt, und bleibt am Ende
»schlecht bezahlt und ohne Weiterbildungsmöglichkeiten« auf
einer mickrigen Rente sitzen.

Deine Mudda arbeitet in der Losbude als Niete.

Deshalb riet der *Stern* deiner Mutter: »Raus aus der Teilzeitfalle«
und die *Brigitte* und der *Focus* warnten: »Teilzeitfalle: Frauen sollten wissen, wie gravierend die Folgen sind« und dass sie, so verlockend das Ganze erst mal klingt, so »dauerhaft eine als unquali-
fiziert geltende und entsprechend gering entlohnte Minijobberin
ohne Aufstiegs- und Karriereperspektive« bleiben würden.

Tja, und wenn dann dein Vater auch noch hergeht und die
Forty-something-Teilzeit-Schenkel-Schande an seiner Seite vor
die Tür des veredelten Eigenheims setzt (immerhin wird laut *ta-
gesschau.de* »jede dritte Ehe geschieden«), dann sieht deine Mutter plötzlich nicht nur ganz schön alt, sondern auch ganz schön
arm aus.

»Frauen werden fürs Erziehen bestraft«, titelte die *Zeit* und
schrieb, dass deine Mutter im Alter nicht nur mit, sondern vor
allem auch ohne deinen Vater von Armut betroffen sein würde.
Da kann sie aber lange weiterputzen. Und zwar die vier Wände
anderer Leute. Aber nicht für eine extra Flasche Dornfelder, sondern damit sie überhaupt etwas zu beißen hat.

Deine Mudda ist so arm, dass die Enten im Park
sie mit Brot bewerfen.

Deine alleinerziehende Mutter kann davon übrigens schon lange
ein Lied singen. Immerhin bezieht sie mit hoher statistischer
Wahrscheinlichkeit bereits Hartz IV oder Arbeitslosengeld II und

weiß oft Mitte des Monats nicht mehr, was sie außer Nudeln mit Tomatensauce kochen soll.

»Warum weint Mama so viel?«, fragt sich dann die *Zeit*.

Vielleicht hat sie ja Depressionen. Oder aber sie leidet, wie die *Neue Osnabrücker Zeitung* weiß, immer öfter am sogenannten »Burnout-Syndrom«. Die *NOZ* zitiert das Müttergenesungswerk, welches berichtet, dass sich allein »in den letzten zehn Jahren (…) die Mütterkuren verdoppelt« hätten. Bei den Gründen für eine Kur lägen »zu 89% psychische Störungen« vor. Und als Hauptursache für den Zusammenbruch wurde »die Mehrfachbelastung als Mutter, Partnerin und Berufstätige« genannt.

Die Döner-Bude hat angerufen:
Deine Mudda dreht sich nicht mehr.

Angeblich sind also »ständiger Zeitdruck, berufliche Anforderungen und mangelnde Anerkennung« die Top drei deiner ausgebrannten Mutter. Das ist insofern interessant, als die *Österreichische Presse* behauptet, dass berufstätige Mütter statistisch gesehen »psychisch gesünder« seien und neben dem Ankurbeln des Haushaltseinkommens auch »bessere Beziehungen innerhalb der Familie aufbauen« könnten.

Ach guck.

Ist deine Mutter also vielleicht einfach nur »zu anspruchsvoll und jammert gern«, wie sich die *Welt* fragte? »In Deutschland regieren die Zweiflerinnen«, hieß es dort. Denn »unter vielen deutschen Frauen herrscht starkes Misstrauen, sie glauben noch immer, dass Kinder und Karriere nicht miteinander zu vereinbaren sind.«

Deine Mutter traut dem Vereinbarkeitsbraten nicht?

Schockierend.

Tatsächlich sitzen die einzigen Mütter weltweit, die genauso misstrauisch sind wie deine eigene, in Japan. Könnte das vielleicht auch der Grund sein, weshalb hier und dort und nirgendwo sonst auf der Welt so wenige Kinder geboren werden?

Aber es kommt noch schlimmer. Bereits jetzt hat diese Verweigerungshaltung für beide Länder fatale Folgen. Zum Beispiel für die Wirtschaft, wie die *Frankfurter Allgemeine Zeitung* schon vor Jahren registrierte. Denn wenn demnächst alle zu alt sind, um fremde Wohnungen oder ihren eigenen Hintern abzuputzen, dann wird deine Mutter, die bislang für ihren »selbstgewählten Lifestyle« um Verständnis betteln musste, plötzlich ein noch größeres Problem, als sie eh schon ist. Und zwar eines, das uns wirklich alle etwas angeht.

Bis dahin kann sie ihren Kummer ja ertränken. Was sie laut dem *Spiegel* in etwa 2,7 Millionen Fällen auch tut. Und das »nicht nur in ökonomisch schwachen Haushalten«, sondern interessanterweise auch dort, wo die handbeschrifteten Retro-Gläser mit dem selbstgemachten Ketchup im restaurierten Shabby-Look-Schrank stehen.

Deine Mudda hockt besoffen im Wandschrank und sagt: »Willkommen in Narnia«.

Aber warum genau steht deine Mutter jetzt eigentlich ständig im *Focus*? Warum wurde sie zum eierlegenden Wollmilch-Witz, der von einer Schublade zur nächsten getrieben wird?

Denn angesichts der Art und Weise ihrer medialen Präsenz fragt sie sich schon, warum sie immer die Dumme ist. Warum Zeitungsartikel, in denen die »noch immer ungleich verteilte Hausarbeit« angeprangert wird, weil diese zu erheblichen Lasten deiner Mutter und ihrer Altersabsicherung geht, mit Überschriften wie »Cappuccino-Mütter sind eine Gefahr für die Gleichstellung« versehen werden.

Wieso erzeugt deine Mutter so viel Wut? Oder »*Bashing*«, wie sich der *Berliner Tagesspiegel* letzten Sommer fragte, nachdem sich ein horrendes Hassgewitter in den Kommentarspalten im Internet entlud, weil eine prominente Hundebesitzerin deine Mutter dabei erwischt hatte, wie sie dich an einen Prenzlauer Baum hatte pinkeln lassen? Aus allen Löchern kamen sie gekrochen, um mit ihren Tippfingern auf deine unterirdische Über-Öko-Asi-Smartphone-Mutter zu zeigen (während sich deine Mutter übrigens auch nicht gerade mit Sojalatten-Ruhm bekleckerte, als sie der ehemaligen MTV-Moderatorin weitaus Menschenverachtenderes als »Furchen-Fiaskos« oder »Knie-Katastrophen« an den kinderlosen Hals wünschte.)

Deine Mudda ist einzigartig.
Jedenfalls hofft das die ganze Menschheit.

Angesichts von so viel Hass und Häme wundert es nicht, dass sich eine Redakteurin beim *Tagesanzeiger* schließlich ihren mütterlichen Frust von der Seele schrieb. »Solidarität, Empathie und Toleranz – das ist nicht eure Sache«, klagte sie verbittert an. »Ihr kritisiert Mütter, die viel arbeiten, denn die denken nur an ihre Karriere. Hausfrauen findet ihr aber auch beschränkt, schließlich machen die sich abhängig und sind faul«, schrieb sie weiter, und monierte, dass Mütter ständig von Kopf bis Fuß gemustert werden, »um etwas zu entdecken, was man schlechter finden kann als an sich selbst.« Am Ende rät sie ihren permanenten Kritikern: »Vielleicht liebt ihr euch mal ein bisschen mehr. Habt Sex, betrinkt euch.«

Guter Rat, dachte deine Mutter. Diese Worte waren lange überfällig.

Leider richteten sie sich aber gar nicht an diejenigen, die seit Jahren heiße Milch mit Espresso missbrauchen, um Mütter durch den Kakao zu ziehen, sondern an ihre Artgenossinnen.

Denn das gibt es natürlich auch: Mütter, die Mütter hassen. Und zwar so viel wie Sand am Meer neben der Mutter-Kind-Klinik. »Ihr habt alles unter Kontrolle. Und wenn nicht, sind die anderen schuld. Die Politik, die Männer, die Unternehmen. Mal ehrlich: Ihr wehrt euch nicht, weil es euch gefällt, das Opfer zu sein, ihr wollt ganz viel Anerkennung dafür, dass ihr es so schwer habt.«

Deine Mudda sitzt im Rollstuhl und lacht über Behinderte.

Und dann wird deine Mutter müde. So müde.

Aber nicht, weil das Baby gerade zahnt oder ihr Akku von der ganzen Vereinbarkeit leer gesaugt ist, sondern weil sie müde ist vom Lesen. Vom Blick in ihre Timeline, in die Zeitungen und in die Magazine, die sich ihre *Freundin* nennen. Überall dort, wo ihr in schönster Clickbait-Regelmäßigkeit erklärt wird, was sie alles tun oder bleiben lassen soll. Wem sie jetzt schon wieder mit ihrer trotzigen Brut oder tropfenden Brust auf den sensiblen Öffentlichkeitsschlips getreten ist.

Vielleicht liegt der Schlüssel ja am Ende im *Brand-eins*-Magazin. Dort, wo ein redaktioneller Spaßvogel unter das »Kleine ABC des Klatsches« Folgendes geschrieben hat:

»M, wie Mutter: Heilige des Boulevards. Vorbild an Reinheit und Vollkommenheit.«

Könnte das eine Erklärung sein? Dass es sich bei deiner Mutter um einen verklärt-verkitschten Mythos handelt? Einen Mythos, der tief in den Köpfen der Allgemeinheit verankert ist und an dessen Erbe deine Mutter schwerer zu tragen hat als an ihren Wochenendeinkäufen?

Also bitte. Das war doch nur ein Witz.

Aber den hat deine Mutter ja wieder nicht verstanden. Schließlich hat sie »mit der Nachgeburt ihren Humor verloren«. Das las sie zumindest im *Schweizer Tagesanzeiger**.

---

* Anmerkung: Alle im Text zitierten original Zeitungsartikel sind auf www.andrea-harmonika.de unter dem Text »Deine Mudda« vom 30.03.2017 verlinkt.

Die Mama kommt gleich

Machen wir uns nix vor. Sobald die Kinder da sind, findet ein Paradigmenwechsel zwischen den Laken statt. Denn so unbekümmert, wie wir früher eine Anziehsachenspur vom Küchentisch durch den Flur bis ins Schlafzimmer gelegt haben, wird es vorerst nicht mehr. Aber kein Grund zur platonischen Panik! Nur weil etwas anders wird, muss es ja nicht automatisch schlechter werden. Aber wie genau verändert sich eigentlich so ein Techtelmechtel, wenn ein Winzling da ist? Und wie geht es weiter, wenn dieser womöglich irgendwann Verstärkung bekommt? Reißt man sich die Kleider tatsächlich nur noch vom Leib, weil sie vollgekotzt sind? Und lauert wirklich hinter jedem potenziellen Türrahmen ein »Was macht der Papa da?«

Als Erstes sollte man sich darüber im Klaren sein, dass sexuelle Vollkontakte unter frisch gebackenen Eltern eher Mangelware sind. Das geht bereits in der Schwangerschaft los. Während die meisten Frauen ihre ersten Rundungen nach einem positiven Schwangerschaftstest noch in vorfreudiger Erregung willkommen heißen, fühlen sie sich gegen Ende der Schwangerschaft ungefähr so aphrodisierend wie ein Haufen Bügelwäsche und wollen auf dem letzten Meter eigentlich nur noch Sex, wenn ausgedehnte Spaziergänge und die Nummer 27 vom Shiva-Imbiss keine geburtseinleitende Wirkung gezeigt haben.

Und auch wenn man schließlich stundenlang seinen leicht bekleideten Hintern vor der Nase des werdenden Vaters kreisen lässt, bleibt selbst ein in Kerzenlicht getauchter Kreißsaal ein ausgesprochen asexueller* Ort. So wie das Wochenbett. Und das soll wohl so sein. Immerhin ist den meisten Frauen unter der Geburt ein bisschen mehr als nur der Geduldsfaden gerissen. (Ganz davon abgesehen, dass sich vor allem Mütter nach endlosen Dauerkuschelphasen mit dem Baby durchaus nach Momenten sehnen, in denen sich mal kein Familienmitglied auf sie legt.)

Aber irgendwann kommt der lang ersehnte Zeitpunkt, an dem beide Eltern wach sind, während das Baby schläft. »Hurra!«, stellen wir erleichtert fest. Sex ist ja wie Fahrrad fahren. Zwar fällt die erste Runde meist etwas holprig** aus, aber immerhin ist man wieder gemeinsam auf der Straße.

Allerdings sind wir im Gegensatz zu früher jetzt auch deutlich schneller am Ziel. Und das liegt an Folgendem: Vor den Kindern waren wir sexuelle Sonntagsfahrer. Da bummelten wir in aller Seelenruhe durch die Landschaft. »Halt doch mal an. Och guck, hier ist es ja auch ganz schön.« Wenn man aber ein Baby bekommen hat, verwandelt man sich vom herumtrödelnden Sonntagsfahrer in einen Berufspendler. Und der möchte nicht wirklich rechts ranfahren und die Aussicht genießen, sondern vor dem Feierabendstau zu Hause sein. Mit Kind gilt deshalb plötzlich: Keine Umwege, keine Experimente! Der Weg mit dem geringsten Aufwand bei gleichzeitig größtmöglicher Wertschöpfung ist das Ziel. Also hören Sie auf, kostbare Zeit mit dem Tragen von Unterwäsche oder dem Dimmen von Glühbirnen zu verplempern und lassen Sie um Himmels willen die Scheiß-Kuschelrock-CD*** im Schrank. Denn wenn Simon & Garfunkel jetzt Ihr Baby wachplärren, dann stehen die Chancen leider ziemlich gut, dass

---

   * Sie schütteln Ihren Kopf, weil sie zu den 0,3 % der Frauen gehören, die unter der Geburt einen Orgasmus hatten? Herzlichen Glückwunsch, aber niemand mag Angeber.

  ** »LANGSAMLANGSAMLANGSAM!!! VORSICHTVORSICHTVORSICHT!!!«

*** Niemand sollte den Beischlaf unter Bonnie Tyler vollziehen müssen (abgesehen vielleicht von Bonnie Tylers Mann).

das Einzige, was als Nächstes irgendwo durchstößt, ein neuer Milchzahn ist. (Statistisch gesehen werden übrigens die meisten Geschwisterkinder in genau dieser auf Effizienz basierenden Beischlafphase gezeugt. Sooo schlimm kann es also vielleicht doch nicht sein. Also statistisch gesehen.)

Doch halten Sie durch. Oder um es mit den Worten von Rolf Zuckowski zu sagen: ›Macht Euch bereit, macht Euch bereit, jetzt kommt die Zeit, auf die ihr Euch freut‹. In diesem Fall ist es allerdings nicht die Weihnachtszeit, die naht, sondern die Zeit, in der die Kinder dem Klitzekleinkindalter entwachsen sind. Diese kleinen Bündel, die man erst gestern noch vorsichtig am Schlafsackzipfel auf die Seite gezogen hat, um auf die andere Seite der Matratze zu gelangen, sind nämlich spätestens übermorgen propere kleine Kindergartenkinder oder besuchen eine Grundschule. Und dann können Sie sich warm ausziehen. Denn neben den Kindern macht sich endlich auch eine neue Hoffnung in Ihrem Bett breit: die Rückkehr des Vorspiels.

Denn die Kinder schlafen jetzt nicht nur durch. Sie werden vor allem auch nicht mehr gleich wach, wenn man sich beim Tête-à-Tête im Nebenzimmer versehentlich auf einen Schleich-Stegosaurus gerollt hat. Endlich feiert der längst schon verloren geglaubte Firlefanzsex sein fulminantes Comeback, und mit ihm der ganze bummelige Popanz, den wir so sehr vermisst haben. Kerzen. Rotwein. Fummelige Stellungen, für die in den letzten Jahren keine Zeit (oder Kraft in den Oberschenkeln) übrig war. Ja selbst sonntagmorgens um 8 Uhr kann man es jetzt leise krachen lassen. Denn die Kinder sind nun nicht nur in einem Alter, wo sie allein aufstehen und ins Wohnzimmer schleichen können. Sie können auch endlich ihr eigenes Netflix-Profil auf dem Fernseher bedienen. Zwar ist der Preis für Ihr sperrangelweit offen stehendes Sexfenster eine Packung Zwieback, die von den Kindern großflächig über die Sofalandschaft zerbröselt wird. Aber, wo gehobelt wird, fallen ja bekanntlich Späne.

So müsste dieses Kapitel jetzt streng genommen eigentlich enden. Nämlich dann, wenn wieder alles im verführerischsten Lot ist. Aber leider ist noch nicht alles gesagt. Und weil ich am Ende dieser Beischlafbetrachtung niemandem den Spaß verderben möchte, überlasse ich die Aufgabe einfach meiner Freundin Henrike*. Die hat nämlich einmal den folgenden, äußerst verstörenden Satz formuliert: »Genießt euer komfortables Sexleben, solange die Kinder klein sind!«

Da reißen wohl alle Eltern mit kleinen Kindern beim Lesen zu Recht ihre müden Augen auf. *Komfortables Sexleben?* Soll das ein Witz sein? Eine hosenlose Frechheit ist das. Was soll denn bitte an einem gelegentlichen Boxenstopp auf der Fußbodenmatratze im Flur komfortabel sein? Wenn Sie allerdings mit anderen Eltern sprechen, deren Kinder wie das von Frau und Herrn Nieselpriem ein zweistelliges Alter erreicht haben, verstehen Sie vielleicht diese befremdliche Aussage. Sobald den Kindern klar wird, dass die Grundlage ihrer Existenz nicht allein auf Saftfasten und meditativem Tanz beruht, fangen sie nämlich an, Fragen zu stellen. So wie beispielsweise der 12 Jahre alte Sohn von Schmichaela**, der neuerdings mit Fragen wie: »Habt ihr heute Sex?«, »Wie oft macht ihr das?« und »Wie lange dauert das dann?« aus der Schule kommt. Das wäre ja noch in Ordnung. Sobald sich aber die anfängliche Faszination des Grauens (»Is' ja voll eklig, aber erzähl mal.«) gelegt hat, sehen Kinder anscheinend überhaupt nicht mehr ein, ihren Eltern ein ungestörtes Zeitfenster für ihre Sauereien zur Verfügung zu stellen. Is' ja voll eklig. Punkt.

Teenager hängen also nicht nur die ganze Zeit zu Hause rum und fressen einem die Haare vom Kopf, sondern glauben einem auch nicht mehr, dass der Papa gerade den *Heimlich*-Handgriff anwendet, weil sich die Mama verschluckt hat.

---

* www.nieselpriem.de

** Name von der Autorin geändert

Ach je. Was ist das alles kompliziert! Erst stellst du fest, dass selbst deine Geschirrhandtücher öfter gebügelt werden als du. Und wenn du dann nach tausend und einer Pipi-Durst-Schlecht-geträumt-Nacht endlich glaubst, jetzt wird alles besser, brauchst du dir die Beine also nur noch zu rasieren, wenn eine Klassenfahrt ansteht. Dabei wollen wir doch einfach nur ab und zu ein bisschen mehr, als unsere Terminkalender abzugleichen. Und das sollten wir auch. Schließlich wird das Bindungshormon Oxytocin nicht nur beim Riechen an Babyköpfen, sondern auch beim Knutschen und Fummeln ausgeschüttet – quasi eine biologische Zärtlichkeitswaffe, damit sich ein »Wish You Were Here« nicht in ein ›Wish you were beer‹ verwandelt.

Aber wie schon Rennsportlegende Walter Röhrl sagte: »Driften ist die Kunst, einen instabilen Zustand stabil zu halten.«

Also dann, Hose runter und ab ins Bett, bevor die biologische Uhr Ihr Kleinkind weckt.

Esskapaden

Vor etwa 6 Jahren saßen der Franz und ich in einer Sushi-Bar und sahen unserem damals 14 Monate alten Kind dabei zu, wie es gebratenen Süßwasseraal und Miso-Suppe in sich hineinschaufelte. Damals fand ich nicht nur, dass wir arschcoole Eltern waren, sondern offensichtlich auch in puncto Ernährung alles richtiggemacht hatten. Unser Kind aß einfach alles. Von wegen Rumgezippe und schlechter Esser. Dieses Kind griff beherzt in jede Schüssel auf dem Tisch. Egal ob Kapern oder Fetakäse, Rosenkohl oder Harzer Rolle. Sogar Pizza mit Anchovis und Blutwurst aß der Zwerg. Keine Ahnung, was die anderen Eltern, die ständig über ihre pingeligen Kinder stöhnten, zu Hause alles falsch machten. Dieses erhabene Gefühl erlosch genau an dem Tag, an dem ich zum ersten Mal eine heiße Kartoffel unter fließendes Wasser hielt, weil sie zuvor irgendein Trottel* mit kleingehackter Petersilie versaut hatte.

Wenn Ihnen das Universum Kinder geschenkt hat, die immer alles essen, ohne sich über irgendetwas auf ihrem Teller zu beklagen, dann blättern Sie bitte weiter. Für Sie gibt es in diesem Kapitel nichts zu sehen. Falls dies jedoch nicht der Fall sein sollte, dann freuen Sie sich jetzt bitte wie ein Schnitzel, denn Sie sind nicht allein. Nachdem der kleine Miso-Suppenkasper nämlich seinen zweiten Geburtstag gefeiert hatte, war der sorglose Mittagstisch Geschichte. Von heute auf morgen war alles doof. Erst war es nur die Butter, dann alles, was Körner hatte, und schließlich alle Lebensmittel, die mit mehr als Leitungswasser gekocht wurden. Dieses Kind, das vorher sein Schwarzbrot mit zer-

---

* Ich.

drücktem Camembert, Kümmel und rohen Zwiebeln gefrühstückt hatte, aß plötzlich nur noch alles ohne alles. Trockenes Brot, nackte Nudeln und Kartoffeln ohne Soße. Basta!

Der zweite Kleine war noch schlimmer: Der dachte erst gar nicht daran, wenigstens die ersten zwei Jahre so zu tun, als wäre er das nahrungskompatibelste Kind auf der Welt. Vom ersten bis zum circa 450. Lebenstag lehnte er einfach kategorisch alles ab, was außerhalb meiner Bluse produziert wurde. Zwar saß er bei den Mahlzeiten immer neben uns, aber Essen interessierte ihn nur im rein wissenschaftlichen Sinne. Er zerpflückte es, warf es herum oder verteilte es großflächig über seine Hälfte des Tisches. Ansonsten ließ er es einfach konsequent links liegen.

Da ich zu diesem Zeitpunkt zwar eine allzeit bereite, aber nicht besonders breite Brust hatte, bekam der Kleine offiziell »natürlich längst etwas Ordentliches«. Was auch niemand bezweifelte. Immerhin sah der mittlerweile 14 Monate alte Beikostverweigerer aus wie ein argentinisches Zuchtrind. Allerdings froren wir das Essengehen erst einmal ein. Denn wenn sich das eine Kind Pizza Margerita ohne Käse, Tomaten und Oregano bestellt, während die einzige Pasta, die das andere schluckt, Zahnpasta ist, kann man sich das Geld getrost sparen. Oder anderweitig investieren. Zum Beispiel in familienkompatible Kochbücher. Irgendwo muss man sich schließlich neue Anregungen holen, wenn die gängigen Rezepte voll mit »Magnech« sind. Und ganz ehrlich? Familienkochbücher sind der Hammer. Nirgendwo sonst finden Sie auf Ihrer Suche nach kindgerechter Nahrungsinspiration so schöne, halbseitige Hochglanz-Makroaufnahmen von einem Rührei. Oder so pfiffige Rezeptideen wie Nudeln mit Tomatensoße. Ein Wiener Würstchen heiß machen? Ich werd' verrückt. Tatsächlich besitze ich ein Familienkochbuch, in dem in ganzen fünf (!) Arbeitsschritten erläutert wird, wie man ein Butterbrot in Schnittlauch* wälzt.

---

* Mhmmmmmm, Schnittlauch. Der heimliche Liebling von Kleinkindern.

Aber abgesehen von alzheimerkompatiblen Rezepten gibt es auch haufenweise Tipps für ratlose Eltern. Beispielsweise das Essen einfach hübsch anzurichten. Ach guck? Kinder essen also Krabbenbrötchen, wenn ich vorher nicht mehr mit der Faust draufhaue? Himmel, Arsch und Bratenzwirn, natürlich richte ich das Essen hübsch an. Ich kenne keine einzige Mutter, die noch nie dem Drang, ein kleingeschnittenes Marmeladenbrot herzförmig auf ein Brettchen zu legen, widerstanden hat. Wenn man aber einen Blick in hippe Kochzeitschriften wirft, gilt heute ein kindgerechtes Abendbrot offensichtlich erst als hübsch angerichtet, wenn man die Sieben Zwerge mit Rohkost nachgestellt hat und das Ganze mit einem »Niemand liebt dich so wie Mama«-Schriftzug aus flüssiger Schokolade umrandet.

Da ist der Vorschlag, seine Kinder beim Kochen einzubeziehen, damit sie experimentierfreudiger werden, schon einleuchtender. Kinder lieben es nämlich, selbst zu kochen. Was ich absolut bestätigen kann. Was ich allerdings auch bestätigen kann, ist, dass es anschließend so aussieht, als wäre eine Streubombe auf dem Herd explodiert, und dass Sie am Ende die zweifelsohne mit jeder Menge Gaudi überbackene Hokkaido-Kokosmilch-Lasagne trotzdem allein auslöffeln dürfen.

Den mit Abstand unterhaltsamsten Vorschlag las ich übrigens auf einer Webseite, die das ganze »Magnech«-Dilemma mit schlechtem Marketing erklärte. Eltern sollten rote Paprika einfach in Rosengemüse und Quark- in Zauberspeise umtaufen. Noch besser wären sogar Namen, in denen die Wort »Gemüse« oder »Salat« überhaupt nicht mehr vorkommen wie zum Beispiel Einhornsorbet, Prinzennudeln oder Sternenfrikadelle.

Leider werden wir nie erfahren, wie viel Regenbogenwodka der zuständige Redakteur gekippt hat, bevor er sich diesen Bullshit ausgedacht hat. Aber so doof können weder meine noch seine Kinder sein, dass sie plötzlich dicke Bohnen essen, nur weil ich sie zuvor in magische Furzbomben umbenannt habe. (Nicht, dass ich es nicht versucht hätte …)

Am Ende hilft tatsächlich nur eines: abwarten und Tee trinken. Klingt nervig? Ist es auch. Aber kein Mensch isst, schläft oder sitzt nun mal gelassen auf dem Klo, wenn es unter Zwang geschieht. Kochen Sie also weiter, schmieren Sie Ihren »Magnech«-Kindern alternativ eine Stulle und stellen Sie Ihre inneren Ohren auf Meeresrauschen. Denn früher oder später kommt der Zeitpunkt, wo auch Ihr Tischsegen nicht mehr schief hängt.

Bei uns zu Hause hieß das Zauberwort übrigens nicht irgendwann Zaubereintopf, sondern Trennkost. Damit meine ich jetzt aber nicht die längst wissenschaftlich widerlegte Diätform*, sondern drei kleine Schüsseln, die am Anfang vom Ende unserer langen Durststrecke standen. Und siehe da? Auf einmal waren Semmelknödel, Soße und Rotkohl genießbar. Mit der Betonung auf »genießen«. »Mhmmm. Das ist aber lecker.«, hieß es auf einmal. Alles nur, weil die einzelnen Beilagen plötzlich nicht mehr auf dem Teller miteinander kollidierten.

Klingt neurotisch? Total! Und vor allem auch bekannt – zumindest in meinen Ohren. Tatsächlich habe ich nämlch auch eine Lieblingstasse, aus der mein Morgenkaffee besser schmeckt. (Außerdem ein Lieblingsbrettchen mit einer großen, abgebrochenen Holzecke, von dem ich besser frühstücken kann**, sowie eine leicht verbogene Lieblingsgabel, deren Zinken ein Stückchen kürzer als die der anderen Gabeln sind und mir deshalb beim Essen ein besseres Mundgefühl geben. Sie sehen also: Mein Sprung ist sogar noch viel größer als der in den drei kleinen Schüsseln unserer Kinder.)

---

  * Auch, wenn Sie mindestens fünf Leute kennen, die vor 20 Jahren 15 Kilo in drei Wochen mit Trennkost verloren haben

** Das habe ich bereits stinksauer unter »Was erlauben Strunz?!«-Rufen Richtung Franz wieder aus dem Mülleimer geholt.

Aber genug von meinen Esstischmacken. Besondere Essgewohnheiten sind nämlich viel gewöhnlicher, als man denkt. Meine Schwägerin zum Beispiel hat als Kind mit derselben Akribie, mit der sie heute Gerichtsakten studiert, alles, was rot war, aus ihren Salaten und Aufläufen gefieselt. Meine Geschwister essen schon seit über 25 Jahren nichts, was furzen kann, während unsere Oma zu Lebzeiten leidenschaftliche Vinotarierin war. Und bevor Sie jetzt mit dem Finger auf meine Familie zeigen, sei Ihnen noch schnell erzählt, dass ich Gastkinder kenne, die keine Wurstzipfel essen oder Gummibärchen hassen und ich vor langer Zeit schon einen Arbeitskollegen hatte, der, dank seiner vier Kinder, beim Belegen von selbstgemachter Pizza regelmäßig den Verstand verlor.

»Ich will NUR Mais!«
»Ich mag aber keinen Mais!«
»Auf meiner Hälfte muss der Käse aber UNTER die Salami!«
»Ich hasse Pizza!«

Apropos Pizza. Mittlerweile gehen wir übrigens wieder mit unseren Kindern essen. Also in richtige Restaurants mit Speisekarte und ohne Happy Meal. Neulich waren wir sogar in einer Sushi-Bar. Der Große, dessen Lebensmittel sich mittlerweile wieder auf einem Teller berühren dürfen, hat reingehauen, als hätte es die sechs Jahre dauernde Trockenbrotperiode nicht gegeben. Der Kleine fand erwartungsgemäß immer noch alles *bäh*. Aber das ist schon in Ordnung. Er hat nämlich erst neulich aus Versehen einen halben Zucchini-Grünkern-Bratling gegessen. Vor Schreck ist mir fast meine kurzzinkige, mundgefühlsechte Lieblingsgabel aus der Hand gefallen. Aber ich bin ganz cool geblieben. Stattdessen habe ich einfach weitergekaut und mein bereits auf der Zunge liegendes: »Siehst du? Das war doch jetzt eigentlich ganz lecker, oder?« wieder hinuntergeschluckt.

Das ist nämlich mit das Schönste an den zweiten Kindern: die Erfahrung. Da weißt du in Momenten wie diesen einfach, dass man einem Hirsch nicht winkt, auf den man gerade zielt. Und wenn der Kleine in die Fußstapfen seines älteren Bruders tritt, vergehen eh noch mindestens zwei Jahre, bevor er mehr als Zwieback mit Butter isst. Bis dahin darf er getrost seinen nährstoff- und geschmacksneutralen Sushi-Reis aus der Extra-Schüssel löffeln.

Der grüne Bereich

Glaubt man dem buckligen Affenpriester, der den kleinen Simba am Anfang von *Der König der Löwen* über die Klippe hält (also die Stelle, wo Sie immer anfangen zu heulen, sobald sich die Antilopen und Zebraherden vor dem neuen König verneigen), ist das Leben ein ewiger Kreis. Einer, in dem sich kräftesammelnde und kräftezehrende Strukturen zu gleichen Teilen die Klinke in die Hand geben. Wenn das geschieht, ist alles im grünen Bereich. Zumindest solange die kräftezehrenden und kräftesammelnden Anteile in einem ausgewogenen Verhältnis zueinander stehen. Dass Eltern von diesem Zustand, vor allem im Alltag mit kleinen Kindern, oft nur träumen können, brauche ich Ihnen nicht zu sagen. Umso schöner aber, wenn der grüne Bereich schließlich mit zunehmendem Alter der Kinder wieder in greifbare Nähe rückt. Und genau darum geht es im nächsten Kapitel. Um den grünen Bereich, und dass er manchmal dunkelblau gekachelt ist.

Freischwimmer

Ich habe neuerdings ein Hobby. Ein Elternauszeit-Hobby. Einmal die Woche packe ich für zwei Stunden meine sieben Sachen und fahre in ein Hallenbad. Was für ein Luxus – besonders, wenn man kleine Kinder hat. So eine Solosause ist nämlich wie ein Kurzbesuch auf einer einsamen Insel. Also eine, auf der einen niemand alle fünf Minuten bittet, eine Kokosnuss von der Palme zu pflücken, um diese hinterher auf dem Kopf eines Geschwisterkindes zu knacken. Kurzum: So ein Auszeit-Hobby ist das reinste Elternparadies. In meinem Fall trage ich im Paradies sogar noch ein Paar Sahnehäubchen aus Silikon. Allerdings stecken sie nicht in meinen Brüsten, sondern als himmelblaue Schraubstöpsel in meinen Ohren, und blenden die Hintergrundgeräusche meiner Mitschwimmer aus. Zurück bleibt lediglich das sanfte Gluckern des Chlorwassers, sobald ich für die nächste Stunde abtauche. Sie merken schon, ich bin ein echter Fan.

Zu verdanken habe ich das Ganze übrigens dem Großen. Also den Anstoß. (Die Zeit dafür verdanke ich definitiv zwei hilfsbereiten Omas, ohne die auch dieses Buch noch lange nicht fertig wäre.) Jedenfalls hat der Große vor ein paar Monaten sein bronzenes Jugendschwimmabzeichen gemacht und mich im Anschluss an seine Prüfung an die Hand genommen und gesagt: »So, Mama. Und jetzt gehen wir zum Bademeister und dann machst du dein Seepferdchen.« Das hat man nämlich davon, wenn man mit den Kindern die eigenen Leichen im Keller teilt. Dabei hatte ich dieses Geheimnis nur mit besten pädagogischen Absichten gelüftet. In einer Art missglückter Motivationsrede hatte ich dem Großen ein Jahr zuvor am Tag seiner eigenen See-

81

pferdchenprüfung auf die Schulter geklopft und so etwas wie: »Wenn das jetzt nix wird, dann ist das echt kein Drama« gesagt und dann lächelnd hinzugefügt: »Guck mich an. Ich hab auch kein Seepferdchen.«

Und dann sah er mich an, schenkte mir aber keineswegs ein erleichtertes Kinderlächeln oder drückte sich dankbar an seine große starke Mutter, die ihr Leben auch ohne den orangen, kleinen Kackaufnäher gemeistert hat. Stattdessen riss er Mund und Augen auf und rief nicht nur sehr ungläubig, sondern auch sehr laut: »ALTAAAAAAAAA, DU HAST KEIN SEEPFERDCHEN?!« 39 Jahre und ich werde immer noch von anderen Kindern gemobbt …

Jedenfalls bin ich auf Wunsch des Großen zwei Jahre später vom Beckenrand gehüpft, 25 Meter geschwommen und habe unter den sichtlich belustigten Augen unseres Bademeisters einen Tauchring vom Beckengrund geholt. Die ganze Zeit über wurde ich dabei vom Großen angefeuert und hielt am Ende mit einer Verspätung von etwa 30 Jahren dieses längst abgehakte kleine Schwimmsportabzeichen in der Hand.

Und plötzlich war es Liebe. Liebe auf den zweiten Blick. Denn von dem Tag an habe ich angefangen, schwimmen zu lernen. Also so richtig. Mit Atmung, Beinschlag und dem ganzen Zipp und Zapp. Und nachdem ich, dank eines Schwimmlehrers, der weder Gnade noch Verwandte kannte, über viele Wochen und Monate intensiv und reichlich Wasser geschluckt hatte, konnte ich auf einmal nicht nur durch die Haare meiner Kinder, sondern auch durch ein 25 Meter langes Sportbecken kraulen. Und zwar einmal in der Woche und ganz für mich allein. Wo wir wieder beim Ausgangspunkt wären: der Auszeit-Sause.

Denn egal, ob man nun seine Schwimmtasche packt, die Füße hochlegt oder auf das Pedal einer Nähmaschine stellt, sobald die Kinder nicht mehr so klein sind, brechen rosige Zeiten an: Freizeiten. Auch wenn alle Eltern in den ersten Monaten fest davon überzeugt sind, irgendwann in einem mit Stillkissen ausgestopften Wohnzimmersessel zu verhungern, ist der Großteil der 24-Stunden-Schichten irgendwann geschoben. Die Nächte werden länger und das Stolpern über herumrollende Krabbelkinder weniger, und ehe man sich versieht, sucht plötzlich nicht mehr Mama Huhn abends auf der Bettkante ihr Ei, sondern der starke Wanja das Glück.

Das ist nicht nur ein seltsames, sondern auch herrliches Gefühl, wenn Sie zum ersten Mal mit durchgestrecktem Rücken neben Ihren Kindern gehen. Zum Beispiel in einen Supermarkt, wo die Kinder auch nicht mehr im Einkaufswagen randalieren, sondern – und was ich jetzt schreibe, kann ich selbst kaum fassen – lieber vor dem Regal mit Plastikschisskram-Heften warten, während Sie in Ruhe ihren Einkaufszettel abarbeiten. Aber das ist noch nicht alles. Sobald Sie nicht mehr hundertmal am Tag die Schublade mit den Plastikschisskram-Schüsseln wieder einräumen, fangen Sie auch wieder an Bücher zu lesen. Und zwar zu Ende. Sie werden Ihren Kaffee nicht mehr aus der Mikrowelle aufgewärmt, sondern frisch aus der Maschine trinken. Und wenn Sie in ein Restaurant gehen, dann können Sie Ihr Essen nicht nur heiß, sondern auch mit beiden Händen essen und müssen am Ende auch nicht mehr mit einer halben Packung Feuchttücher unter dem Tisch herumkrauchen. Sie merken schon, ich bin ein echter Fan.

Denn so schön und kuschelig die kleinen menschlichen Wärmflaschen sind, so schön ist es auch, wieder acht Stunden am Stück zu schlafen, im Kino zu sitzen oder auf Gartenpartys nicht mehr hinter den Wuselzwergen herzurennen, weil diese permanent Gefahr laufen, den Würstchengrill umzutorkeln. Zwar riechen ihre Köpfe leider nicht mehr nach Milch und Honig, sondern nach nassem Hund. Aber dafür muss sich auch keiner mehr auf langen Autofahrten mit fußballgroßen Schweißflecken unter den Achseln auf die Rückbank hangeln, um sie mit einer Rassel vor dem Maxi-Cosi abzulenken. Denn wenn Ihre nicht mehr ganz so kleinen Kinder beispielsweise Hunger haben, sagen sie einfach Bescheid* und brüllen sich nicht mehr fünfzehn Kilometer bis zur nächsten Raststätte die Seele aus dem Leib.

Alles wird einfacher, sobald das straffe Band, das von Geburt an zwischen uns und unseren Kindern gespannt ist, elastischer wird. Das denke ich jede Woche, wenn ich meine Auszeit-Insel betrete und am Babybecken vorbeilaufe. Oder wenn ich am Ende meiner Stunde mit den Babybecken-Müttern unter der Dusche stehe und die Einzige bin, in deren Schwimmtasche keine Butterkekse oder Schwimmflügel sind, sondern lediglich eine Flasche 2-in-1 gegen Haarbruch.

Nein, ich beneide sie nicht, wenn sie versuchen, ihre eingeseiften Flutschbabys auf dem Arm mit der anderen Hand abzubrausen. Oder ihre tiefen Augenringe, die im Gegensatz zu meinen, nicht von einer festgesaugten Schwimmbrille stammen. Im Gegenteil. Ich genieße es so sehr, dass unsere Kinder mittlerweile so groß sind, dass sie sich allein den Schampooschaum vom Kopf waschen können. Oder dass sie sich am Ende allein abtrocknen, selbst anziehen und ihre Haare auf dem Gang trockenföhnen. Also zumindest theoretisch. Aber praktisch versuchen sie sich tatsächlich schon lange nicht mehr die herumfliegenden Haarbürstenreste fremder Leute auf dem Umkleidekabinenboden in den Mund zu stecken.

Für all diese Dinge bin ich sehr dankbar. Zumal es ja auch nicht so ist, als sei der Zauber mit vollständigem Milchgebiss gebrochen. Nur liegt der Zauber irgendwann nicht mehr im ersten Wort, sondern in ganzen Gesprächen, die man plötzlich am Kü-

---

* Okay, das ist natürlich geschönt. Sie sagen nicht nur einfach Bescheid, sondern fangen in der Regel an herumzunölen. Dennoch kann selbst der nöligste »Wann sind wir da?«-Kanon es nicht im Entferntesten mit einem hungrigen Säugling auf der Autobahn aufnehmen.

chentisch führt. Wenn sich die Welt der Kinder auf einmal um so viel mehr als Hunger, Bauchweh oder Langeweile dreht. Zum Beispiel warum es Jahreszeiten gibt, wieso wir für den Opa Kerzen anzünden oder weshalb Luke Skywalker und Prinzessin Leia nicht zusammen aufgewachsen sind. Und auch der Zauber, sein Kind an die Hand zu nehmen und bei seinen ersten Schritten zu begleiten, steht dem in nichts nach, wenn Ihr Kind plötzlich Sie an die Hand nimmt, um mit Ihnen gemeinsam an die Tür eines Bademeisters zu klopfen.

Tja, so könnte es eigentlich bleiben. Der heiße Kaffee, die langen Nächte und dass euch neuerdings immer öfter die *Fünf Freunde* ins Bett bringen. Wir Eltern befinden uns nämlich jetzt in einer sehr speziellen Komfortzone. Und zwar einer, in der eure Füße endlich groß genug sind, um euch allein die Treppe hochzutragen. Aber immer noch klein genug, um sich mitten in der Nacht unter unsere Decke zu schleichen.

Deshalb Kinder, ernsthaft. Es reicht jetzt!

Ihr braucht nicht noch größer zu werden.

Kleine Langfinger

Suchen Sie zu Hause auch ständig einen funktionierenden Kugelschreiber? Oder eine Rolle Tesafilm? Ziehen Sie auch manchmal Ihre Schreibtischschubladen heraus und wundern sich, wo die ganzen Tacker-Nadeln, Heftzwecken oder Gummibänder abgeblieben sind, und fahnden in der Abstellkammer nach Filzgleitern, Tesakrepp oder Lüsterklemmen?

Wenn Sie beim Lesen der Fragen ein-, zweimal genickt haben, dann werden Sie vermutlich von einem Geist heimgesucht. Einem äußerst bastelwütigen Geist. Und der hat an seinen kleinen Händen oft erstaunlich lange Finger, mit denen er überall Knöpfe, Zahnstocher oder Büroklammern einkassiert. Es gibt nichts, was das kleine Werkelgespenst nicht gebrauchen kann. Seine künstlerische Vorstellungskraft ist grenzenlos. So wie das, was es damit produziert.

Und wenn Sie und Ihr Mann irgendwann so oft neue Kabelbinder einkaufen, dass Ihnen die Kassiererin im Baumarkt schon zuzwinkert, dann erfahren Sie im nächsten Kapitel, wie Sie mit den Ergebnissen der regelmäßigen Plünderungsaktionen umgehen können.

Mama ante portas

Einmal im Jahr halte ich kurz inne, bevor ich den Schirm meiner Mütze nach hinten drehe und die Tür der Kinderzimmer eintrete. Keine Bewegung! Ich bin bewaffnet. Und zwar mit einem blickdichten schwarzen Müllsack, den ich auf jeden Fall benutzen werde. Als Erstes natürlich, um hineinzuatmen. Denn bei meinem jährlichen Sonderaufräumkommando geht es nicht um Lego & Co., sondern um den ganzen eingestaubten Müll, der sich überall im Haus als Kunst tarnt. Und damit meine ich nicht die laminierten Muttertagsherzen oder die aufgefädelten Nudelketten. Die werde ich für den Rest meines Lebens wie einen Schatz hüten.

Ich spreche hier von den unzähligen Heißklebe-Pappschachtel-Orgien. Von eingeschrumpelten Kastanienmännchen und Klopapier-Raketen. Von mit Sektkorken gefüllten Tennisballdosen neben leeren Joghurtbechern, an denen die traurigen Überreste längst vergangener Serviettentechnik kleben. Alles, was irgendwie bemalt, zerschnitten und wieder zusammengeklebt werden kann, findet irgendwann seinen Weg auf die Kinderzimmer-Endstation. Und hier stapelt es sich dann, während ich alter Hausstaub-Hypochonder glaube, ich sei in der gestaltungstherapeutischen Abstellkammer einer Suchtklinik gelandet.

Und tatsächlich, wäre ich Therapeutin, würde ich vielleicht nachhaken, warum meine Patienten etwa 2.000 Heftklammern in die Überreste eines Wollknäuels getackert haben. Oder warum der furztrockne Minikaktus in einer Trinklerntasse mit einem Kilometer Tesakrepp ans Hochbett gefesselt wurde. Da ich allerdings weiß, dass unsere Kinder nicht an einer posttraumatischen Belastungsstörung, sondern eher an einer proaktiven Kreativstörung leiden, schneide ich den Kaktus einfach vom Stützbalken und werfe das vierstöckige Schuhkartonbüro für Ikea-Mäuse ebenso in den Sack, wie das goldene Innenleben einer leeren Toffifee-Schachtel, das mit etwa 20 Einmachglas-Dichtungsringen um eine leere Ferrero-Rocher-Kiste gewickelt wurde.

Aber bevor Sie jetzt das große Mitleid packt, sei Ihnen gesagt, dass unsere Kinder das jährliche Sonderaufräumkommando gut verkraften. Und dafür gibt es einen einfachen Grund. Denn am Ende dürfen sie alles, was nicht im Plastikmüll gelandet ist, bei uns im Hof anzünden. Und eines können Sie mir glauben: Krempelkunst verfeuern tun die mindestens genauso gerne wie Krempelkunst zusammenschustern.

Der echte Scout

Wenn Sie Kinder haben und ein Portemonnaie, dann werden Sie darin mit Sicherheit drei Dinge finden:

1. kein Geld,
2. Versichertenkarten, die Sie beim Hausarzt immer alle der Reihe nach zücken, bis Ihnen die Arzthelferin endlich bestätigt, dass Sie Ihre eigene erwischt haben,
3. ein Pflaster.

Dieses Pflaster steht symbolisch für Ihre neugeborene Fähigkeit, sich vom ersten Tag Ihrer Elternschaft auf jedwede Art von Katastrophe vorzubereiten. Erinnern Sie sich noch, als Sie das erste Mal mit Ihrem Erstneugeborenen vor die Tür gegangen sind? Ich habe damals im Korb unter dem Kinderwagen mein Wöchnerinnengewicht in Windeln, Wechselbodys und Feuchttüchern spazieren gefahren. (Was man halt so braucht, wenn die Reise fünf Häuser weiter zum Bäcker geht.) Aber auch Jahre später haben wir unseren Buggy eigentlich die meiste Zeit als Gepäckwagen für Notfallzwieback, Wasserflaschen und mindestens zwei jahreszeit-kompatible Ersatzwäschesets pro Kind genutzt (was das wackelige Scheißerchen natürlich mit regelmäßigem Umkippen quittiert hat). Aber wie bei den Pfadfindern lautet das Motto unter Eltern nun einmal: Allzeit bereit.

Überhaupt habe ich seit meiner Recherche über geeignete Schultaschen festgestellt, dass es eine ganze Reihe von Prinzipienüberschneidungen zwischen Elternschaft und dem echten Scout gibt. Übernahme von Verantwortung (Eltern haf-

ten für ihre Kinder), Entwicklungsförderung junger Menschen
(»Wo ist deine Nase? Ja, wo ist sie denn?«) oder das *Learning-
by-doing*-Prinzip (denken Sie nur an den ersten vollgeschissenen
Body, den Sie Ihrem Kind über den Kopf ausgezogen haben). All
diese Dinge könnten also theoretisch auch in einem Elternkurs-
flyer der Volkshochschule stehen, obwohl sie praktisch aus der
Beschreibung des Vereins mit dem lustigen Lederknoten* stammen.

Der Unterschied ist nur, dass Pfadfinder, im Gegensatz zu Eltern, für jeden Scheiß ein Abzeichen bekommen. Ja wirklich. Im
Zuge weiterer Ermittlungen stieß ich auf eine ganze Reihe beeindruckende, buntbestickte und mit geheimnisvollen Abkürzun-
gen und Piktogrammen versehene Leistungsnachweise. Und da
ich seit meiner bestandenen Seepferdchenprüfung einen Abzei-
chenfetisch hege, präsentiere ich Ihnen jetzt eine Auswahl an original Leistungskategorien der Pfadfinder, die ich an das ebenfalls
auszeichnungswürdige Können und Wissen von Eltern angepasst
habe:

Angeln

Nennen Sie vier unterschiedliche Playmobil-Berufsgruppen, die
Sie für Ihre Kinder bereits aus der Toilette gefischt haben.

Bäume und Sträucher

Benennen Sie vier heimische Hölzer, die Ihre Kinder bei einem
Spaziergang dringend mit nach Hause nehmen mussten, weil der
Wald hinter Ihrem Haus, ich zitiere, »leer gestöckert« sei.

---

* die statt »Verein mit dem lustigen Lederknoten« *internationale, religiös und po-
litisch unabhängige Erziehungsbewegung* geschrieben haben.

Blumen

Zählen Sie drei Bodendecker, Stauden oder Nachtschattenge-
wächse auf, die Sie ob ihrer eventuellen Giftigkeit gegoogelt haben, nachdem Ihr Kind Teile davon verzehrt hat.

Erste Hilfe

Retten Sie ein jüngeres Kind vor der Selbstjustiz seiner älteren
Geschwister und kleben Sie anschließend zwei der sechs Lego-
hände von *General Grievous*, die »*das kleine Asloch*« zuvor abge-
kaut hat.

Feuerstelle

Dieses Abzeichen erhalten Sie, wenn Ihre Kinder ein Feuer in der
Küchenspüle gelegt haben, um herauszufinden, ob nur die Tüte
oder auch das Mehl brennt.

Haustiere

Vergessen Sie Hunde, Hamster oder Zwergkaninchen. Dieses
Abzeichen bekommen Sie, wenn in der Postmappe Ihres Grundschulkindes ein roter Info-Zettel mit dem Kopfuntersuchungs-
piktogramm des Gesundheitsamtes steckt.

Kartenlesen

Finden Sie heraus, wo sich auf dem Krickelkrackelbild zwischen
»Feuerwehrlauch«, »Deirad« und einem Kopffüßler namens
»Tante Rita« eine Kiste voll Gold versteckt hat. Finden Sie als
Nächstes heraus, wer Tante Rita ist.

Klimaschutz

Schlichten Sie einen Streit unter Ihren Kindern, wer am schlimmsten furzen kann. Tun Sie dies, ohne sich auf einen Favoriten festzulegen. Ich wiederhole: OHNE SICH AUF EINEN FAVORITEN
FESTZULEGEN!

Knoten
Entwirren Sie Ihr langes Haar nach der Einschlafbegleitung Ihrer Kinder in unter 10 Minuten.

Lagerküche
Dieses Abzeichen erhalten alle Eltern, die jedes Mal im Anschluss an die ersten 60 Sekunden ekstatischer Freude ihrer Kinder über Stockbrot die restlichen 20 Minuten allein mit den Stockbrot-Stöcken am Lagerfeuer hocken.

Lagerkunde
Klopfen Sie während eines Toilettenganges Ihres Mannes mindestens fünfmal im Vorbeigehen an die Badezimmertür und erkundigen Sie sich, wie die Lage ist. (Immerhin können Sie ab einem gewissen Alter nicht mehr wissen, ob noch der Morgenkaffee oder schon ein schwaches Herz hinter seiner nicht enden wollenden Auszeit steckt.)

Modellbau
Modellieren Sie mithilfe von Fimo und Kochschinken eine anatomisch korrekte Taille an die Barbiepuppen Ihrer Kinder.

Nachtwache
Hierbei handelt es sich um ein automatisiertes Abzeichen, das Ihnen unmittelbar nach der Geburt Ihres Kindes verliehen wird. *irres Gelächter*

Nadelarbeiten
Stielen Sie Ihren Tannenbaum so ein, dass die Kinder ihn bei ihren Schmückversuchen nicht umwerfen können.

Orientierung

Diese Prüfung haben Sie bestanden, wenn Sie im Dunkeln die Kleiderschränke Ihrer Kinder mit frisch gewaschener Wäsche auffüllen können, ohne auf ein Spielzeug zu treten. Allerdings kann Ihnen das Leistungsabzeichen Orientierung auch wieder aberkannt werden. Nämlich dann, wenn Sie panisch durchs Haus laufen und das Baby suchen, während es im Tragetuch auf Ihrem Rücken schläft.*

Radfahren

Machen Sie mit Ihren Kindern eine Radtour, ohne vor dem Landstraßenabschnitt einen Betablocker einzuwerfen.

Sammeln

Schlagen Sie eine Verkäuferin im Schuhgeschäft bewusstlos, nachdem sie Ihrem Kind noch mehr leere Gratisschuhkartons zum Mitnehmen angeboten hat.

Spuren lesen

Unterscheiden Sie Lauf-, Hüpf- und Schleifspuren aus Sand, Matsch und kleingebröselter Käsebrezel auf frisch gewischten Bodenfliesen.

Steine und Mineralien

Nennen Sie mindestens drei unterschiedliche Mineralien, über deren Heilwirkung Sie sich in Elternforen auf Facebook bereits lustig gemacht haben.

Töpfern

Stellen Sie für die Kinder ein Weihnachtsgeschenk für die Omas her.

---

* Für Sie getestet.

Wandern

Erklimmen Sie mit Ihren Kindern den dritten Stock. Sollte dies nach 17 Uhr geschehen, erhalten Sie das silberne Abzeichen. Tragen Sie zusätzlich in jeder Hand eine Einkaufstüte mit tiefgefrorenen Lebensmitteln, erhalten Sie das goldene.

So, und jetzt klappen Sie das Buch bitte zu und gründen den Internationalen Dachverband für Elternschaft. Denn mal ehrlich: Welche frisch gebackene Wölflingsmutter würde sich nicht gerne zur Abwechslung mal etwas anderes als einen Retterspitzwickel an die geschwollene Brust heften wollen?

The Grosser

Vor ein paar Wochen, kurz vor meinem dritten Geburtstag hieß es, ich solle nicht mehr mit Anlauf auf Mamas Bauch springen. Du seiest jetzt darin und ich solle nun ein bisschen vorsichtiger sein. Aber dass ich nicht mehr mit Mama toben darf, ist gar nicht schlimm, weil ich dafür neuerdings neben ihr auf dem Sofa liegen und die Augsburger Puppenkiste schauen darf. Stundenlang.

Ach, ich freue mich auf dich, mein kleiner Bruder. Ich werde mit dir spielen und dir die Geschichte von der *Raupe Nimmersatt* erzählen. Ich werde dich baden und Mama beim Wickeln und Anziehen helfen. Und wenn du etwas älter bist, werde ich dir zeigen, wie man vom Klo in die Badewanne pinkelt und Laufrad fährt und Waffelteig anrührt. Zwar haben sie mir erklärt, dass du am Anfang viel Zeit und Schlaf brauchst. Aber warum sich der Junge in meinem neuen Bilderbuch deshalb gleich seine Haare abgeschnitten und die Teekanne auf den Küchenfußboden geworfen hat, kann ich nicht verstehen. Denn wenn ich mein Ohr auf Mamas Bauch lege und du mir dann ein Klopfzeichen gibst, kann ich es kaum erwarten, dass du endlich auf meine Welt kommst.

* * *

Heute Nacht wurdest du geboren. Kurz vor Mitternacht, während ich tief und fest geschlafen habe. Ganz blau seiest du gewesen, hörte ich Papa beim Frühstück zu Oma sagen. Dann gab er mir ein Foto von dir. Die Hebamme habe es extra für mich im Kreißsaal ausgedruckt, erzählte er mir. Du hast einen schmierigen kleinen Schrumpelkopf und große dunkelblaue Augen. Stolz steckte ich dein Foto zusammen mit der Brotdose in meinen Rucksack. Im Kindergarten habe ich dein Foto dann auf ein großes buntes Pappschild geklebt und mit Maria an die Tür der Bärengruppe gehängt, damit jeder, der vorbeigeht, sehen kann, dass ich nun ein großer Bruder bin.

Nach dem Mittagessen bin ich mit Papa ins Krankenhaus gefahren, und nun liege ich hier neben dir auf dem Bett. Da bist du also. Mein Baby, von dem alle geredet haben. Eigentlich wollte ich dir meinen Schnuller in den Mund stecken, aber das durfte ich nicht. Oh, wie winzig du bist. Du hast deine Hände zu zwei kleinen Fäusten geballt, und ich kann gar nicht aufhören, über deine klitzekleinen Finger zu streicheln. Schade, dass du das kleine Auto, dass ich dir aus meiner Spielzeugkiste mitgebracht habe, noch nicht halten kannst. Dabei ist es überhaupt nicht schwer. Und jetzt muss ich mit Papa wieder nach Hause fahren, obwohl ich eigentlich die ganze Nacht hier zwischen dir und Mama liegen möchte. Ich kann es kaum erwarten, dass ihr endlich aus dem Krankenhaus entlassen werdet.

* * *

Jeden Tag kommen Leute zu Besuch. Sie stecken ihren Kopf in deinen Stubenwagen und sagen, wie niedlich du seiest. Und dann streicheln sie dir über deine Wangen und die knubbelige kleine Nase und sagen mir, wie schön es doch sei, dass du endlich da bist. Dann schenken sie mir eine Tüte Gummibärchen, und ich frage mich, ob es wirklich so schön ist, seit du da bist.

Denn eigentlich schläfst du die meiste Zeit. Und wenn du nicht schläfst, dann trinkst du. Und wenn du nicht gerade trinkst, dann wirst du stundenlang zum Furzen durch die Gegend getragen. Am Anfang fand ich es ganz schön, dir mit dem nassen Waschlappen über deinen Rücken zu streichen oder die

Verschlüsse deiner Windel zuzukleben. Aber jetzt ist es langweilig. Überhaupt bist du sehr langweilig.

* * *

Alle haben dich lieb, dabei liegst du nur herum und guckst in die Gegend. Sobald du anfängst zu schreien, nehmen sie dich auf den Arm und küssen dich und schaukeln deinen kleinen Körper hin und her. Aber wenn ich anfange zu schreien, runzeln sie die Stirn und sagen, ich solle leiser sein. Im Gegensatz zu dir soll ich jetzt ein Großer sein und ins Klo pinkeln und mir die Hose selbst hochziehen. Aber als ich wie ein Großer die Scherben der zerbrochenen Saftflasche einsammeln wollte, wurde ich aus der Küche gescheucht. Ständig bekomme ich Ärger wegen dir. Weil ich zu dir in den Stubenwagen klettern will, weil ich dich herumgetragen habe oder weil ich dir einen Finger voll Leberwurst in den Mund stecken wollte – obwohl sie vorher selbst gesagt haben, dass du Hunger hast. Den ganzen Tag klebst du an Mama. Und wenn du einmal nicht an ihr klebst, dann ist sie am Telefon oder möchte lieber die Spülmaschine ausräumen, statt mit mir ein Legohotel für die Kastanien zu bauen. Und obwohl du gar nicht mehr in ihrem Bauch steckst, darf ich immer noch nicht wieder mit Anlauf auf ihren Rücken springen, weil der ihr ständig wehtut. Und wenn ihr der Rücken nicht wehtut, dann ist sie müde und schläft beim Vorlesen ein. Nein, so habe ich mir das nicht vorgestellt. Also habe ich dich versteckt.

Alle Kissen und Decken, die ich finden konnte, habe ich um dich herum gestapelt, damit ich dich nicht mehr sehen muss. Ich habe dir dein Gesicht mit einem schwarzen Filzstift vollgekrakelt, und wenn niemand hinsah, dich in deinen kleinen Speckarm gekniffen. Eine ganze Packung Zucker habe ich zerpflückt und es in der Küche schneien lassen und in jeden meiner Wollpullover ein Loch in den Ärmel gebissen. Ich habe ihnen gesagt, dass sie dich verschenken sollen. So wie das alte Geschirr, dass sie dem Brautpaar geschenkt haben, damit die es bei einer Feier auf den Fußboden schmeißen konnten. Aber das wollten sie nicht. Und während ich wieder ausgeschimpft wurde, weil ich alle Waschbecken im Haus mit Klopapier verstopft habe, hast du auf meinem Weltraumteppich gehockt und auf den Mond gesabbert.

* * *

Da habe ich angefangen zu weinen. Aber nicht so, wie wenn man sich den Kopf an der Tischkante stößt. Ich habe ganz lange geweint. So lange, bis mir der Kopf vor lauter Weinen wehtat. Ich habe geweint, weil du im Auto immer vorn sitzen darfst und weil kein Legohotel für Kastanien vor dir und deinen kleinen Fummelfingern sicher ist. Vor allem aber, weil du jetzt da bist und dir von einem Tag auf den anderen meine ganze Welt unter deinen winzigen Nagel gerissen hast. Da hat sie sich neben mich auf den Teppich gesetzt und mich auf ihren Schoß gezogen. Sie hat mich geküsst und mich langsam hin und her geschaukelt, bis ich ganz und gar leer geweint war. Dabei hat sie genickt, weil es stimmte. Weil jetzt wirklich alles anders war und sie immer »*gleich*« und »*warte*« zu mir sagte. Und während wir so dasaßen und sie mir über den Kopf streichelte, hast du dich plötzlich aufgerichtet und neben uns gestellt. Angestrahlt hast du uns – mit deinen vier albernen Zähnen. Und dann hast du deinen Mund geöffnet und auf einmal laut und deutlich dein allererstes Wort gesprochen: meinen Namen.

* * *

Wir haben uns versteckt. Alle Kissen und Decken, die wir finden konnten, haben wir über die herausgezogenen Küchenschubladen gehängt und darunter Puderzucker aus der Packung gelöffelt und jede Menge Zahnabdrücke auf der steinharten Backschokolade hinterlassen. Dann haben wir uns furchtbar gestritten, obwohl ich nur ein kleines bisschen mit Absicht auf deine Polizeistation getreten war. Da hast du mir in den Arm gebissen und erst losgelassen, als sie kam und dir die Nase zugehalten hat. Aber jetzt liegen wir beide hier im Dunkeln und schlafen. Seit mehr als drei Jahren stecken wir nun gemeinsam unter einer Decke, und auch wenn du mich an manchen Tagen wirklich, wirklich nervst, kann ich mich einfach nicht mehr daran erinnern, wie es war, bevor du da warst. Aber eins weiß ich sicher: Bestimmt war es sehr traurig ohne dich.

Das Onomatopoesiealbum

Alles wird geremaked. Tamagotchis, Yps mit Gimmick und bauchfrei. Sogar Eurotrash wird neuerdings recycelt. Als ob »Baby, don't hurt me« in den 1990er-Jahren noch nicht weh genug getan hätte. Aber wo wir schon dabei sind, Tüll und Dauerwelle zu reanimieren, warum nicht auch etwas Sinnvolles. Zum Beispiel das gute alte Poesiealbum. Denn mal ehrlich: Die dusseligen Freundebücher, die das Poesiealbum in den 1980er-Jahren vom Markt gedrängt haben, sind doch öde. Es ist immer dasselbe: Lesen, Schwimmen, Pommes, Blau. Außer natürlich Ihr Kind schreibt seiner Freundin unter die Rubrik »Das wünsch ich dir:« »Inleina«. Ansonsten ist und bleibt das Freundebuch ein Kreativitätskiller, und die Einzigen, die davon profitieren sind Freundebuchhersteller und der Schulfotograf, dem Sie deswegen einmal im Jahr die Mappe mit den Minifotostickern abkaufen.

Natürlich müsste man das heute etwas altbacken anmutende Poesiealbum vor seinem Comeback einem zeitgemäßen Umstyling unterziehen. So wie die Pummelbiene Maja, die seit ihrem ZDF-Makeover nur noch Wespentaille trägt. Oder der neue kleine Wicki, dessen starke Männer heute auch keine Sätze mehr von sich geben, wie: »Armer Snorre. An Bord wird er von Tjure verprügelt und zu Hause vertrimmt ihn seine Alte«.

Aus diesem Grund wird aus dem schnarchigen Poesiealbum jetzt das ultracoole Onomatopoesiealbum. Onomatopoesie ist der offizielle Fachbegriff für die sprachliche Nachahmung von außersprachlichen Schallereignissen. Aber keine Angst. Das klingt nicht nur ausgedacht, sondern auch geschwollener, als es ist. Damit sind nämlich lediglich Wörter gemeint, die ausge-

schrieben ein Geräusch darstellen. So wie »Zischhh«*, »Klirrrrr«**
oder die lautmalerische Zusammenfassung einer Schlägerei:
»Bang! Poof! Kaboom!«

Das nenne ich mal ein Poesiealbum 2.0. Denn im Gegensatz
zu »Mein Lieblingssong: Atemlos« sind der Kreativität hier wirklich keine Peergroup-Grenzen gesteckt. Und mit entsprechend
optischer Gestaltung bin ich mir sicher, dass Kinder neben Klassikern wie »Rosen, Tulpen, Nelken, alle Blumen welken« auch
eine Mordsgaudi beim Schreiben und Gestalten von »twoing«***,
»snikt«****, oder »shlorg-faglork«***** haben.

Also hopp, hopp und nicht gebummelt und alle Freundebücher gegen ein Onomatopoesiealbum eingetauscht. Dann heißt
es künftig endlich nicht mehr »Lesen, Schwimmen, Pommes,
Blau«, sondern »In allen vier Ecken soll Voip****** drinstecken«.

---

* Ein durch die Luft fliegender Pfeil.
** Das Bersten einer Fensterscheibe.
*** Das Vibrieren einer Sprungfeder.
**** Das Ausfahren von Wolverines Adamantium-Klauen.
***** Das Waten durch knietiefen Schlamm (oder die Geburt eines Kopfes –
aber das ist eher ein persönlicher Erfahrungswert).
****** Das Abfeuern einer nicht-tödlichen Energiewaffe.

Der Equipster

Es war einmal ein Landwirt namens Maurice Wilks. Der benutzte 1947 auf seinem walisischen Bauernhof einen alten Jeep Willys, den das amerikanische Militär nach dem Zweiten Weltkrieg vergessen hatte. Und da Wilks nicht nur Landwirt, sondern auch Technischer Direktor der Rover Company war, baute er sich irgendwann aus den Ersatzteilen des Willys den allerersten Prototypen des heutigen Kultmodells *Defender*.

Ursprünglich als ziviles Nutzfahrzeug für die Landwirtschaft entwickelt, machte der *Defender* (der damals noch den etwas langatmigen Namen *Land Rover Serie I, II* beziehungsweise *III* besaß), schnell Karriere als Standardfahrzeug für Armee, Katastrophenschutz, Rettungsdienste und neuerdings Inhaber von Werbeagenturen.

Als der Franz und ich letzten Sommer mit den Kindern im schwedischen Outback unterwegs waren, trafen wir auf einem Waldzeltplatz auf einen dieser Werbeagentur-Defender. Wie die Fahrzeuge der anderen oben erwähnten Riskioberufsgruppen verfügte auch dieser Geländewagen über eine ganze Reihe beeindruckender Ausstattungsmerkmale. Zum Beispiel einen Schnorchel. Wenn man nämlich einen Fahrzeugschnorchel hat, darf das Wasser dem Auto bei der Durchquerung eines Baches oder einer Furt bis zur Türgriffkante stehen, ohne dass einem hinterher der patschnasse Motor um die Ohren fliegt. Das ist wirklich sehr praktisch. Fragen Sie mal das Technische Hilfswerk. Die werden Ihnen davon sicher ein Hochwasserlied singen können.

Beeindruckend anzusehen, war auch der begehbare Expeditionsdachträger mit Rundumleuchten-Ausstattung, der sich wiederum als sehr nützlich erweist, wenn man eine weite Fläche wie zum Beispiel ein vernebeltes Wattenmeer überblicken will, weshalb auch die Geländewägen des DLRG Landesverbands Schleswig-Holstein damit ausstattet werden.

Außerdem hatte der Irgendwas-mit-Medien-Defender auch noch, neben einem Satz grobstolliger Expeditionsreifen und einer verstärkten Kühlermaske (die man beispielsweise beim Buschstationen-Defender des Tierarztes Dr. Marsh Tracey in der amerikanischen 1960er-Jahre-Fernsehserie *Daktari* bewundern konnte), ein Paar Rock-and-Tree-Sliders sowie eine Seilwindenstoßstange mit Abschleppöse und einen um 360 Grad drehbaren Schäkelbolzen zu bieten.

Kurzum: Dieses Auto hatte einfach alles! Alles, bis auf einen einzigen Kratzer.

Ein Auto, dem man also ein paar robuste Edelstahllochbleche an die Unterseite des Fahrgestells genietet hatte, damit man sich beim Überqueren von umgestürzten Bäumen oder zerbombten Straßen im Irak nicht den Auspuff abreißt, und dessen Seilwindenstoßstange von der Salzburger Bergrettung zur Evakuierung von Alpinisten und Höhlenforschern eingesetzt wird, hatte tatsächlich nicht einen einzigen Kratzer. Oder irgendeine andere Form von Gebrauchsspuren.

Ist das nicht völlig bescheuert?

Und während der Franz und ich dort am Lagerfeuer sitzen und uns hinter vorgehaltenem Thermobecher über den blitzblanken Apokalypse-Defender (und das Wort Schäkelbolzen) lustig machen, schweift mein kopfschüttelnder Blick hinüber zu den Kindern. Die beiden hocken nicht weit von unserem Zelt auf einer Waldlichtung. Ein dicker Teppich dunkelgrüner Blaubeersträucher umgibt die zwei, während das Licht einer langsam untergehenden Sonne auf ihre vom Blaubeersaft verschmierten Gesichter scheint. Und ihre Funktionsjacken.

Im Gegensatz zu meiner Mutter, die mit uns früher einfach in eine C&A-Filiale marschiert ist, habe ich nach wochenlanger Internetrecherche für die Kinder ein Paar textile Alleskönner angeschafft. Diese sind nicht nur robust und elastisch, sondern auch mit Gore entwickelter Windstopper-Membran, Kinnschutz und durchgängigem 2-Wege-Seiten-Reißverschluss zur bestmöglichen Belüftung ausgestattet. Und auch sonst kann sich die Kleidung, mit der ich unsere Kinder für gewöhnlich auf den Spielplatz schicke, sehen lassen. Denn auch die bereits angeschafften Winterjacken, die zu Hause im Schrank auf ihren ersten Außeneinsatz zum Laternenumzug am 11. November warten, verfügen über eine Reihe beeindruckender Ausstattungsmerkmale:

Zum Beispiel Taslan-Gewebe. Taslan-Gewebe gehört zur Familie der Polyamide, einer beschichteten Kunstfaser, die beispielsweise in der chirurgischen Wundnaht, bei der Herstellung von Fallschirmen oder zur Bespannung von Tennisschlägern verwendet wird. Außerdem hält es nach wissenschaftlicher Hochleistungsrubbelei einer Belastung von 50.000(!) Martindale* stand. (Das ist offensichtlich ein Abrieb-Rubbelfaktor, den nicht einmal das Sitzpolster in Ihrem Linienbus erreicht).

Weiter geht's zur Wassersäulensache. Was war das doch gleich? Ach stimmt. Das ist die Maßeinheit, mit der man Angaben über die Dichtigkeit von Gewebe machen kann. Laut der europäischen Norm EN 343:2003 gilt Kleidung mit einer Wassersäule von 1.300 Millimeter als tipptopp wasserdicht. So, und jetzt einen Trommelwirbel bitte. Denn bevor ich weiterschreibe, muss ich mir erst eine schwarze Sonnenbrille aufsetzen und eine Kippe in die Mundwinkel hängen, denn die Wassersäule der Ganzjahresjacken unserer Kinder beträgt ganze 8.000 Millimeter.

A-c-h-t-t-a-u-s-e-n-d!
In your face, 400er-Wassersäule-Regenschirm.

---

* Falls Sie hier auf eine Erklärung zu 50.000 Martindale hoffen, lesen Sie bitte weiter. Bis auf einen Sankt-Martinsdale-Wortwitz gibt es hier nichts zu sehen.

Außerdem sind sie ultraleicht, winddicht und halten bis -30° Grad warm. Zwei Lagerfeuerstellen weiter zwinkert mir der Equipster-Defender zu, während ich bei dessen Anblick langsam tiefer in meinen Klappstuhl rutsche. Mir wird nämlich gerade klar, dass sich unsere Kinder nicht nur trockenen Fußes in den Strahl eines polizeilichen Wasserwerfers stellen, 24 Stunden täglich einen Abhang hinunterrutschen und ihre Jacken anschließend sandstrahlen können. Sie sind bei einem Spaziergang durch einen Nieselregen auch besser ausgestattet als Sir Edmund Hillary bei seiner Erstbesteigung des Mount Everest.

Mittlerweile ist die Sonne untergegangen und der Franz leuchtet mit der Taschenlampe in die Blaubeerbüsche. Sofort blitzen unsere über und über mit Reflektorstreifen dekorierten Kinder auf wie zwei Diskokugeln. Und während er die beiden zum Abendessen zurück ans Lagerfeuer winkt, frage ich mich, wie dicht wohl das durchschnittliche Hirngewebe von Equipster-Eltern ist.

Familienkurve

Hurra, endlich wieder Bundesliga, DFB-Pokal oder Champions League! Oder sind Sie eher ein Deutschlandfähnchen schwenkender alle-zwei-Jahre-Fan? Aber eigentlich ist es eh wurscht, welche Spiele Sie am liebsten gucken, denn wenn Sie kleine Kinder haben, können Sie die sowieso erst einmal alle knicken. Kinder interessieren sich nämlich einen feuchten Kehricht für Fußball.

Schon klar, Sie kennen jetzt mindestens tausend Gegenbeispiele von Trikot tragendem Nachwuchs, der ganz verrückt danach ist. Allerdings reden wir hier weder von Grundschülern noch von einem wenige Wochen alten Säugling, der sich gemütlich durch zwei Halbzeiten schnarcht und ab und zu in Ihre Armbeuge furzt.

Wir reden von Krippen- oder Kindergartenkindern. Denn egal, mit wie viel Vereinspathos Sie diese von Geburt an gehirngewaschen haben: Fußball ist nur super, wenn man es regellos im Garten und mit kleinen Unterbrechungen zum Blumenpflücken spielen kann. Außerdem sind Kinder in diesem Alter auch noch äußerst nachtragend, wenn sie herausfinden, dass die zweistündige Fernsehzeit, die ihnen so großzügig von den Erziehungsberechtigten eingeräumt wurde, lediglich bedeutet, dass man die ganze Zeit auf einen Rasen starren und dabei Mund und Füße stillhalten muss. Das klappt natürlich nicht. Vor allem Letzteres. Denn auch wenn unter Franz Beckenbauer noch die halbe Nation hinter dem Fernseher gestanden hat, garantiere ich Ihnen, dass in der heimischen Familienkurve die halbe Nation vor dem Fernseher steht. Oder während des Elfmeterschießens mit dem Bobbycar durchs Bild rutscht, um anschließend die nassgelutschten Finger in die LED-Oberfläche Ihres Fernsehers zu bohren.

Ach, und bevor Sie jetzt auf die super Idee kommen, Ihre Kinder in einen Buggy zu setzen und zum Public Viewing zu fahren, sei Ihnen gesagt, dass Sie das ebenfalls löten können. Denn so verlockend sich Menschenaufläufe, Schwenkgrills und öffentliche Toiletten mit Kleinkindern anhören, genauso sind sie auch. Somit ist der Unterschied zwischen einem WM-Finalspiel auf dem Rathausplatz oder der Variante in Ihrem Wohnzimmer also ähnlich signifikant, wie der Unterschied zwischen warmer und kalter Kacke.

Aus diesem Grund fordere ich den DFB und die übertragenden Fernsehanstalten hiermit ausdrücklich auf, sämtliche Fußballspiele nur noch mit einer Kennung von »FSK 6« zu versehen, damit die Erwartungen künftiger Elterngenerationen endlich auf ein realistisches Niveau gesenkt werden.

Helicobacter-Eltern

Kennen Sie auch diese Eltern, die ständig um die Köpfe ihrer Kinder kreisen? Um die fiebernden, dauerhustenden Kinderköpfe, die bevorzugt in den frühen Morgenstunden eine Wagenladung Rotaviren in die Besucherritze reihern?

Wenn man Kinder hat, ist meistens eins krank. Oder alle. Oder schlimmer noch, sie wechseln sich ab und spielen wochenlang Magen-Darm-Ping-Pong, während man nach der fünften Waschmaschinenladung die Betten am liebsten nur noch mit blauen Müllsäcken beziehen möchte.

Das ist übrigens auch der Grund, warum man spätestens ab dem ersten Kinderzahn eine eigene Hausapotheke besitzt. Und ich spreche hier nicht von einer verknautschten Schachtel Aspirin, die wir früher in der vollgestopften Küchenschublade geparkt haben. Ich spreche von einer transparenten Plastikbox in der Größe einer Bierkiste, die plötzlich hoch oben auf dem Badezimmerschrank thront und in deren Anwesenheit Eltern gerne Schnick-Schnack-Schnuck um die nächste Zäpfchengabe spielen. Abgesehen von den obligatorischen Nasentropfen und einer sündhaft teuren und mittlerweile ranzig gewordenen Tube Brustwarzensalbe beinhaltet die rappelvolle Kiste eigentlich immer

1. mindestens drei angebrochene Flaschen Fiebersaft (bei denen die Dosierspritze entweder verbummelt oder vom Kleinkind plattgekaut wurde),
2. einen Pari-Boy (das Gerät, mit dem die Kinder immer stundenlang inhalieren, weil man sie vor dem Fernseher vergessen hat) und

3. natürlich tonnenweise Pflanzliches gegen Reizhusten (obwohl mittlerweile mehrfach nachgewiesen wurde, dass Hustensaft aus der Apotheke genauso effektiv gegen Husten wirkt wie rhythmisches Klatschen gegen Krampfadern).

Wie gut also, dass wenigstens wir Eltern angesichts dieser Viren-Bakterien-Flut gesund bleiben. Dass wir von Mutter Natur mit einem geradezu teflonesken Immunsystem ausgestattet wurden, an dem Krankheitserreger sämtlicher Couleur einfach abperlen.

Pffff. Von wegen.

Wer nämlich den nächtlichen Kotz-Parkour-Slalom mit Kind unter der Achsel zwischen Schlaf- und Badezimmer absolviert hat, hängt garantiert 24 Stunden später selbst über der Schüssel. Und spätestens, wenn einem die Kinder zum ersten Mal frontal ins Gesicht niesen, weiß auch der letzte medizinische Laie, warum es *Tröpfcheninfektion* heißt.

Mütter werden nicht krank. Dass ich nicht lache.

Abgesehen von grippalen Infekten im vierstelligen Bereich und einem zweifach gebrochenen Mittelfußknochen (nachdem ich über mein Krabbelkind gestolpert bin), habe ich mir beim Kampfkuscheln schon ein blaues Auge geholt und lag erst kürzlich wegen Influenza eine Woche stationär im Krankenhaus.

Eltern sind ständig krank. Sie haben nur keine Zeit, ständig krank zu sein.

Jedes einzelne, in der Vergangenheit schlampig geknotete Tragetuch rächt sich irgendwann mit einem chronischen Morbus Muckefuck der Wirbelsäule. Aber statt Krankenschein und Stufenbettlagerung müssen sich Eltern lediglich damit begnügen, herumfliegende Legosteine rückenschonend wegzusaugen.

Bleibt also nur der nervtötende Klassiker: Das ramponierte Immunsystem durch ausreichend Schlaf, gesunde Ernährung und sportliche Betätigung zu stählen.

Aber seien wir ehrlich: Solange besagter Kotz-Parkour-Slalom nicht olympisch wird, und Beiträge wie diese um drei Uhr morgens mit zwei Toffifees in jeder Wangentasche geschrieben (oder gelesen) werden, sehe ich da eher schwarz.

Doch halt!

Bevor wir jetzt alle in unsere kostenlosen Ratiopharm-Taschentücher heulen, kann ich Hoffnung geben. Und zwar in Gestalt meiner ehemaligen Nachbarin. Jene Frau Silberstreif-am-Horizont, deren Sohn mittlerweile 15 Jahre alt ist, versicherte mir nämlich erst kürzlich, dass diese grässlichen Kleine-Kinder-ständig-krank-Phasen irgendwann passé seien.

Ist das nicht eine wunderbare Aussicht? Da fällt einem als Helicobacter-Mutter doch glatt ein Medi&Zini-Hundewelpenposter-großer Stein vom Herzen. Zwar erzählte die Nachbarin auch, dass der virulente Staffelstab dafür an eine chronische Hormonverwirrung namens Pubertät weitergereicht wird, aber da habe ich bereits nicht mehr richtig zugehört. (Welche Mutter möchte sich schon ihren Kopf über Haare zerbrechen, die irgendwann an Körperteilen sprießen, die heute noch in einer Minions-Unterhose stecken?)

Fazit: Wenn wir also das nächste Mal wieder einen Tag vor dem Urlaub auf das Fieberthermometer unserer Kinder starren, dessen Anzeige quasi mit der Wettervorhersage des anvisierten Reiseziels übereinstimmt, trösten wir uns einfach damit, dass der ganze Spu(c)k in ein paar Jahren Geschichte ist. Und wenn wir selbst mal wieder krank sind, parken wir die Kinder einfach mit einem großen Vorrat unpädagogischen Fingerfoods vor der viereckigen Tante und ziehen uns die wohlverdiente Bettdecke über den verstopften Rotzkopf.

Ich nenne es: *bedürfnisorientiertes Kranksein.*

Quod erat demonstrandum

Der Kleine kommt angelaufen und beschwert sich, dass sein Bruder ihn gebissen habe. Der Große kommt angelaufen und beschwert sich, dass der Biss gar nicht weh getan haben könne, weil er schließlich gerade »fforne keine Schneideffähne« hat.

Krieg und Frieden

Jeden Abend lehne ich einen Moment im Türrahmen und schaue den Kindern beim Schlafen zu. Das ist mir einer der liebsten Augenblicke des Tages, und ich meine das nicht zynisch. Ich genieße es von ganzem Herzen. Ihre friedlichen Gesichter, entspannte kleine Körper, die in alle Himmelsrichtungen ausgestreckt wie der Kleine oder stramm in die Bettdecke eingerollt wie der Große so daliegen. Manchmal liegen sie auch aneinandergekuschelt, jeder einen Arm schützend um den anderen gelegt. Während mein Herz dann in dieser seligen Mischung aus Glück und Dankbarkeit badet, kann mein Hirn oft kaum glauben, dass diese beiden Engel, die dort händchenhaltend eingeschlafen sind, sich keine halbe Stunde vorher noch mit dem Rausfallschutzgitter aus dem Kinderbett über den Flur gejagt haben.

Geschwister sind ein Geschenk. Ich muss es wissen, denn ich habe zwei von ihnen. Aber wie das mit Geschenken so ist, weiß man sie manchmal nicht immer gleich zu schätzen. Zum Beispiel habe ich mich mal an dem Katzenklo einer Bekannten mit Toxoplasmose infiziert, was sich erst Jahre später als ungemein praktisch herausgestellt hat, weil mein Körper dadurch jede Menge Antikörper gebildet hatte, mit denen ich dann die gesamten Schwangerschaften hindurch meinem Fenchelsalami-Fetisch frönen konnte. Mit Geschwistern ist das ebenso. Glauben Sie mir! Wenn Sie mit Geschwistern aufgewachsen sind, dann haben auch Sie im Laufe Ihrer Kinderzeit jede Menge Antikörper gebildet, die Sie heute noch durchs Leben tragen. Geschwister sind nämlich der Grundausbildungsgarant in Sachen Kameradschaft und Kriegsführung. Nirgendwo sonst kann man von klein auf so schnell und intensiv lernen, wie man teilt, auf einander Rücksicht nimmt und kleine bewegliche Ziele trifft, oder Asozialkompetenzen wie Petzen oder Schuld in fremde Schuhe schieben erwerben.

Denn bei aller Geschwisterliebe, ständig wird sich gekloppt. S-T-Ä-N-D-I-G W-I-R-D S-I-C-H G-E-K-L-O-P-P-T!!

»Der hat mich komisch angeguckt!!!«
»Der hat mich zuerst komisch angeguckt!!!«

Sie ahnen ja nicht, wie viele Geschwisterkonflikte Eltern jeden Tag auf der Welt schlichten müssen, bei denen sie nicht einmal ansatzweise kapieren, um was es bei dem Streit überhaupt geht.

»Wie, er hat dich komisch angeguckt?! Du hast seinen Silbenstift durchgebissen, weil er dich komisch angeguckt hat?!«

Dabei dürfte mich das streng genommen gar nicht überraschen. Immerhin habe ich vor über 30 Jahren schon zur Strafe die gesamte thermoplastische Eulensammlung meines Bruders abgeleckt, weil der in Gegenwart meiner Nachbarsfreundin Melanie behauptet hatte, in meinem Zimmer »riecht's nach Furz«. Unzählige Male wurde ich in den großen kratzigen Wohnzimmerteppich gerollt, an die Leiter unseres Hochbetts gefesselt oder von meiner Schwester beschuldigt, sämtliche Füße ihrer Barbiepuppen plattgekaut* zu haben.

Neu ist der Geschwisterzwist nicht. Tatsächlich platzen die Geschichtsbücher mit ihren Schauermärchen über Brüderchen und Schwesterchen aus allen Nähten. Getreu nach dem Motto »Eine Hand bricht die andere« gerieten bereits ganze Völker wegen Unstimmigkeiten unter Geschwistern aneinander. Denken Sie nur an Kain, der aus Eifersucht seinen Bibelbruder Abel er-

---

* Was stimmte. Alle ihre Barbies sahen aus, als hätten sie Taucherflossen an den Füßen.

schlug, nur weil der in Gottes Augen besser seine Opferziegen auf links ziehen konnte. Die ägyptische Königin Kleopatra ließ ihre Schwester Arsinoë hinrichten, nur weil eine klitzekleine Chance bestand, dass diese aus ihrem Exil heraus an ihrem Thron hätte sägen können, und der Naturwissenschaftler und Staatsmann Benjamin Franklin gab einmal an, einer der hassenswertesten Menschen in seinem Leben sei sein älterer Bruder James gewesen, bei dem Franklin, lange bevor er seine Unterschrift unter die *Bill of Rights* setzen durfte, eine Ausbildung zum Buchdrucker machen musste.

Das wohl mit Abstand schlimmste Beispiel für Geschwisterkrach thront allerdings hoch oben auf dem Olymp. Das blutige Ausmaß der Konflikte zwischen Göttin Hera und ihrem Bruder stellt jede griechische Tragödie in den Schatten. Was allerdings auch nicht verwunderlich ist, wenn man erst seinen Bruder heiratet und der Göttergatte dann mit sage und schreibe* 35 (!) Geliebten 61 (!) Nachkommen zeugt. (Angesichts dieser Zahlen ist es höchstens verwunderlich, weshalb die Epiphanie des Zeus der Blitz und nicht sein tüchtiger Hoden ist.)

Aber das ist natürlich nur eine Seite der Medaille. Drehen wir sie also um und schauen lieber auf den legendären Zusammenhalt unter Geschwistern. Zum Beispiel auf Hänsel und Gretel. Oder die Kardashian-Schwestern. Die innige Verbindung der Grimm'schen Geschwister gilt ja quasi traditionell als ultimative Waffe gegen böse Hexen und Regretting Motherhood. Und auch wenn sie sich bestimmt schon oft gegenseitig ihre Extensions langgezogen haben, muss man doch neidlos anerkennen, dass bei Kim, Khloe, Kylie, Kendell, Kourtney und Kokolores Kardashian offensichtlich nicht nur ein Buchstabe der Kitt ist, der den Klan zusammenhält.

Denn auch wenn bei uns zu Hause kaum ein Tag vergeht,

---

* Sofern ich mich bei Wikipedia nicht verzählt habe.

an dem nicht ein irrwitziger Streit vom Zaun gebrochen wird, weil vielleicht einer am Tisch das Ketchup zu lange festgehalten hat, wird auf der anderen Seite ebenfalls rührend füreinander gesorgt. Nie wird der eine vergessen, sobald der andere unterwegs einen Luftballon geschenkt bekommt. Wenn der eine vom Trampolin fällt, kommt der andere und tröstet*. Hohes Fieber und schlechte Träume werden grundsätzlich auch mit geschwisterlichen Streicheleinheiten und Kuscheltierleihgaben behandelt. Und ist es nicht eine außerordentlich solidarische Geste, wenn sich der Eine ebenfalls einen 4 Zentimeter breiten Glatzenstreifen von der Stirn bis zum Nacken rasiert, obwohl es ganz offensichtlich schon bei dem anderen keine gute Idee war?

Auch meine Geschwister sind für mich bis heute eine der prägendsten Konstanten in meinem Leben. Denn sie haben mich nicht nur das Fürchten, sondern auch das Fahrradfahren, Häkeln und Schreiben meines allerersten Wortes gelehrt. Sie haben mir zugehört und mich zugedeckt und im Laufe der Jahre mehr als nur ihre Süßigkeiten mit mir geteilt. Sie hielten meine Hand an dem Tag, als unser Vater starb, und die Hände meiner Kinder, als diese auf die Welt kamen. Das alles macht uns zu Gefährten. Einer tief verwurzelten Gemeinschaft, die vieles verbindet, auch wenn sie manches trennt.

Und manchmal, wenn ich am Abend im Türrahmen lehne, um den Kindern einen Moment lang beim Schlafen zuzusehen, dann mache ich ein Foto. Von ihren friedlichen Gesichtern, die sie, obwohl sich jeder von ihnen bereits in eine eigene Welt geträumt hat, einander zugewandt haben. Denn mit wem könnte ich dieses stille Geschwisterglück dann besser teilen als mit der WhatsApp-Gruppe ihrer Onkel und Tanten?

---

* Gleich, nachdem er die Leiter wieder eingehängt hat, die er zuvor heimlich entfernt hatte.

X-mal

»Bist du fertig?«

»Halt doch mal still. Nicht, dass ich dir in den Finger schneide.«

»DAS ist jetzt Abendbrot! Später gibt es nichts mehr!«

Enjoy the Silence

Angeblich sprechen Menschen an einem 17 Stunden langen Tag durchschnittlich 16.000 Wörter. Ich vermute, dass keiner dieser *Menschen* kleine Kinder hat, die jeden Morgen pünktlich um 7.30 Uhr aus dem Haus müssen.

Wie alle Eltern rede ich zu viel. Ständig. Sobald der Wecker morgens klingelt, geht es los: »Aufstehen … Ihr müsst jetzt aufstehen … Ihr müsst jetzt wirklich aufstehen, sonst haben wir gleich keine Zeit mehr zum Frühstücken … Putz' schon mal vor, dann putze ich gleich nach … Aber das ist genau die Zahnpasta, die wir immer haben … Deswegen habe ich dir gesagt, dass du deine Sachen abends packen sollst … Abspülen und Händewaschen nicht vergessen … Ja, jedes Mal die Hände waschen … Nein, ich koche jetzt keinen Tee, weil ich euren Frühstückstee sowieso jeden Abend in die Spüle kippe«.

Es gibt Tage, an denen ich am Ende das Gefühl habe, nichts anderes getan als mir den Mund fusselig geredet zu haben. Hinzu kommt noch das schlechte Gewissen, wenn das meiste, was an diesen Tagen aus meinem fusseligen Mund gekommen ist, Kommandos und Geschnauze war. Irgendwann hatte ich die Nase voll von mir und meinen viel zu vielen 16.000 Anweisungen, sodass ich beschlossen habe, eine dieser Auszeiten zu nehmen, von denen immer alle reden. Ein ganzes langes Wochenende mal für mich allein sein. Dabei stellte ich allerdings fest, dass es gar nicht so einfach war, einen passenden Ort für mich und meine persönliche Kind-und-Kegel-Karenz zu finden.

Die durchschnittliche Frauenzeitschrift rät bei weiblichen Überlastungsfällen ja traditionell zu einem neuen Haarschnitt oder mehrtägigen Shoppingeinheiten im europäischen Ausland*. Auch die Gesellschaft von anderen 16.000+-Müttern, die sich beispielsweise gemeinsam auf Après-Skihütten »Heiße Witwe« reinpfeifen, wurde an unterschiedlichsten Stellen wärmstens empfohlen. Aber so gerne ich auch nach einem halben Apfelstrudel auf Holztische steige und mit vielen lauten und langgezogenen I's *Griechischer Wein* singe, habe ich mich am Ende dann lieber doch für ein stilles Örtchen entschieden. Und zwar ein sehr stilles. Eines, an dem man ausnahmsweise nicht mit heruntergelassenen Hosen und Kleinkind auf dem Schoß Fragen wie »Sieht deins aus wie meins?« oder »Können Mücken furzen?« beantworten muss. Nämlich ein Kloster. Ja, so habe ich auch geschaut, als ich mir den Vorschlag gemacht habe. Immerhin ist so ein Meditationskillefit ja eigentlich nur etwas für lagenlook-tragende Rentnerinnen oder Leute, die ohne Fernseher aufgewachsen sind. Tatsächlich kann man aber, wie ich feststellen durfte, in einem Kloster für erstaunlich wenig Silberlinge ein ganzes Wochenende mit Vollpension buchen, bei dem, und jetzt kommt der Knüller, einem niemand einen Knopf an die Backe plappern darf. Das Ganze nennt sich dann *Schweigewochenende*, und mal ehrlich: Wenn man irgendwann seine Kinder anschreit, dass sie nicht so schreien sollen, klingt so ein Schweigewochenende doch ganz vernünftig.

Nachdem ich also Schwester Secretariata eine E-Mail mit dem Betreff: *Schweigewochenende Gästehaus* geschickt habe, klopfe ich ein paar Wochen später an die etwa 900 Jahre alten Tore meiner Wahlherberge. Es ist Freitagmorgen. Die Augustsonne scheint, und ich kann immer noch nicht glauben, dass die ein-

---

* Im Zuge meiner ganz persönlichen Auszeitrecherche stieß ich sogar auf ein Wellness-Hotel mit All-inclusive-Salatbar. Keine Pointe.

zigen Däumchen, die ich an diesem Wochenende drehen werde, meine eigenen sind.

* * *

Als Erstes checke ich bei einer etwa 120 Jahre alten Nonne namens Schwester Ursula ein. Dabei beugt sich die buckelige alte Ordensfrau tief über ein iPad, was angesichts dieser Umgebung ein ulkiger Anachronismus ist, und hält dabei das Gerät so nah an ihr Gesicht, dass sie vermutlich gerade mit ihrer Nase ein Antivirusprogramm startet. Gefällt mir. Ich unterschreibe zwei Zettel und die Hausordnung, und beziehe nach Schlüsselübergabe und einem freundlich-zittrigen »Schönen Aufenthalt und gutes Schweigen« schließlich mein Zimmer. Ein Bett, ein Tisch, ein Stuhl, ein Schrank. So ein Kloster ist ja auch kein Marriott. Trotzdem bin ich im ersten Augenblick ein bisschen enttäuscht, weil auf dem Schreibtisch unter dem Fenster gar kein Totenschädel liegt, der mich an meine Sterblichkeit erinnern soll. (So zumindest habe ich es aus dem Film *Die Geschichte einer Nonne*[*] mit Audrey Hepburn in Erinnerung.) Ich setze mich aufs Bett und ziehe die Schublade aus dem Nachtschränkchen. Eine Bibel. Was habe ich erwartet? Ein *Lustiges Taschenbuch*? Ich nehme die Bibel heraus und schlage sie auf. *Jesaja, Kapitel 59, Vers 5:* »Sie brüten Basiliskeneier aus und weben Spinnengewebe. Wer von ihren Eiern isst, muss sterben. Wenn man sie zerdrückt, schlüpft ein Otter heraus.« Keine Ahnung, was Gott mir damit sagen will.

Damit ich kein Heimweh bekomme, werfe ich als Erstes alle meine Anziehsachen auf den Fußboden und halte ein Nickerchen. Zwei Stunden später sitze ich dann wie so ne Oma um

---

[*] Vielleicht war es aber auch *Vier Fäuste für ein Halleluja*, und der Totenschädel wurde zum Spalten von Lebendschädeln genutzt, was aber ja streng genommen auch als Erinnerung an die eigene Sterblichkeit verstanden werden könnte.

Viertel vor Zwölf im Speisesaal des Konvents und weiß plötzlich, was Gott mit den Basiliskeneiern gemeint hat. Ungläubig starre ich auf meinen Teller. *The Big Bang Theorie*, Staffel 2, Episode 2: »You know how I know we're not in The Matrix? If we were, the food would be better.«

Ich bin nicht zimperlich. Immerhin habe ich jahrelang in Deutschlands lieblosester Krankenhauskantine zu Mittag gegessen. Aber wer auch immer für den Auflauf auf meinem Teller verantwortlich ist, muss Gemüse wirklich hassen. Was mich im Gegensatz zu meinem Essen allerdings glücklich macht, ist ein kleines schlichtes Plastikschild, auf das irgendeine gute Seele mit einem schwarzen Folienstift das Wort **Schweigetisch** geschrieben hat. Abgefahren. Und es funktioniert auch noch. Denn etwa fünf Minuten später setzt sich ein älterer Herr zu mir an den Tisch und nickt mir lediglich wortlos zu. Kein »Wie geht's?« oder »Warum, weshalb, wieso sind Sie denn hier?«. Nur ein kurzer Blick, der mich als Gleichgesinnte registriert, bevor er besagten Blick schließlich senkt, um der überbackenen Matschepatsche auf seinem Teller die letzte Ehre zu erweisen.

Den Nachmittag meines ersten Tages verbringe ich bis zum Abendbrot auf meinem Zimmer, wo ich am Schreibtisch sitze und alle Wörter, die ich nicht ausspreche, ohne Unterbrechung in mein Notebook klopfe. Was für ein Luxus. Ich kann jeden einzelnen Gedanken in Ruhe bis zu Ende denken. Und auch mein stilles kleines Glück über die laminierte Tischkarte nutzt sich nicht ab. Im Gegenteil. Denn am Abend wird der bis dato recht leere Speisesaal plötzlich von einer 15-köpfigen Seminargruppe geflutet. Es sind lauter gut gelaunte alte Damen, die bei ihrem Einzug einen unglaublichen Radau machen. Da sind sie also, die lagenlook-tragenden Senioren, die an diesem Wochenende ganz offensichtlich nicht zum Schweigen gekommen waren. Ich bin mir sicher, dass es sich bei den lustigen alten Schachteln um irgendeinen katholischen Landfrauenzirkus handelt, der sich hier zu irgendeinem Bibel-Fez eingebucht hat. Die Meute würdigt mich und meinen Schweigekollegen nur eines kurzen Blickes*, bevor sie schließlich an einer langen Tafel hinter uns ihre Plätze einnimmt und beginnt, sich laut und wortreich über Gott, die Welt und vor allem eine Schüssel mit zementgrauem Pudding auf dem Tisch lustig zu machen. Und auch später, als ich bereits im Bett liege und sich mein erster familienfreier Schweigetag dem Ende neigt, höre ich sie immer noch auf dem Gang kichern und herumalbern.

Wer hätte gedacht, dass ein Haufen alter Damen so viele zotige Witze über Zimmerschlüssel, die »mit Gefühl« in Türschlösser gesteckt werden müssen, in petto hat.

* * *

Am Morgen des zweiten Tages wache ich bereits um 5 Uhr auf. Das ist kein Wunder. Immerhin war ich ja in dem WLAN-losen Kasten, der hier auf einem Berg ohne Anschluss an die Zivilisation thront, bereits vor 21 Uhr im Bett. Das passiert mir zu Hause zwar auch öfter. Allerdings habe ich dann immer links und rechts ein Kind im Arm, während ich demonstriere, wie man das »Wer schläft zuerst«-Spiel gewinnt. Mein erster Gedanke: Ich habe Heimweh. Mein zweiter: Krass, ich bin voll ausgeschlafen. (So ein Familienbett ist ja nicht nur wissenschaftlich gesehen eine Sache mit Hand und Fuß). Außerdem freue ich mich, dass ich mich auch heute um nichts anderes als mich und meine Texte kümmern muss. Bis zum Frühstück setze ich mich wieder an den Schreibtisch und tippe äußerst produktiv bis kurz vor acht weiter.

Im Speisesaal treffe ich dann wieder auf meinen Schweige-

---

* Anscheinend sitzen die Freaks in der Klosterkantine immer am Schweigetisch.

kollegen* und den Seniorenauflauf, der heute Morgen in einer nicht mehr ganz so motivierten Polonaise an unserem Tisch vorbeizieht. Ich nehme grinsend an, dass die Damen vermutlich gestern Abend noch auf ihren Zimmern mit dem ein oder anderen Piccolöchen auf den Putz gehauen haben. Ich frage mich, was bei ihnen wohl heute auf dem Programm steht. Auf dem Weg zum Speisesaal konnte ich nämlich einen Blick in ihren Seminarraum werfen, wo jemand einen Stuhlkreis aufgestellt hat, in dessen Mitte auf einem kleinen Tischchen eine Klangschale steht. Das letzte Mal, als ich mit einem Haufen fremder Frauen um eine Klangschale gesessen habe, wurde ich irgendwann aufgefordert, mit meiner Vagina »Kirschen« zu »pflücken«. Ich frage mich, ob es bei denen nachher wohl auch so viel zu lachen gibt, wie bei meiner Rückbildungsgymnastik.

Nach dem Frühstück setze ich mich wieder an den Schreibtisch, wo ich alles, was ich kurz nach dem Aufstehen geschrieben habe, plötzlich bescheuert finde und wieder lösche. Bevor ich allerdings weiterschreibe, öffne ich das Fenster zum Innenhof. Ich habe gerade ein neues Kapitel angefangen, als ein enormer Krach aus dem Erdgeschoss herauf bis in meine Ohren dröhnt. Was zur Hölle machen die da unten? Minutenlang trampelt und klatscht es unter mir und klingt wie eine Stuhlkreis-Rakete, die man mit Grundschülern steigen lässt. Aber es wird noch besser. Im Anschluss an das Getrampel und Geklatsche stimmen die Omas einen kraftvollen Kanon an. Aber von wegen *Laudato si* oder *Gottes Liebe ist so wunderbar.* Aus vollem Hals wird nun da unten im Seminarraum *Der Hahn ist tot, der Hahn ist tot* geschmettert. Und bei »Er kann nicht mehr krähn, kokodi, kokoda …« kann ich vor Lachen auch nicht mehr. Nach drei Durchgängen ist der Spuk vorbei, und ich freue mich über die Stille, in der ich meinen Textfaden wiederaufnehmen kann. Vermutlich wan-

---

* Ich habe ihn Mitt Schweiger getauft.

dert da unten jetzt zur Begrüßung ein Sprechstein herum, denke ich noch, bevor ich mit leisem »Ich bin die Biggi und wer bist duuuuuuu?«*-Ohrwurm im Kopf weiterschreibe.

Nachmittag. Obwohl erwartungsgemäß niemand seinen Teller leer gegessen hat (es gibt einen zu Tode gekochten Eintopf, in dem ein armes Würstchen schwimmt), scheint nach dem Mittagessen die Sonne. Ich sitze auf einer Bank im Klostergarten und höre *Das Schokofest beim Tortenkönig,* weil ich versehentlich den iPod der Kinder mitgenommen habe. Außerdem lasse ich den Kopf hängen. Ich habe nämlich nicht nur Langeweile, sondern auch Hunger, aber im Klosterladen gibt es nur nicht essbare Rosenkränze und Taufkerzen. Ab und zu ziehen ein paar der Seminarfrauen an meiner Bank vorbei. Wahrscheinlich haben sie gerade eine Programmpause. Ich beobachte sie aus dem Augenwinkel, wie sie ab und zu ihre leisen Gespräche unterbrechen, um einen Stein aufzuheben oder eine Blume zu pflücken. Langsam geht mir das Schweigen aus. Den Rest des Nachmittags verbringe ich draußen im Schatten und lese.

Beim Abendessen ist meine Stimmung dann auf dem Tiefpunkt. Mitt Schweiger ist nicht gekommen. Er ist abgereist, ohne sich zu verabschieden. Kein Witz. Traurig rühre ich mit meinem Löffel in dem zerkratzten Glasschälchen mit Dosenobst herum. Langsam beginne ich die Schnapsidee mit dem Schweigewochenende mehr als infrage zu stellen. Zurück auf meinem Zimmer schreibe ich noch ein bisschen, bevor ich schließlich gegen 20.30 Uhr die Nase voll habe und mein Notebook zuklappe. Ich greif mir meine Strickjacke und den Zimmerschlüssel und beschließe den leise lachenden Stimmen zu folgen, die ich die letzte halbe Stunde durch mein geöffnetes Fenster belauscht habe.

Unten angekommen laufe ich über den Klosterhof am Obst-

---

* Kennen Sie nicht? Dann googeln Sie mal »Hape Kerkeling Begrüßungslied *Club las Piranjas*«.

garten vorbei und werde schließlich im Hinterhof bei den Blumen- und Kräuterbeeten fündig. In kleinen Gruppen sitzen sie hier zusammen in der Abenddämmerung und unterhalten sich. Sehr langsam spaziere ich an ihnen vorbei und sage laut und freundlich: »Guten Abend«. Dabei wünsche mir so sehr, dass sie mich jetzt einladen bei ihnen Platz zu nehmen, denn wenn ich jetzt noch langsamer gehe, werde ich mir hier wohlmöglich noch etwas anderes als mein Schweigen brechen.

Endlich beugt sich eine der Frauen in ihrem Gartenstuhl vor und fragt: »Schweigen Sie denn nicht mehr?« Ich schüttele den Kopf und erkläre erleichtert, dass es sich ausgeschwiegen hat. Sofort winkt sie mich zu sich heran, und alle rücken ein Stück auseinander, um mir Platz zu machen. Sogar ein Stuhl wird mir organisiert, und ich werde von mindestens drei verschiedenen Frauen »Mädchen« genannt. Ich freue mich sehr. Allerdings muss ich mich auch wundern, denn die Damen fackeln nicht lange und breiten sofort all ihre Theorien aus, warum ich wohl hier allein im Kloster an einem Schweigetisch sitze.

»Nein, nein«, versichere ich mehrfach nach links und rechts, weil ich weder Krebs noch einen fremdgehenden Ehemann habe. Dass ich lediglich nach fünf Jahren Dauereinsatz einfach mal ein Wochenende lang keine Lust auf Muttersein hatte, klingt angesichts ihrer Spekulationen richtig öde.

Eine ganze Weile hocken wir zusammen und unterhalten uns. Zu meiner Linken sitzt eine pensionierte Krankenschwester, die mir stolz von ihrer 35-jährigen Tätigkeit auf einer Dialysestation und den hübschen Wachsmalbildern ihrer Enkeltochter erzählt. Neben ihr sitzt die ehemalige Bibliothekarin einer katholischen Pfarrbücherei und neben dieser wiederum eine Frau, die sich augenzwinkernd als »Hausfrau in Rente« vorstellt. Sie alle haben Kinder und manche Enkelkinder und nicken verständnisvoll über meine kurzen Nächte und meine Auszeitfantasien. Außerdem finden sie es schön, dass mir der Franz »erlaubt hat«, einfach mal ein Wochenende lang nur für mich zu sein, während ich nach zwei Tagen Schweigen das Reden so schön finde, dass ich den absurden Kern dieser Aussage herunterschlucke.

Ich nehme sogar eine der mir von meiner Sitznachbarin angebotenen Zigaretten an, obwohl heute gar kein Karneval ist. Es ist die Frau zu meiner Rechten, die mich als Erste angesprochen hat und die beim Stichwort Muttersein geradezu reflexhaft begonnen hatte, sich über die lasche Erziehung von heute zu mokieren. »Tanzen Ihre Kinder Ihnen denn auch so auf der Nase herum?«, fragt sie mich nach ihrem Monolog herausfordernd und gibt mir Feuer. »Na klar«, antworte ich grinsend. »Und manchmal tanzen wir sogar zusammen.« Die Lässigkeit meiner Antwort geht allerdings im Husten meines ersten Zuges unter. Sie wartet einen Moment, bevor sie schließlich laut loslacht und mir mit der flachen Hand auf den Rücken haut. Ich ignoriere auch diesen gut gemeinten Schwachsinn (immerhin habe ich mich nicht an der Zigarette verschluckt) und schließe spontan mit ihr Freundschaft. Und da sie jetzt meine Freundin ist, und wie eine Person wirkt, die nicht nur gerne austeilt, sondern auch einstecken kann, erkundige ich mich höflich nach ihrem Seminar, und ob der Hahn immer noch tot sei.

»Ja, das Singen ist wirklich bescheuert.« Sie lächelt und dreht ihren Kopf kurz auf die Seite, um den Rauch ihrer Zigarette auszublasen. »Aber bevor wir über die Sauferei reden, ist das immer auch ganz befreiend.«

Langsam dringen ihre Worte in mein Bewusstsein. *Bevor wir über die Sauferei reden …* Und noch bevor ich meine Gedanken sortiert habe, beginnen sich die Geschichten um mich herum auch schon leise zu verändern. Nach und nach handeln sie plötzlich von Einsamkeit und Mariacron, der unter der Spüle hinter den Putzmittelflaschen vor den Blicken der erwachsenen Kinder versteckt wird. Von Familienfeiern, die man für die Kassiererin im Supermarkt erfindet, während diese sechs Flaschen Riesling

125

über das Band zieht, oder wie es sich anfühlt, am Ende eines arbeitsreichen Lebens plötzlich seine Zeit totschlagen zu müssen.

Jeder Einzelne meiner doofen Witze liegt mir auf einmal wie Blei im Magen. Das Piccolöchen, die Klangschale, der Sprechstein. Langsam und unangenehm wie Sodbrennen stößt mir meine ganze hässliche Arroganz auf.

»Ist das nicht komisch, Mädchen?«, sagt die alte Dame neben mir nach einer Weile. »Sie kommen hierher, weil Sie sonst nicht schweigen können, und wir, weil wir sonst nicht reden können.« Dann nimmt sie meine Hand und raucht mit der anderen weiter. Und weil mir darauf nichts einfällt, nicke ich stumm und halte im Dunkeln weiter ihre Hand.

* * *

Am nächsten Morgen springe ich aus dem Bett, sammele alle Anziehsachen vom Fußboden ein und stopfte sie in meine Tasche. Ich ziehe das Bett ab, packe meinen restlichen Kram zusammen und verstaue alles noch vor dem Frühstück in meinem Auto. Meine Zimmertür lasse ich offen stehen, damit der Putzdienst weiß, dass ich bereits früher abgereist bin. Eigentlich habe ich noch das Mittagessen gebucht, aber als ich heute Morgen aufgewacht bin, war mir klar, dass ich um 12 Uhr nicht mehr hier sein würde, um irgendeinem welken Blattsalat die letzte Ölung zu geben.

Als ich den Speisesaal betrete, sind die alten Damen bereits mit ihrem Frühstück fertig. Ich setze mich an meinen Tisch und starre auf das kleine laminierte Plastikschild, bevor ich es vom Tisch nehme. »Guten Morgen, Mädchen«, sagt eine mir vertraute Stimme. Die alte Dame vom Vorabend setzt sich mir gegenüber an den Tisch. »Wir dachten schon, Sie seien bereits abgereist.« Ich schüttele den Kopf und fühle mich gleichzeitig ertappt, weil ich tatsächlich heute Morgen für einen kurzen Moment überlegt hatte, mich ohne ein weiteres Wort einfach davonzustehlen. Woher soll ich wissen, wie man sich nach so einem Abend bei Tageslicht verhält? Aber wie sich schnell herausstellt, ist es ähnlich unspektakulär wie das Abreißen eines aufgeweichten Pflasters.

Wir sitzen noch einen Moment zusammen, als auch schon eine andere Frau zu uns an den Tisch kommt und mit den Worten »In fünf Minuten geht es weiter« unseren Abschied einläutet. Auch dieser ist kurz und, verglichen mit unserem Gespräch in der Abenddämmerung, erstaunlich schmerzlos. »Ich wünsche Ihnen alles Gute für Ihr Buch, Mädchen.«, sagt sie. Dann dreht sie sich ohne ein weiteres Wort um und verschwindet aus meinem Leben. Genauso aufrecht, wie sie es betreten hat.

Bevor ich mich allerdings in mein Auto setze und nach Hause fahre, gehe ich noch an der Pforte vorbei und verabschiede mich von der buckligen Schwester Ursula. Die wiederum verabschiedet sich lautstark von meiner Kaiserschnittnarbe und findet es schade, dass ich jetzt schon abreise. Ich nicht, denn ich freue mich sehr auf mein Zuhause. Vor allem aber freue ich mich über das kleine laminierte Tischkärtchen in meiner Hosentasche, das mich von nun an jeden Tag beim Blick auf meinen Schreibtisch daran erinnern soll, dass ich einmal ein Kloster beklaut habe. Vor allem aber, dass Schweigen ein Geschenk ist. Sein Schweigen zu brechen aber auch.

Warum es das nächste Kapitel gibt

Am 16.01.2015 hat mir eine Leserin namens Anna unter meinen wenige Wochen zuvor im Internet veröffentlichten Text »Ab heute geh ich ohne Feuchttücher auf den Spielplatz« folgenden Kommentar hinterlassen:

> »Ich lag mit meinem sechs Wochen alten, endlich schlafenden Söhnchen am Nachmittag im Bett, und mir kullerten vor lauter Überforderung (und der Tatsache, dass 60 Zentimeter Mensch einem derartig die Nerven zermartern kann – aber man vorher in seinem Leben einfach ALLES geschafft hat und nie überfordert war, nicht mit 300 Partygästen vor der Bar, nicht mit keifenden Professoren und schon gar nicht mit 24 schreienden Kindern im Kindergarten) die Tränen runter. Da hat mir eine Freundin den Überlebens-Link zu diesem Blog geschickt. Lachend und weinend zugleich (seit ich den Zwerg habe, kann ich das) habe ich jeden Satz verschlungen und einen mehrmals!
> ›Mach dich locker.‹ ›MACH DICH LOCKER.‹ Dieser Satz hat einiges in mir verändert, und ich bin tatsächlich lockerer geworden. Und das will was heißen, denn ich war so angespannt, dass mich alles, wirklich alles, zum Explodieren brachte. Wenn er wach war, wartete ich darauf, bis er endlich schlief. Und wenn er schlief, wartete ich darauf, bis er wach wurde (das klingt vielleicht lustig oder blöd, aber es war tatsächlich so).
> ›Wenn du in fünf Monaten nicht in einer Anstalt landen möchtest, dann mach dich verdammt noch mal locker!‹, und

das hab ich getan! Mit jedem Tag werde ich entspannter. Und
mit jedem Tag finde ich wieder mehr zu mir.
Ich danke dir für deine Worte!«

Nachdem ich Annas Kommentar gelesen hatte, war ich fix und
fertig. Und zwar nicht nur, weil so persönliche Leserkommen-
tare wie der von Anna einem immer unter die Haut gehen. Ich
wusste vor allem auch genau, was Anna meinte und wie sie sich
in dem Moment, in dem sie ihren Kommentar verfasst hatte, gefühlt haben musste. Zwar steckte ich zu diesem Zeitpunkt nicht
mehr in dieser Art von »Neuland-Krise«, die viele Eltern nach
der Geburt ihres ersten Kindes erleben. Dennoch hatte ich diese
unglaubliche körperliche und emotionale Erschöpfung in der
ersten Zeit mit dem ersten Kind nicht vergessen. Ich kannte ihren Leidensdruck, das Gefühl nicht gut genug zu sein. Oder die
Sorge, dass dies vielleicht nie ganz verschwinden würde. Allerdings wusste ich auch, dass man nach und nach gnädiger mit
sich selbst wird. Das alles wollte ich Anna gerne antworten. Ich
schrieb und schrieb. Und irgendwann war meine Antwort so
lang, dass ich beschloss, daraus einen eigenständigen Blogbeitrag
zu machen. Deshalb veröffentlichte ich einen Tag nach Annas
Kommentar den folgenden Text:

Mein Baby ist doof

Als meine Freundin Silvia mich und meinen damals drei Wochen alten Säugling besuchte, hielt sie mit sentimentalem Gesichtsausdruck mein schlafendes Baby im Arm und sagte: »Was hast du dich auf dieses Kind gefreut. Du musst wirklich der glücklichste Mensch auf der Welt sein.« Daraufhin habe ich nur genickt und musste meine gesamte Selbstbeherrschung aufbringen, um nicht in Tränen auszubrechen. Um keinen Preis der Welt wollte ich undankbar erscheinen oder an diesem Bild des vollkommenen Glücks rütteln. Mich nicht der schrecklichsten Gefühlssünde schuldig machen, der sich eine Mutter nur schuldig machen kann: das Baby doof finden. Denn was die liebe Silvia nicht wusste, war, dass ich am Abend zuvor noch auf der Bettkante gesessen und Sturzbäche geheult hatte, während (und weil) ich dachte: »Oh Gott, wir haben einen Fehler gemacht! Warum mussten wir unbedingt ein Kind haben? Wir waren doch glücklich. Es hat nichts gefehlt. Ich schaff das nicht. Gott, wie soll ich noch so eine Nacht durchhalten? Unser Leben ist vorbei. Ich werde nie wieder ein Kino von innen sehen. Herrje, wie oberflächlich kann man sein, jetzt an ein Kino zu denken!«

Diese Gedanken haben mir bis heute die schlimmsten Schuldgefühle meines Lebens eingebrockt. Konnte es tatsächlich sein, dass die Natur eine so verquere Mutter hervorgebracht hat, die ihr Baby doof findet? Ja, ich fand mein Baby tatsächlich doof. Wenn es zum Beispiel stundenlang schrie und ich nicht wusste, was ich außer Tragen, Stillen, Singen, Wickeln und Föhnen noch machen sollte. Wenn ich bis zum Umfallen erschöpft war und dachte, ich sei die einzige Mutter auf der Welt, die den Hungerschrei nicht vom Furzschrei unterscheiden kann.

Und ich war enttäuscht. Tatsächlich hatte ich nämlich in irgendeiner ganz tiefen, unterbewussten, beknackten Ecke meines dummen, nichts ahnenden Herzens geglaubt, ich würde mich in die Claus-Hipp-Mutter auf der Blumenwiese mit sanftem Lächeln und strahlend weißem Sommerkleid verwandeln.

Aber hier saß ich. Die Wiese war mein Wohnzimmer, das Blumenmeer ein Haufen vollgerotzheulter Taschentücher und abgesehen von meinem Hintern passte ich mit diesem abstrus großen Busen in kein einziges meiner Sommerkleider. Die erste Schwangerschaft, die erste Geburt, das erste Wochenbett und das erste Mal überhaupt zu erleben, was es wirklich heißt, plötzlich eine Familie zu sein – das sind Premieren in unserem Leben, die neben strahlendem Licht auch reichlich Schattenseiten bereithalten können.

Leider können aber gerade am Anfang die unterbelichteten Momentaufnahmen die sonnigen Seiten der Mutterschaft auch stark überlagern. Natürlich gab es in meinem Alltag Augenblicke, in denen mein Herz vor lauter Liebe zu platzen drohte. Aber es gab auch diesen frustrierenden, ungekannten Freiheits- und Freizeitentzug. Und allen, die jetzt angesichts meiner Naivität oder Selbstsucht empört im Dreieck springen, kann ich nur sagen, dass ich es genauso empfunden habe. Ich würde hier auch lieber ein paar souveräne Worte über mich lesen. Aber wem, außer meinem Ego, würde das etwas nützen?

Denn abgesehen von meinen Schuldgefühlen dem manchmal »doofen« Baby gegenüber, habe ich es mit jeder Faser meines Herzens geliebt. Aber diese Liebe war eine ganz andere und deshalb auch so verwirrend, weil sie über das übliche mir vertraute Gefühl von Lieben hinausging.

Während Abhängigkeit oder die totale Verantwortung für

131

das Glück des anderen eher das Ende einer partnerschaftlichen Liebe einläuten würde, beginnt die Elternliebe hier erst so richtig. Diese Liebe ist nicht frei. Sie ist eine abhängige Liebe und es liegt tatsächlich in unseren Händen, ob dieses Kind, das wir in die Welt gesetzt haben, glücklich wird. Welch unglaubliche Verantwortung! Was wir als Bürde in einer Liebesbeziehung empfinden würden, sind in Bezug auf unsere Kinder aber völlig normale Umstände.

Und manchmal kann diese Elternliebe dann auch als Bürde empfunden werden, denn ein Säugling weiß und versteht nichts von beispielsweise Magen-Darm-Viren und dass Mama jetzt nicht sofort stillen kann, weil es neben der Muttermilch auch noch aus anderen Körperöffnungen schießt.

Damit muss man seinen Frieden machen. Seine überhöhten Ansprüche abstreifen und alle Gefühle zulassen. Auch die negativen. Oder sich Hilfe holen. Denn niemand (abgesehen vielleicht von uns selbst) wird uns verurteilen, weil wir um Hilfe bitten (oder uns vom Wochenbettbesucher lieber einen großen Topf Gemüsesuppe statt ein weiteres Kapuzenbadehandtuch wünschen).

Aber bevor ich jetzt gänzlich in die nervtötende Abgeklärtheit einer Nicht-mehr-Erstlingsmutter rutsche, möchte ich noch Folgendes erzählen: Vorgestern saß ich um 21.07 Uhr auf der Treppe im Flur, nachdem beide Kinder eingeschlafen waren. Ich hatte einen Jesper-Juul-großen Kloß im Hals und war am Heulen. Weil in meiner Tagesbilanz mehr Keifen als Kuscheln stand. Weil ich beim abendlichen Zähneputzen wieder diese verkackten »Wenn-dann-Sätze« benutzt hatte. Weil ich nach dem gefühlt 30. Mal »Zieh deine Unterhose wieder an« nicht: »Ich verstehe, dass du das lose Gefühl in der Buxe magst« (was ich zugegeben nur theoretisch verstehe). »Aber du hattest in den letzten Monaten zwei Nierenbeckenentzündungen«, sondern irgendwann nur noch: »Weil ich es dir sage« geantwortet habe.

Unsere Kinder sind das mit Abstand Abgefahrenste, was wir je gemacht haben. Es vergeht kein (!) Tag, an dem ich mich nicht, sollte es in irgendeiner Weise dienlich sein, für sie vor ein Auto werfen würde oder mir das Herz nicht vor lauter Liebe und Geliebtsein überquillt.

Aber es vergeht auch kaum ein Tag, an dem sie mich nicht wahnsinnig machen, weil sie einen Sack Zement auf der Terrasse verteilen oder sämtliche meiner Versuche, Gemüse in ihr Essen zu schmuggeln, mit Boykott quittieren.

Es hört also nicht auf. Neben unserer Liebe treffen wir immer wieder auf Erschöpfung oder Wut. Aber vermutlich gibt es wenige Phasen, die in ihrer körperlichen und emotionalen Intensität an die erste Zeit mit dem ersten Kind heranreichen (ich behalte mir vor, diese Passage ggf. zu streichen, wenn die Kinder in die Pubertät gekommen sind).

Amelie Fried hat einmal geschrieben:

> *»Es ist normal, wenn Sie gelegentlich Lust haben, Ihre Kinder aus dem Fenster zu werfen. Es ist nicht normal, wenn Sie es tun!«*

Wer jetzt von sich behauptet, er könne diesen Satz nicht nachvollziehen, der trete vor und werfe den ersten Legostein.

Für Anna,

deren Kommentar zu »Ab heute geh ich ohne Feuchttücher auf den Spielplatz« mich sehr berührt hat. Die ich an dieser Stelle gerne in den Arm nehmen möchte, weil ich aus eigener Erfahrung weiß, dass weder ein weiterer guter Ratschlag noch eine hochgezogene Augenbraue oder irgendetwas aus dem Onlineshop-Sortiment der Bahnhofsapotheke hilft, sondern letztlich nur die Umarmung einer anderen Mutter, die zugibt: »Mit meinem sechs Wochen alten Baby schien mir die Muttersonne auch nicht aus dem Poppes. Ich fand mein Baby manchmal sogar doof.«

Hallo Internet,

seit ich Kinder habe, bin ich zu einem Heavy User avanciert, der sich heute endlich einmal bei dir und deinen Diensten bedanken will.

Dank dir und deinen Foren gibt es überall auf der Welt Eltern, mit denen ich mich um drei Uhr morgens vernetzen kann.*

Dank dir und deinem Google weiß ich nicht nur, wie Dreitagefieber aussieht und wann genau man Wadenwickel macht, sondern auch, dass es Leute gibt, die an die Wirksamkeit von Kokosöl als Sonnenschutz glauben.

Wegen dir und deinen Rezepte-Blogs brauche ich mich nicht mehr zu ärgern, dass meine Oma ihr Königsberger-Klopse-Rezept mit ins Grab genommen hat. Und dank dir und *Bibi's Beauty Palace* weiß ich nicht nur, wie man Make-up richtig abblendet, sondern auch, was passiert, wenn man seine Töchter mit pinker Bratwurst und Zahnpasta für Mädchen großzieht.

Wenn du mir eine Fotostrecke über Hausgeburten in die Timeline spülst, breche ich genauso verlässlich in Tränen aus, wie ich mir bei YouTube-Videos wie »Jede Zelle meines Körpers ist glücklich« am liebsten einen Arm rausreißen möchte, nur um etwas in der Hand zu halten, das ich nach dir werfen kann.

Dank dir mache ich um Kommentarspalten unter Nachrichten mittlerweile einen ähnlich großen Bogen wie um Nazis und

---

* »Bin wach. Wer noch?«
»Hier. Stille das Baby.«
»Hier auch. Beide Kinder Magen-und-Darm.«
»Ich auch. Komme gerade von einer Party.«
(Rebecca wurde aus der Gruppe entfernt.)

Rosenkohl. Aber da ich dank dir und deiner Barbara auch weiß, dass Liebe krasser ist als Hass, versuche ich, meinen Blick immer öfter auf die vielen wunderbaren Menschen zu richten, deren Bilder und Gedanken du mir im Laufe unserer gemeinsamen Jahre vorgestellt hast.

Und dafür, Internet, danke ich dir wirklich.

Die verlorene Ehre des Fräulein Prysselius*

Wussten Sie eigentlich, dass Quengelware-Diskussionen mit kleinen Kindern an der Kasse eher eine Art Aufwärmübung sind? Den** hat man erst erlebt, wenn zwei hampelnde Kinder gemeinsam mit einem randvollen Wochenend-Einkaufswagen vor der Käsetheke umfallen.

Unsere Kinder machen wirklich viele unfassbar beknackte Sachen und lachen sich darüber anschließend laut und herzhaft kaputt, während ich im Hintergrund versuche, die nächste sich ankündigende Arrhythmie zu veratmen.

Letzte Woche zum Beispiel haben sie einen Sack schnellhärtenden Zements auf der Terrasse verteilt, und während der Große nun mangels verschlampter Rohrzange versucht hat, mit einer Abisolierzange das bereits vorab geschrottete Gewinde des vorvorab geschrotteten Außenwasserhahns zu öffnen, lag der Kleine auf dem Rasen und leckte die Zementreste von den Grashalmen. Auch wenn ich im letzten Moment den Großen daran hindern konnte, die mit schnellhärtendem Zement panierte Terrasse zu fluten, kündigte sich am Himmel mal eben ein spontaner Platzregen an.

Solche Geschichten sind nur witzig, wenn sie anderen Eltern passieren. Oder wenn es sich um einen *Pippi-Langstrumpf*-Film handelt. Besonders lustig fand ich es als Kind immer, wenn es auf

---

* Anmerkung: Ein Großteil dieses Textes stammt aus dem Jahre 2014. Doch auch wenn unsere Kinder mittlerweile nicht mehr fast fünf und fast zwei, sondern fast acht und fast fünf Jahre alt sind, so hat er mit der Zeit leider weniger an Aktualität eingebüßt, als der Franz und ich gehofft hatten.

** Supermarkt-Super-GAU

Kosten der entsetzlich bemühten Erzieherin Fräulein Prysselius ging. Jedenfalls kenne ich niemanden, der je mit der Prusseliese sympathisiert hätte.

Bis jetzt.

Denn nachdem unsere Söhne für uns eine Falle im Gästebad gebaut hatten, die eine fliegende Klobürste beinhaltete, und der zuvor in besagte Falle gestolperte und daraufhin durchnässte Franz die lautstarke Premiere des Wortes *Kackwasser* feierte, leistete ich innerlich Abbitte für eine der wohl missverstandendsten und fehlinterpretiertesten Frauen des letzten Jahrhunderts. Abgesehen von ihrem albern dekorierten Hütchen und diesem in Handtuchhalterstellung verknickten Unterarm, an dem eine noch albernere Handtasche baumelt, erfasst mich mittlerweile beim Gedanken an dieses verstörte arme Wesen eine warme Welle des Verständnisses.

Nach dem letzten Vulkanausbruchsexperiment, das mich einen fast vollen Flakon »Chanel Mademoiselle« gekostet hat, während der Kleine eine Neil-Diamond-CD als Zahnungshilfe zweckentfremdete, stehe ich keifend mit zwei abgebrochenen Buddhaköpfen in der Hand im unangenehm gut riechenden Badezimmer. Die arme, unverstandene Prusseliese.

Bis vor ein paar Jahren fand ich ihren ganzen Habitus auch überzogen und spaßverderberlich. Aber mittlerweile gehe ich sehr in Empathie mit der Dame, der man einen Eimer Farbe auf ihr Fräulein-Outfit kippt, sobald sie den mit Lebensmitteln übersäten Fußboden der Villa Kunterbunt betritt. Denn so lustig sich dieser ganze Schabernack-Slapstick auch anhören mag, so unlustig ist es, wenn Sie plötzlich selbst halbnackt bei H&M aus der Umkleidekabine stürmen müssen, weil Ihre Kinder abgehauen sind und der Fünfjährige mit dem Buggy durch den Laden rast, während der kleine Bruder drinhockt und mit ausgestreckter Zunge die vorbeirasenden Kleiderstangen ableckt.

Nein, die Prusseliese ist keine Spielverderberin. Sie ist eine verdammte Heldin. Und ich bin mir sicher, dass andere Eltern, deren Kinder bereits ähnliche Taten auf dem kleinen Kerbholz haben, das sicherlich genauso sehen. Denn wenn man sich die *Pippi-Langstrumpf*-Geschichten einmal ganz genau anschaut, war die Prusseliese, jetzt mal abgesehen von ihrem »Ab ins Heim«-Gewäsch, offensichtlich die einzige Erwachsene, die sich tatsächlich für das Wohlergehen des latent verwahrlosten Mädchens in der Villa Kunterbunt interessierte. (»Du bist doch ganz alleine. Du brauchst jemanden, der sich um dich kümmert.«)

Und hatte ich erwähnt, dass im ganzen Haus geladene Waffen herumliegen? Ein angemaltes Pferd auf dem Flur steht? Oder die Kleine im Winter lediglich einen TEX-membranfreien Strickschal mit Wassersäule 0 trägt? Und während sich das arme Kind obendrein noch Tag und Nacht mit Dieben und Beamten herumschlagen muss, vergnügt sich ihr versoffener Piratenvater auf den sieben Weltmeeren und schneit lediglich alle paar Monate vorbei, um dem Töchterchen eine neue Kiste Gold vor die Tür zu stellen. (Natürlich nur, wenn er sich und seinen Unterhalt nicht gerade von der Piratenkonkurrenz einkassieren lässt.)

Statt also ständig auf der armen Prusseliese herumzuhacken, sollten wir die überaus beknackte, aber auch ausgesprochen bemühte alte Schachtel endlich rehabilitieren und ihren lange überfälligen Heiligsprechungsprozess einleiten. Dazu bedarf es, laut dem offiziellen vatikanischen Kanonisierungsgedöns, übrigens lediglich zweier Voraussetzungen:

1. *das Erleiden eines Martyriums oder der Nachweis einer heroischen Tugend des Betreffenden* (hier können wir im Gegensatz zu den landläufigen Heiligsprechungsprozessen einen mehrstündigen Videobeweis erbringen);
2. *falls der Kandidat keinen Märtyrertod erlitten hat, wird der Nachweis eines Wunders gefordert* (da über das weitere Leben und Wirken der Prusseliese nur wenig bekannt ist, möchte

ich auf das sehr verwunderliche Wunder zurückgreifen, dass Ephraim Langstrumpf noch nie einem smaländischen Jugendamt gemeldet wurde).

Lasst uns also endlich die verlorene Ehre von Fräulein Prysselius wiederherstellen und sie zur Schutzpatronin aller Eltern ernennen, die schon einmal auf allen vieren lauter kleine, in Acryllack getauchte Patschhändchen von ihrer Hausfassade beseitigt, ihre Kinder beim Schrubben eines Rattenschädels in der Küchenspüle erwischt haben oder über kiloweise abgerolltes Toilettenpapier gestolpert sind, weil der Nachwuchs leere Klorollen zum Basteln brauchte.

Nicht ganz bei Prost

Nach der Geburt der Kinder war ich jahrelang nicht feiern. Also so richtig. Natürlich bin ich ab und zu vor die Tür gegangen und habe ein Kino oder ein Restaurant von innen gesehen. Und abgesehen von den üblichen Familienfesten habe ich schon den einen oder anderen Geburtstag ohne Regenbogentorte und Schatzsuche gefeiert. Aber es so richtig mit allen Zipp und Zapp krachen zu lassen – das habe ich lange nicht getan.

Ich war nämlich die meiste Zeit nicht nur viel zu faul, sondern durch das Fortpflanzungsbusiness und seine Folgen bedingt auch viel zu nüchtern, um mit anderen Leuten um die Häuser zu ziehen. Ja, ja ich weiß schon. Das ist ja voll bescheuert, und nehmen Sie sich mich auf keinen Fall zum Vorbild. Schließlich sollen ja eigentlich gerade Eltern ein deutliches Partyzeichen setzen, statt potenzielle Nichtverhüter mit Sätzen wie: »Och, ich geh lieber früh ins Bett, weil mir das Baby um fünf Uhr wieder die Ohren langzieht« zu verschrecken.

Tatsächlich habe ich mich aber total wohl in meiner kleinen, überschaubaren Erdnussflips-Serien-Stream-Blase gefühlt. Vor allem, wenn ich dabei meine Yogahose anhatte. Das ist so eine fluffig weiche Baumwollhose, die sich perfekt an meinen fluffig-weichen Körper schmiegt und die den Namen »Yoga«-Hose, das kann ich eidesstattlich versichern, nur zur Zierde trägt. (Es sei denn, Auf-der-Couch-ausstrecken-und-nach-der-Fernbedienung-greifen ist ein Asana, das uns Ralf Bauer bislang verschwiegen hat.)

Jedenfalls ging diese ganze pragmatisch-phlegmatische Ausgeh-Abstinenz genau bis vor zwei Jahren. Ich hatte gerade meine letzte Stillbeziehung beendet und beschlossen, es bei der nächsten sich bietenden Gelegenheit ordentlich krachen zu lassen. Wie sich herausstellte, war die nächste sich bietende Gelegenheit der einmal im Jahr in unserer Kleinstadt stattfindende dreitägige Karnevalsmarathon.

Dazu muss ich kurz ausholen: Der *Carneval* in meiner Wahlheimat ist wirklich etwas Besonderes. Nicht nur, weil er bereits seit 1614 groß (und mit C) geschrieben wird, sondern weil er seit 1892 auch noch eine Woche früher als der gewöhnliche Karneval in Restdeutschland stattfindet.

1892 schob nämlich die katholische und leider Gottes spaßbefreite Kirche einen 40 Stunden langen Gebetsriegel vor die regionale Fastnacht, um dem lokalen Sodom und Gomorrha endlich ein Ende zu bereiten. Wie zu erwarten war, fügten sich die braven Bürger. Allerdings, indem sie auch etwas Unerwartetes taten: Sie verlegten ihre Fastnacht kurzerhand eine Woche vor, und ich ging 329 Jahre und 72 Mutterschaftsmonate später das erste Mal wieder richtig aus. Wie alle Eltern musste ich allerdings noch vor meinem ersten After-Baby-Bier ernüchtert feststellen, dass sich einiges verändert hatte.

Nachdem ich mich zu Testzwecken meiner Yoga-Hose und des »Frankie says relax«-T-Shirts entledigt hatte, stand ich vor meinem ersten Problem: dem Kleiderschrank*.

Nix passte. Also wirklich nix. Die meisten von uns kennen dieses deprimierende Gefühl noch aus dem Wochenbett, wenn man zum ersten Mal realisiert, dass die Umstandshose mit dem Wohlfühlbund offensichtlich länger hier rumhängen wird, als einem lieb ist. (Ganz zu schweigen von der schlechten Laune, die einen erfasst, wenn man auch drei Jahre nach der Geburt des letz-

---

* So muss sich Präsident Skroob in *Spaceballs* gefühlt haben, als man ihm seinen Kopf verkehrt herum auf den Körper gebeamt hatte. (»Warum hat mir bisher niemand gesagt, dass ich so 'nen fetten Arsch habe?«).

ten Kindes immer noch Kleidungsstücke bügelt, in deren Mode-label das Wort »Mama« vorkommt.)

So weit, so eng.

Aus diesem Grund hatte mich mein Weg ein paar Tage vor meiner Premiere als partyzipierende Mutter zwei Dörfer weiter in ein Modehaus geführt, wo es laut meiner Freundin Nadine Shape-Wäsche zu kaufen gab. Und da Nadine schon immer wusste, wo es den besten Stoff gab, verbrachte ich an diesem Tag also 20 Minuten in der Umkleidekabine einer Quetschwäscheabteilung, wo ich während einer Reihe schweißtreibender Pressversuche von einer hochmotivierten Verkäuferin angefeuert wurde. Das Ende vom Lied war ein fleischwurstfarbenes Wunder, das mir künftig die Bauchdecke einer 16-Jährigen zusammenfuddeln würde. Apropos Würde – neben der EC-Karte wird übrigens auch diese beim Kauf von Shape-Wäsche belastet.

Aber das war nur der Anfang. Was nämlich auch neu war, ist die schier unermessliche Vorfreude auf so eine anstehende Sause. Ich glaube, das letzte Mal, dass ich mich so aufs Weggehen gefreut habe, war, als ich 18 wurde und abends nicht mehr zu einer festgelegten Uhrzeit nach Hause kommen musste. Überall in der Stadt begannen bereits die ersten Pommesbuden und Biertheken aus dem Kopfsteinpflaster zu sprießen, und mit jedem neu aufgestellten Absperrgitter wuchs meine Aufregung ins Unermessliche. Das erzählte ich auch allen meinen Freunden, Nachbarn, den Menschen auf Facebook und der Kassiererin im Supermarkt.

Schließlich war der Samstagabend gekommen. Haare geföhnt: check! Babysitter: check! Niemand hat auf dem letzten Meter Fieber oder bricht in die Laken: check!

Bevor ich die Kinder allerdings zehn Stunden später mit den Worten: »Der Mama geht's heut' nicht gut« vor dem Fernseher parken konnte, musste erst einmal gefeiert werden. Und wie!

Denn nach ewig langer Partyabstinenz wieder auszugehen, ist einfach großartig. Zum ersten Mal kann ich Leute verstehen, die sich im Kino über den Werbeblock genauso freuen wie über den Hauptfilm und die beim Lachkrampf über Pixar-Trailer fast an ihrem Popcorn ersticken. Es muss an der Hypersensibilisierung durch den Alltag liegen, aber so eine nach Mitternacht verzehrte Currywurst ist so viel aufregender, als ich es in Erinnerung hatte. (Und ja, Sie haben vollkommen Recht, wenn Sie beim Lesen jetzt denken: »Himmel, es wurde wirklich Zeit, dass der mal wieder jemand eine Party besorgt.«)

Den ganzen Abend tanzte ich ausgelassen und bescheuert zu Liedern, um die meine Ohren früher einen großen Bogen gemacht hätten und stolperte irgendwann über die dritte große Veränderung: die Trinkfestigkeit. Nicht, dass ich vor den Kindern viel vertragen hätte. Aber so eine jahrelange Alkoholaskese macht einem im Laufe des Abends wirklich erstaunlich wenig Striche durch die Rechnung. Bereits nach drei Bierschorlen (von denen ich die Hälfte des zweiten Glases beim Hüpfen zu *My angel is the centerfold* verschüttet habe) hatte ich kräftig einen in der Mütze. Das war vielleicht drollig. Eigentlich hätte ich es bis dato vom physiologischen Standpunkt aus für unmöglich gehalten, mit so wenig Öl auf der Lampe strahlig zu werden. Aber es geht. Zwei Tage und zwei Nächte ging der Spaß und endete schließlich in der letzten und schmerzhaftesten Erkenntnis. Damit meine ich aber nicht, dass das Tragen von Shape-Wäsche unfassbare Blähungen verursacht, sondern eine eingestaubte Stamina. *Stamina*, das ist nicht nur der Name einer Trash-Metal-Band aus Finnland, sondern bezeichnet auch die Regenerationsfähigkeit eines Körpers nach Belastung.

Nun gut. Dass dem Franz und mir nach Karneval alles wehtat, kann man nachvollziehen. Schließlich haben wir nicht nur zwei Nächte lang gefeiert, sondern sind auch tagsüber gemeinsam mit zwei Kindern auf einem mehrere Kilometer langen Umzug mitmarschiert. (Erfahrungsgemäß tut einem da auch ohne Kinder am Tag nach Rosenmontag alles weh.)

Was allerdings wirklich erstaunlich ist, ist die Hartnäckigkeit, mit der so ein Elternkörper einfach nicht genesen will.

Schlimm genug, dass der Kopf nach dem homöopathischen Einsatz von (zum größten Teil unsachgemäß verschütteltem) Alkohol genauso dröhnt wie nach einem Happy-Hour-Halligalli. Aber selbst zwei Wochen später kann ich immer noch nicht ohne Schmerzen auftreten. Denn im Gegensatz zu einem 16-Jährigen, der hackevoll vom Karnevalswagen fallen kann, ohne sich ein Haar zu krümmen*, hat bei mir der Hüpfer von einer Bordsteinkante (!) ausgereicht, um ein Band in meinem Knie reißen zu lassen. Kein Witz! Und deshalb endet die Geschichte von meiner ersten Muttisause auch genau da, wo sie angefangen hat. Auf dem Sofa in der Yoga-Hose. Nur, dass ich die Wärmeflasche im Rücken jetzt gegen einen Eisbeutel auf dem Knie eingetauscht habe.

---

* und dessen Regenerationsprozess am Dienstagmorgen nach Karneval in der zweiten großen Pause abgeschlossen ist

Milf-Life-Crisis

Neulich war ich beim Frauenarzt. Und während ich so herumliege und mit ihm über die Kinder, unsere Urlaubspläne und den Brustkrebs meiner Oma plaudere, sagt er ganz beiläufig: »Es könnte übrigens gut sein, dass sie bald in die Wechseljahre kommen.« ›Hä, ist der doof?‹, denke ich und sage: »Aber ich bin doch noch so jung?« Daraufhin zuckt er nur mit den Schultern und sagt: »Och …« Es folgt eine sonografische Stille, die lediglich vom sanften Klappern eines Spekulums unterbrochen wird.

* * *

»Wat is dat denn?!«, ruft meine Mutter und angelt verstört einen BH aus meinem Wäschekorb. Es handelte sich um einen kochfesten weißen Still-BH, den ich möglicherweise in der Vergangenheit das ein oder andere Mal mit dunkelblauen Jeanshosen gewaschen habe. Na schön. Ich trage also immer noch ab und zu einen Still-BH. Und mit einem meine ich zwei. Okay, es sind drei. Ich besitze also immer noch drei Still-BHs. Und das, obwohl ich schon seit geraumer Zeit keine Milch mehr gebe. Was soll's? Sie passen gut und kratzen nicht. Für mich sind das irgendwie okaye Gründe, sie nicht zu entsorgen. Oder, um es mit den Worten der Schwiegermutter meines Bruders zu sagen: »Es schmeckt. Nicht gut, aber es schmeckt.«

Ganz im Gegensatz zu unserer Mutter. Die nimmt die pragmatische Unterwäsche ihrer Tochter offensichtlich nicht so sportlich. »Dat is aber nich sehr sexy«, entgegnet sie und spricht das Wort »sexy« dabei ironischerweise mit einem unscharfen »S«

aus. S…s…s…exy. So wie Linsensuppe. Keine Ahnung, weshalb ich jetzt eine Gänsehaut habe. Wegen des unscharfen »S« oder weil meine fast 70 Jahre alte Mutter offensichtlich meine Milf-Qualitäten infrage stellt.

»Wat is denn eine Milf?«, fragt sie irritiert, nachdem ich den letzten Satz laut gedacht habe. Ich nehme ihr den BH aus der Hand und werfe ihn zurück in den Wäschekorb. »Dat is die englische Abkürzung für Mother I'd like to fuck.«

»Masa … watt?«

»M-o-t-h-e-r I'-d l-i-k-e t-o f-u-c-k«, wiederhole ich langsam, bevor ich weiterbügele. Immerhin schaut die Frau Miss-Marple-Filme mit deutschen Untertiteln. Da wird sie sich den Sinn wohl selbst zusammenreimen können.

Milf. Was vor Jahren als ödipaler Fetischporno im Internet begann, hat es also jetzt in einen Dialog zwischen mir und meiner Mutter geschafft. Dabei ist der Begriff Milf (oder »fickbare Mutter« wie es der CDU-Abgeordnete und offizielle Anglizismenhasser Jens Spahn vermutlich lieber lesen würde) mittlerweile salonfähig. Bereits im Jahr 2004 trug die damals schwangere Britney Spears ein T-Shirt mit der Aufschrift »Milf in training«. Die Zeitschrift *Brigitte Mom* bewarb mal ein Vorher-nachher-Styling für junge Mütter mit der Überschrift »Eben noch Muddi – jetzt Milf«, und ich selbst stand noch vor Kurzem in einem Sportgeschäft, in dem in einem Regal zwischen pinken Hanteln und Yogamatten auch Eiweißpulver für »Milf-Shakes« verkauft wurde. (Und Sie dachten, man könne sich seinen After-Baby-Body nur mit Alkohol schöntrinken.)

Aber zurück zu meiner Mutter. So wie es aussieht, ist ihr Groschen nämlich in der Zwischenzeit gefallen. Und während ich, ihrem Blick nach zu urteilen, anscheinend kurz davorstehe, auf mein Zimmer geschickt zu werden, frage ich mich, ob ihr Einwand vielleicht doch berechtigt ist. Kann ich es mir in meinem Alter eigentlich noch leisten, fahrlässige Unterwäsche zu tragen?

Schließlich wird der Inhalt ja auch nicht schöner. Oder jünger. Meine lebensmüden Eierstöcke bilden da, abgesehen von weniger Östrogen, nämlich keine Ausnahme. Bereits vor über zehn Jahren wurde mir eine frühe Form der Osteoporose bescheinigt (das ist eine Alte-Leute-Krankheit, bei der sich die Knochenstruktur nach und nach in die eines Zwiebacks verwandelt). Und auch der Orthopäde, bei dem ich vor Kurzem vorstellig wurde (weil mein ramponiertes Bordsteinsprung-Knie einfach nicht genesen wollte), bezeichnete die Arthrose in besagtem Kniegelenk als einen »altersentsprechenden Befund – wenn Sie Mitte 60 wären«. Sie sehen, ich bin kein Anfänger, wenn es um vorzeitige Alterungsprozesse geht.

Und schließlich weiß ja jedes Kind (zumindest jedes weibliche), dass es vor allem beachtet und geschätzt wird, wenn es eine Augenweide ist. Fakt ist außerdem, dass Männer von Natur aus auf junges Gemüse programmiert sind, das beim Hinknien und Bücken nicht wegen Arthrose oder Ischiasbeschwerden stöhnt. Also rein biologisch gesehen. Oder war es statistisch? Jedenfalls meine ich, dass ich in diesem Zusammenhang mal irgendwas im Internet gelesen habe. (Super, ich argumentiere wie ein Impfgegner.)

Aber egal ob Fakt oder Folklore. Tatsache ist, dass die Tage meiner besten Jahre gezählt sind. Dafür bräuchte ich eigentlich auch keine Diagnose vom Arzt. Für diese Erkenntnis reicht es schon, wenn ich morgens aus der Dusche steige, noch bevor der Badezimmerspiegel vollständig beschlagen ist. Von wegen Augenweide. Ein fast 40 Jahre alter Acker ist das, der mir da von allen Seiten winkt.

Dabei gab es mal eine Zeit, in der ich gar nicht alt genug aussehen konnte. Verrückt! Damals habe ich tatsächlich eine Menge Taschengeld darauf verwendet, um mich mit Produkten abzudecken, die mich locker zehn Jahre älter gemacht haben. Dass dieser Zustand irgendwann kostenlos daherkommt, habe ich mir damals nicht träumen lassen. Vielleicht hat meine Mutter doch Recht, und ich sollte meine sinkende *Fuckability* nicht auf die leichte Schulter nehmen. Also Ärmel hochgekrempelt und losgemilft. Nicht dass meine Brüste irgendwann das Einzige sind, das im Bett neben mir liegt.

Allerdings machen Unterwäsche und Eiweißshakes allein den Braten nicht fettreduziert. Wie gut also, dass es noch bessere Möglichkeiten zur Wiederherstellung der sexuellen Aura gibt. Zum Beispiel in sogenannten »Milf-Fitnesskursen«, die, Zitat, »Mütter nach der Geburt endlich wieder begehrenswert machen« sollen. Das ist doch mal ein Werbeversprechen. Prominentes Milf-Gesicht der deutschen Milf-Gymnastikszene ist übrigens die Pro-Sieben-Moderatorin Charlotte Würdig. Und zwar völlig zu Recht. Immerhin war ihr, gemeinsam mit ihrem Personal Trainer Julian Zietlow (der sich selbst »Der Milf-Macher« nennt), vor ein paar Jahren der sensationelle Coup gelungen, sich kurz nach der Geburt ihres ersten Kindes ein Sixpack[*] anzutrainieren. Das entzückte nicht nur die Nachgeburtswelt, sondern auch den Milf-Mann:

> *»Ladys, wenn ihr so eine Sexbombe wie meine Frau sein wollt, dann versucht es mal mit ihrem Trainingsprogramm www.month11.de #DerMilfMacher«*

Diese Zeilen schrieb der stolze Gatte Paul Hartmut Würdig am 25. Januar 2014 auf seiner Facebook-Seite. Würdig, der im wirklichen Leben auf den Namen *Sido* hört und als Aggro-Berliner Sprechsänger mit Schlagern wie »Nutte« oder »Arschficksong« berühmt wurde, bewarb hier den Online-Fitnesskurs seiner Frau. Der Name »Month 11«, so hieß es, stünde symbo-

---

[*] Haha. Und Sie dachten damals, Sie wären schon der Checker, wenn Ihre Brüste nicht mehr automatisch auslaufen, sobald ein fremdes Baby schreit.

lisch für den ersten Monat nach einer Schwangerschaft – also den Zeitraum, den Ihre altmodische Hebamme als »Wochenbett« bezeichnet.

Aber Spaß beiseite – zumindest ein bisschen. Denn die permanente Botschaft an uns Frauen lautet ja, wir sollen uns nicht gehen lassen. Sei eine Göttin, kein Hefeteig, heißt es ständig. Aber ist das wirklich erstrebenswert? Immerhin ist das Leben einer Göttin wahnsinnig anstrengend. Fragen Sie mal die Furien. Ein Hefeteig hingegen wird zugedeckt und in Ruhe gelassen. Das klingt in meinen Ohren schon eher nach Wochenbett. Oder Wochenende.

Und wenn Sie tatsächlich Sorge haben, Ihr Mann könnte wegen Ihres in die Jahre gekommenen Körpers vielleicht davonlaufen, dann sollten Sie sich vielleicht lieber selbst verabschieden. Ganz abgesehen davon: Als ob man Männer ernsthaft mithilfe von Hyaloronsäure oder Situps am Weglaufen hindern könnte! Spätestens seit Stephen King's *Misery* wissen wir doch alle, dass man dieses Problem am besten mit einem Backstein zwischen den Füßen und einem Vorschlaghammer löst. Ach jetzt gucken Sie mich nicht so an. Sie sind ja schlimmer als meine Mutter.

Dabei haben Sie natürlich Recht. Jede Frau sollte sich vom ersten Eisprung bis zum letzten Atemzug wohl in ihrer Haut fühlen. Ob dieses Ergebnis jetzt durch Eincremen oder Absaugen, mit Beihilfe von Charlotte Würdig oder Kathy Bates (das ist die mit der Backsteinmethode) erzielt wird, ist schließlich *jedem sein eigenes Bier*. Oder Hugo. Oder welches Getränk auch immer gerade im Trend liegt.

Wenn es am Ende aber tatsächlich ausschließlich um die Fuck-like-erei geht (sorry, Mama), dann empfehle ich statt des offensichtlich erstrebenswerten Labels »Milf«, lieber das wesentlich erstrebenswertere Label »Mwlf«. Das klingt zwar nicht so schmissig wie Milf (und ist mit Mwlf-Life-Crisis nicht annähernd so komisch wie der Originaltitel). Dafür steht es am Ende aber auch nicht für *Mother I'd like to fuck*, sondern für *Mother who likes to fuck*. Und sorry, aber dagegen kann nun wirklich niemand etwas haben. Nicht mal Jens Spahn.

Arschbombe: Das Erwachen der Macht

»Du musst den alten Scheiß endlich hinter dir lassen«, riet mir mein Schwimmlehrer gleich zu Beginn unserer allerersten Schwimmstunde. ›Du hast gut reden‹, dachte ich und blickte ihm nach, wie er sich vom Beckenrand abstieß, um seine ersten Runden zu drehen, während ich dazu verdonnert worden war, im Nichtschwimmerbereich das Eintauchen und Unter-Wasser-Ausatmen zu üben. Das klingt vielleicht banal, ist es aber nicht. Zumindest wenn man unter einer chronischen Absaufpanik leidet (oder einen irrationale Ängste vor Haien plagen, die in dem Abschnitt des Sportbeckens lauern, wo die Fliesen dunkler werden und das Wasser merklich kälter).

Dennoch habe ich es nach etwa drei Schwimmstunden geschafft, das reibungslose Ausatmen unter Wasser zu bewerkstelligen. Und nachdem ich ein halbes Jahr später sogar in der Lage war, nicht nur die unsichtbaren Haie auszublenden, sondern mittels neuer Atem- und Schwimmtechnik ein bisschen mehr als 50 Meter am Stück zu schwimmen, wurde ich plötzlich größenwahnsinnig. Immerhin war ich in der Zwischenzeit nicht nur von einem Einmeterbrett gesprungen, sondern hatte auch eine erfolgreiche Seepferdchenprüfung abgelegt. Und so wünschte ich mir von den beiden »Fisimatanten« zu Weihnachten ein Schnapsidee-Geschenk: einen Triathlon.

Für alle, die jetzt nicht wissen, was ein Triathlon ist: Ein Triathlon ist eine sportliche Mehrfachbelastung, bei der über unterschiedliche Distanzen geschwommen, geradelt und gelaufen werden muss. Allerdings darf man bei einer Triathlonstaffel – und das ist wichtig – die unterschiedlichen Disziplinen auf drei unterschiedliche Personen aufteilen. Für mich ist das natürlich ideal. Da ich nämlich erfahrungsgemäß bereits vom Überqueren eines Parkplatzes Seitenstiche bekomme (und wegen der fortschreitenden Arthrose in meinem rechten Kniegelenk nicht mehr richtig …*blablabla* … *mimimi*…), habe ich die beiden Fisimatanten gebeten, in meinem Traum das Radeln und Laufen zu übernehmen. Was sie sofort ohne mit der Wimper zu zucken taten.

Nun gut, für die beiden war das auch keine große Sache. Immerhin sind meine beiden Schwägerinnen bereits seit frühester Kindheit in unterschiedlichsten Sportvereinen aktiv und haben sich schon oft für wesentlich bessere Zwecke als den meinen auf Wettkämpfen engagiert.

Das eigentlich Tolle an ihren sportlichen Leistungen ist aber, dass diese überhaupt nicht einschüchternd wirken. Im Gegenteil. Das solide Siegerurkunden-Niveau, auf dem sich die beiden seit Jahrzehnten mit so viel echter und völlig freiwilliger Freude bewegen, ist so inspirierend, dass ich mir diesbezüglich keine besseren Vorbilder wünschen konnte.

In diesem Sinne, also befreit vom Druck jeglicher Professionalität und im Glauben an Frauenpower und »Dabeisein ist alles«-Geblabel haben wir uns schließlich angemeldet. Bei einem richtig echten, und vor allem winzig kleinen Triathlon. Denn tatsächlich habe ich damals vorab das gesamte Internet auf links gezogen, um für die Tanten und mich einen Triathlon zu finden, der genau so einen zwanglosen familiären Charakter besitzt, wie die Zusammensetzung unserer Staffel. (Also einen, bei dem sich der Anteil von sehnigen Hobby-Profis mit dem von Achtklässlern und Rentnern die Waage hält.) Und tatsächlich wurde ich fündig.

Praktischerweise findet nämlich genau so ein Triathlon mit Pfarrfestflair jedes Jahr nicht ganz eine Autostunde von unserer Haustür entfernt statt. Und dieser Triathlon wirbt nicht nur mit dem arschkomischen Slogan »Deutschlands günstigster Triathlon«, sondern lässt seine Staffelschwimmer auch durch ein konstant auf 23 Grad temperiertes Freibadbecken schwimmen. Bämm! Und hatte ich erwähnt, dass die Schwimmstrecke nur 400 Meter statt der sonst üblichen 500 Meter beträgt? Ganz ehrlich? Das Einzige, was diesen eh schon perfekten Triathlon noch hätte abrunden können, wäre das zulässige Tragen einer Korkweste mit Außenborder gewesen.

Freilich, mein inneres Kind war nicht so euphorisch. Im Gegenteil. Das hielt mich auch ein halbes Jahr, nachdem mir die Fisimatanten unsere Anmeldebestätigung unter den Weihnachtsbaum gelegt hatten, für verrückt. Ich konnte es ihm nicht verdenken. Immerhin hatte die kleine Gurke in ihrem Leben bislang keine einzige positive Verknüpfung mit Gruppensport gemacht. Also tat ich einfach das, was ich in solchen Situationen mit allen meinen Kindern tue. Ich habe mich noch einmal hingesetzt und zugehört und am Ende versucht, die ganze kindliche Verzweiflungsenergie vom Problem weg und auf die Lösung zu konzentrieren.

Und in diesem Fall war die Lösung einfach: Trau dich! Was ist das Schlimmste, was passieren kann? Und viel wichtiger: Wäre das Schlimmste, was passieren kann, am Ende wirklich so schlimm? Die Antwort lautete: Nö. Denn das Schlimmste, was passieren konnte, war, dass ich als Letzte durchs Ziel kommen würde, und darin hatte ich weiß Gott genug Erfahrung. Es ging viel mehr um die Herstellung längst abgeschminkter Würde. Also um die Erfahrung, wenigstens einmal aufrecht und mit durchgestrecktem Rücken ans Ziel zu kommen. Egal was die Stoppuhr am anderen Ende anzeigen würde.

Doch bevor es überhaupt so weit kommen konnte, gab es erst einmal schlechte Nachrichten: Die eine Fisimatante wurde schwanger. Das war natürlich nicht die schlechte Nachricht. Ganz im Gegenteil. Die einzig schlechte Nachricht war in diesem Fall der Ersatzläufer, den sie mir freudestrahlend präsentierte: *den Jungen*. Der war zwar immer noch der nette Fisimaonkel von nebenan. Allerdings hatte er leider einen entscheidenden Makel: *der Junge* war Marathonläufer. Und zwar alles andere als auf Siegerurkundenniveau.

Und wenn du drei Tage vor dem großen Tag denkst, es geht nichts mehr, kommt von irgendwo ein 90 Kilo schwerer Medusenkopp daher, und grätscht der anderen Fisimatante, die beim Triathlon aufs Fahrrad steigen soll, beim Fußball die Achillessehne aus den Angeln. Prompt hatte ich also den nächsten Ersatzprofi an der Backe: den Franz. Damit wir uns nicht missverstehen, normalerweise habe ich den Franz sehr gerne an meinen Backen. Allerdings muss man auch wissen, dass der Franz seine eigenen im Laufe der letzten zehn Jahre auf dem Sattel eines Rennrads gestählt hat.

So wurden also aus den *Spice Girls Just Wanna Have Fun* innerhalb weniger Tage die *Avengers*. Und zwar die *Avengers* mit Aquawoman im ersten Lehrjahr. Da stand ich nun, ich armer Thor … und hatte auf den letzten Drücker doch noch die Badehose voll. Und zwar mit reichlich Leistungsdruck. Es ist nämlich eine Sache, sich neben Posh und Sporty Spice zum Affen zu machen. Aber als schwimmender Sidekick von Captain America und Iron Man anzutreten, erfordert schon ein bisschen mehr Egostabilität, als ich mir bis dato zugelegt hatte.

So blieb mir am Ende also nichts anderes übrig, als das zu tun, was alle Eltern insgeheim tun, wenn sie Terminzusagen bereuen. Ich legte mein Schicksal vertrauensvoll in die Hände unserer Kinder. Und mit Hände meine ich ihren Magen-Darm-Trakt und die Bronchien. Unnatürlicherweise passierte aber rein gar nichts, und ehe ich mich versah, war der Tag meiner persönlichen Sportfestvergeltung gekommen. Am Morgen des großen Tages packten der Franz und ich unsere sieben Sportsachen und zwei absurd gesunde Kinder ins Auto und machten uns auf den Weg. Nun war es also so weit. Sehr, sehr aufgeregt hockte ich im Auto neben dem Franz, der mir die Fahrt über irgendeinen Vortrag über irgendwas mit Adrenalin hielt (einen Vortrag, dem ich, wie sich im Laufe des Tages noch herausstellen sollte, besser mehr als ein halbes Ohr hätte schenken sollen).

Endlich angekommen trafen wir auf dem Parkplatz bereits auf *den Jungen* und die mittlerweile reichlich schwangere Fisimatante. Gemeinsam meldeten wir uns an und gingen uns im Anschluss für unsere unterschiedlichen Disziplinen umziehen. Wenig später stand ich auch schon in meinem Badeanzug, an dessen Beinausschnitt ich mithilfe von zwei Sicherheitsnadeln mein Seepferdchenabzeichen befestigt hatte, neben einer Ordnerin, die mir die allererste Startnummer meines Lebens zuteilte. Es war die 43, und sie wurde mir mit einem schwarzen Permanentmarker auf den Oberarm gemalt. Das fand ich so unfassbar cool, dass ich mich im Anschluss daran schnell hinter ein Toilettenhäuschen schlich, um einen heroischen Selfie von mir und meinem 43er Oberarm zu machen.*

Bevor ich mich allerdings auf den Weg zum Schwimmbecken machte (immerhin war ich von uns dreien als Erste dran), bestand der Franz noch einmal darauf, mit mir die gesamte Laufstrecke vom Schwimmbecken zur Wechselzone abzugehen, und zwar genau bis zu dem Punkt, wo er später mit seinem Rennrad auf mich warten würde. Erst dachte ich, er würde das nur machen, weil ich ab und zu in unserem Handvoll-Häuser-Dorf das Navi benutzen muss. Aber dem Durcheinander auf der Strecke nach zu urteilen, schienen das alle Teilnehmer im Vorfeld zu tun, (was ich tatsächlich ein bisschen übertrieben fand). So blind

---

* Den ich allerdings wieder löschte, weil das Bild nach einer Filterorgie auf meinem Smartphone nicht mehr nach Andrea Harmonika beim Triathlon 2017, sondern Leni Riefenstahl bei den Olympischen Spielen 1933 aussah.

konnte ja wohl keiner sein. Immerhin hing an so ziemlich jedem Baum in der Wechselzone ein Schild mit roten Richtungspfeilen.

Jedenfalls war es schließlich so weit. Ich herzte die beiden *Avengers* und machte mich allein auf den Weg Richtung Schwimmbecken. Dort wartete bereits die Fisimatante mit den Kindern, und ihren Gesichtern zufolge waren sie mindestens jetzt schon genauso stolz auf mich, wie ich selbst.

Leider herrschte am Sportbecken dasselbe Durcheinander wie auf dem Weg Richtung Wechselzone. Ganze dreimal wird meine Startbahn geändert, und ich schussele verwirrt von einer Bahn zur nächsten. ›Aber so ist das vermutlich, wenn man nicht an Deutschlands härtestem, sondern Deutschlands günstigstem Triathlon teilnimmt‹, denke ich, während meine Hormonfabrik bereits auf Hochtouren läuft. Plötzlich beginnen überall Leute vom Beckenrand ins Wasser zu springen und loszuschwimmen. Ich werde panisch. Habe ich den Start verpasst?! Ich hetze zur letzten Bahn und rufe bereits noch nicht ganz angekommen schon von Weiten: »Bin ich hier richtig?« Eine Ordnerin hockt auf dem Startblock. Sie wirft einen Blick auf meinen Oberarm und anschließend auf ihr Klemmbrett. Dann nickt sie mir zu und deutet mit ihrem Kinn aufs Wasser. »Jetzt?!?«, frage ich, und sie nickt noch einmal. »Ja klar.«

›Oh Gott, es ist so weit‹, denke ich. Ich hocke mich auf den Beckenrand und hüpfe ins Wasser. Zwar hatte ich mir das Ganze ein bisschen glamouröser vorgestellt, so mit Megaphon und »Auf die Plätze! Fertig! Los!« Aber was weiß ich schon? Das hier ist schließlich mein erster Triathlon. Also der erste Triathlon, an dem ich nicht mit den Kindern hinter der Absperrung herumhänge und irgendwann: »Da kommt der Papaaaa!!!« schreie. Jedenfalls tauche ich unter Wasser und stoße mich vom Rand ab. Es geht los.

Vor mir liegen die längsten 400 Meter meines Lebens. Acht Bahnen muss ich schwimmen. Das habe ich in den letzten Wochen und Monaten zigmal gemacht. Das schaffe ich. Trotzdem habe ich so lautes Herzklopfen, dass es mir in den Ohren dröhnt. Nicht gleich zu Anfang verausgaben, hatte mich mein Schwimmlehrer gewarnt. Tatsächlich brauche ich die ersten 25 Meter sowieso, um mein rasendes Herz zu beruhigen. Aber dann läuft es. Und zwar gut.

Auftauchen, einatmen, Armkreis, strecken.
Eintauchen, ausatmen, Beinschlag, gleiten.

Gleichmäßig stoße ich mich am Ende der ersten Bahn wieder vom Rand ab und beginne die zweite Runde. Es fühlt sich an, als ob ich durch einen Tunnel tauche. Ich höre und sehe nichts. Nur das leise Rauschen aufsteigender Luftblasen, das mir beim Tauchen in den Ohren klingt, während ein dunkelblau gefliester Beckenboden unter mir vorüberzieht. Ich schwimme konzentriert und gleichmäßig, weshalb ich mich auch ein bisschen ärgere, weil am Ende meiner zweiten Bahn plötzlich so ein Tumult im Wasser herrscht. Ich schwimme auf die Gruppe zu, die gerade meinen Rhythmus stört, aber bin automatisch versöhnt, weil sie mir im Grunde nur freundlich zuwinken und mich anfeuern. Der Franz hatte Recht. Sportveranstaltungen wie diese haben einen viel freundschaftlicheren Charakter, als ich es aus meiner Schulzeit gewohnt bin. Als ich schließlich bei ihnen eintreffe, stoßen sie sich ebenfalls vom Beckenrand ab und schießen wie Pfeilspitzen an mir vorbei.

Alle.
    Bis auf Hilde.

Gleich vorweg: Ich weiß rein gar nichts über Hilde. Wenn ich also jetzt behaupte, dass es sich bei Hilde um eine pensionierte Sportlehrerin handelt, die Utta-Danella-Romane liest und mit ihren »Tennisdamen« ab und zu an die Mosel fährt, ist das komplett ausgedacht. Tatsächlich ist das Einzige, was an dieser Beschreibung nicht ausgedacht ist, Hildes Name*.

Die rüstige alte Dame, die nun die folgenden 200 Meter wie Kaugummi vor mir auf der Bahn kleben würde, ist nämlich mit einem eigenen Fanclub angereist. Und dessen beeindruckende Fangesänge schlagen mir mit jedem Schwimmzug, der meinen Kopf aus dem Wasser an die Oberfläche hebt, entgegen.

»Hilde! Hilde! Hilde!«
Blub ... blub ... blub ... blub.
»Hilde! Hilde! Hilde!«

Klarer Fall: Hilde ist der Publikumsliebling. Ihre zahlreichen Unterstützer säumen den Beckenrand und zwei von ihnen laufen sogar die ganze Zeit neben der Bahn entlang, klatschen und rufen ihren Namen. Das ist natürlich ziemlich cool. Also für Hilde. Ich selbst bin von dem schwimmenden Trecker vor mir leider ziemlich genervt. Nicht nur, weil wir die ganze Zeit über regen Gegenverkehr auf der Bahn haben, der es mir unmöglich macht, Hilde zu überholen. Sondern vor allem, weil die gute Hilde nicht halb so langsam ist, wie ich es mir für eine etwa dreimal so alte Gegnerin gewünscht hätte.

Vier Runden klebe ich an Hildes Hühneraugen, bis der Gegenverkehr am Ende von Runde sechs schließlich abnimmt. Jetzt wage ich es und setze zum langersehnten Überholvorgang an. Ich gebe alles, um den Ü-70-Killer vor mir auf der Bahn zu kassieren. Völlig fertig, aber endlich vorbei, setze ich zum Endspurt an.

---

* Okay, das ist auch gelogen. In Wirklichkeit hatte Hilde einen ganz anderen Namen, der mir tatsächlich auch bekannt ist. Und warum ich den Namen von der alten Dame kannte, die plötzlich vor mir auf der Bahn auftauchte, könnten Sie schon längst wissen, wenn Sie im Haupttext weitergelesen hätten, statt hier unten in der Fußnote herumzubummeln.

Nur noch eine Bahn liegt jetzt vor mir. Mir schwirrt der Kopf. Mit einem für mich völlig fremden Kampfsaugehabe reiße ich meine Arme die letzten 50 Meter wie eine Irre aus dem Wasser. Endlich berührt meine ausgestreckte Hand das Ende von Bahn Nummer acht. Aber es ist noch nicht vorbei. Jetzt muss ich aus dem Becken heraus und in die Wechselzone laufen. Erst wenn ich den Franz auf seinem Fahrrad abgeklatscht habe, ist es geschafft. Aber das dürfte jetzt mein kleinstes Problem werden. Immerhin fühle ich in diesem Augenblick die schiere Grenzenlosigkeit meiner Kraft.

Mit Schwung stemme ich mich aus dem Wasser. Etwa fünf Zentimeter hoch. Ich muss anscheinend Euphorie mit Kraft verwechselt habe. Meine Arme und Beine sind schwer wie Blei und bretthart. Hinter mir höre ich Hilde. Oh Gott, bitte lass mich nicht gegen Hilde abstinken, nur weil ich nicht aus dem Wasser komme. Mit der Eleganz eines angeschossenen Nilpferds ziehe ich mich aus dem Becken an Land. Ich sehe nichts. Meine Schwimmbrille ist vollständig beschlagen. Leider bin ich nicht nur völlig entkräftet, sondern auch zu verwirrt, um das Naheliegendste zu tun: die Brille einfach abzuziehen.

Ich stolpere halb blind und mit immer noch festgesaugter Brille auf der Nase an den Hilde-Hooligans vorbei und werfe dabei fast die schwangere Fisimatante um, die sich mir plötzlich wild fuchtelnd in den Weg stellt.

Ich nehme ihre fuchtelnden Hände in die meinen. Und da ich zu kaputt zum Hüpfen bin, schüttele ich ihr ihre Hände und keuche: »Jaaa … ich weiß … hab's … geschafft!« Und noch ehe sie etwas erwidern kann, stolpere ich auch schon weiter Richtung Wechselzone. Platz da. Hier kommt die Mutti und die ist wild entschlossen, jetzt auf dem letzten Meter alles umzumähen, was sich zwischen sie und das Rennrad ihres Mannes stellt. Leider bin ich immer noch wahnsinnig desorientiert.

Wo sind denn die ganzen Scheißschilder, frage ich mich.

Mein Kopf dreht sich in alle vier Himmelsrichtungen, aber nicht einen der gefühlt hundertfünfzig Richtungspfeile von vorhin kann ich erkennen. Glücklicherweise werde ich in diesem Moment von einem tropfnassen Typen im Laufschritt überholt, und ich beschließe, ihm einfach hinterherzueiern. Oh Gott, es ist einer dieser sehnigen Mittdreißiger. Er trägt ein Profi-Outfit, und ich kann mein Glück über seinen Anblick kaum fassen. ›Wie schnell war ich denn bitte?!‹, denke ich beeindruckt, als ich plötzlich die Stimmen meine Kinder höre.

»MA-MA, MA-MA!« Da stehen sie am Rand hinter der Absperrung. Sie jubeln und feuern mich an und möglicherweise ist dies einer der schönsten Momente in meinem Leben, denke ich und drücke und küsse die zwei.

Bevor ich weiterlaufe, strecken sie mir noch jeder eine Kinderhand zum High-Five-en hin, die ich leider beide verfehle. Egal. Weiter geht's.

Außer Atem, wie noch nie zuvor in meinem Leben, biege ich schließlich in die letzte Kurve der Wechselzone ein. Und da steht er dann. Mein Franz. Und als er mich sieht, ruft er ganz erschrocken: »Alter, warst du schnell!« Ich nicke nur und lächle debil. Als ich endlich vor ihm stehe, entscheide ich spontan, dass dieser Moment ein bisschen mehr als popeliges Abklatschen verdient hat (zumal ich mir sicher bin, auch diese Hand nicht zu treffen). Ich drücke ihn, so fest ich kann (was nicht mehr viel ist), an mich, bevor er sich auf sein Rennrad schwingt und losfährt. Dann schaue ich ihm hinterher, bis er am Ende der abgesperrten Straße um eine Kurve biegt und verschwindet.

Ich bin fix und fertig. Und leer. Und glücklich. ›Seltsam‹, denke ich, und lege mich ein paar Meter weiter auf die Wiese. ›Am Ende sind 400 Triathlon-Meter auch nicht länger als 400 Freibad-Meter.‹ Und während mein aufgeweichtes Hirn so vor sich hin philosophiert, schiebt sich plötzlich eine Wolke zwischen mich und den tiefblauen Himmel.

›Oh‹, denke ich, als ich die Wolke erkenne. Es ist die Fisima-tante, und ich lächele sie glücklich an. Jetzt kann sie mir in aller Ruhe gratulieren. Vorhin war ja alles ein bisschen hektisch. Doch statt mir zu gratulieren, beugt sie sich zu mir hinunter und sagt diesen einen Satz, den ich niemals vergessen werde:

»Andrea, du bist zwei Runden zu wenig geschwommen!«

Fortsetzung folgt.

House of Pain

Eines der grundlegenden Elemente in Kampfsportarten wie Judo, Ringen oder Aikido ist das sogenannte Grappling. Unter Grappling versteht man ein Sammelsurium aus unterschiedlichen Halte-, Würge,- Hebel- oder Wurfgriffen. Verrückterweise werden sie alle auch von Babys und kleinen Kindern beherrscht. Wie beim Profi-Grappling geht es beim Nachwuchs-Grappling darum, sein Gegenüber zu überwältigen, in unvorteilhafte Positionen zu zwingen oder bewegungsunfähig zu machen. Als Eltern kennen Sie natürlich die gesamte Palette. Den Wickelkommoden-Powerslam in die Kaiserschnittnarbe, das gestreckte Bein in den Unterkiefer oder den fröhlichen Begrüßungs-Tackle eines herangaloppierenden Kleinkinds, das mit grobstolligen Wanderstiefeln auf Ihre beflip-flopten Barfüße springt.

Die Faustregel für Eltern lautet daher: Sie müssen sich von Anfang an in Profi-Einstecker verwandeln. Das geht nur über erhöhte Wachsamkeit und intensives Deckungstraining. Aus diesem Grund sollte übrigens jede gute Nachsorgehebamme nicht nur Schwangerschafts- und Rückbildungsgymnastik, sondern auch Selbstverteidigungskurse für Eltern anbieten.

Und wenn Sie keine Hebamme mehr finden (weil die mittlerweile wegen einer absurden Haftpflichtpolitik alle aus ihrem Beruf herausgeekelt wurden), dann bleibt Ihnen beim nächsten Hoppe-Hoppe-Reiter-Lowkick in die Genitalien nur noch der Gedanke an *Rocky Balboa* (Sie wissen schon, Silvester Stallone in seiner matschigsten Rolle).

Der hatte nämlich nicht nur ein schlichtes Gemüt, sondern auch ein schlichtes Kampfmotto, das da lautete: »Es kommt im

Leben nicht darauf an, wie viel du austeilst, sondern wie viel du einstecken kannst.«

Na dann mal los!
　Dingdingding.

Apropos Silvester Stallone.

Frau Rambo

Es war einmal ein kanadischer Schriftsteller namens David Morrell. Der schrieb in den 1970er-Jahren einen Roman über einen Soldaten, der nach seiner Heimkehr aus dem Vietnamkrieg auf einen sadistischen Dorfsheriff trifft. Dieser terrorisiert den ehemaligen Elitekämpfer so sehr, bis diesem schließlich der posttraumatische Kragen platzt und er in einen persönlichen Krieg mit dem Sheriff zieht.

Auf der Suche nach einem passenden Nachnamen für seine durchgedrehte Hauptfigur stieß Morrell damals auf eine Tüte Äpfel, die seine Frau aus dem Supermarkt mitgebracht hatte. Bei den Äpfeln handelte es sich um die in den USA weit verbreitete Apfelsorte Rambo, und jetzt fragen wir uns natürlich völlig zu Recht, ob Morrells Roman zehn Jahre später genauso erfolgreich verfilmt worden wäre, wenn seine Frau damals eine Tüte Pink Lady gekauft hätte. Jedenfalls war *Rambo* mit Sylvester Stallone in der Hauptrolle ein weltweit gefeierter Kassenschlager und sorgte dafür, dass die amerikanische Apfelsorte bis heute ein Synonym für Amok laufende Berserker ist.

Kein Wunder also, dass unsere damalige Nachbarin Frau Rambo spätestens ab 1983 keinen Spaß mehr an ihrem Nachnamen hatte. Frau Rambo, die wirklich und wahrhaftig genauso hieß, war eine alleinstehende alte Dame, die eine Etage über uns wohnte. Und da Frau Rambo nicht nur einen hammermäßigen Nachnamen hatte, sondern auch eine böse alte Schachtel war, wurde sie quasi über Nacht zum Staropfer für unsere Klingelstreiche. Meine Mutter sah das überhaupt nicht gerne. Überhaupt sah sie in Frau Rambo, die ständig an unsere

Haustür hämmerte, um sich wegen irgendwas nach 18 Uhr zu beschweren, lediglich eine einsame alte Dame, die zu wenig Familie und zu viel Zeit hatte (weshalb ich mich moralisch lieber an meinem Vater orientierte, der die Auffassung vertrat, dass Frau Rambo lediglich jemand war, der einfach »immer wat zu kacken hat«).

Jedenfalls ging das Ganze ein paar Jahre lang alles andere als gut, bis zu jenem Tag, an dem sich die dauernörgelnde alte Hexe den Arm brach. Wie genau der Unfall zustande kam, ist nicht überliefert. Jedenfalls schlich Frau Rambo eines Tages plötzlich mit Gipsarm durch den Hausflur. Meine Freundin Melanie und ich saßen gerade auf der Treppe und tauschten Panini-Sticker, als sie sich mit ihren Einkäufen an uns vorbei in den zweiten Stock schleppte. Das war ein sehr ungewöhnlicher Anblick. Immerhin war die stets sonnenbankgebräunte und wie ein Weihnachtsbaum behangene Frau Rambo niemals jemand gewesen, der irgendwo in gebückter Haltung herumgeschlichen wäre. Weder durch unser Treppenhaus noch durch die Führungsetage einer Bank, in der sie zu berufstätigen Zeiten ein eigenes Büro gehabt hatte (was für die damalige Zeit wirklich erstaunlich war. Immerhin wurde Frau Rambo bereits Anfang der 1980er-Jahre pensioniert. Also zu einer Zeit, in der Frauen maximal eine Kanne Kaffee durch eine Führungsetage tragen durften*).

Jedenfalls war es die ungewohnte Art und Weise, wie Frau Rambo an jenem Tag an uns vorbeizog, ohne ein einziges Mal ihren Unmut darüber zu äußern, dass wir bei dem schönen Wetter im Treppenhaus herumlungern. Ihre gedrückte Stimmung hinterließ einen tiefen Eindruck bei uns. Zwar vertraten wir im Großen und Ganzen immer noch die Meinung meines Vaters, allerdings steckten wir zu diesem Zeitpunkt auch bereits knietief im Erstkommunionunterricht meiner Mutter. Auf einmal tat

---

* Im Gegensatz zu heute. *hust*

uns die alte Hippe furchtbar leid, wie sie da so geknickt und in sich gekehrt mit ihrem gebrochenen Arm durch den Hausflur schlurfte. Und ging es bei der Sache mit der Nächstenliebe nicht genau darum? Seine Mitmenschen, auch die doofen, nicht zu übersehen? War nicht Jesus höchstpersönlich gerade denen ein Freund und Helfer gewesen, die immer *wat zu kacken hatten*? Sie sehen, meine Mutter hatte ganze Arbeit geleistet.

So standen Melanie und ich also etwa eine halbe Stunde später vor Frau Rambos Wohnungstür und hatten nicht nur eine Heidenangst, sondern auch einen Teil unseres Panini-Stickergeldes in eine gelbe Rose investiert. Damit drückten wir uns ein Weilchen vor der Höhle des Löwen herum und diskutierten leise aus, wer bei dem Drachen klingelt. Da Melanies Vater Polizist war (was ihr einfach mehr Autorität verlieh als der Tochter eines Programmierers), übernahm sie am Ende das Klingeln, während ich mich lediglich darauf konzentrierte, nach dem Klingeln nicht wie gewohnt davonzulaufen. Nachdem Frau Rambo nicht gleich öffnete, klingelte die lebensmüde Melanie noch drei weitere Male an der Tür, bis diese schließlich mit einem Ruck aufgerissen wurde. Die alte Dame mochte sich ihren Arm gebrochen haben, nicht jedoch ihre Zunge, denn sofort begann sie uns laut und wortreich zusammenzufalten, weshalb wir in Gottes Namen einfach in der Mittagszeit vor ihrer Wohnung herumlärmen würden. Es war offensichtlich, dass wir Frau Rambo bei einem Nickerchen gestört hatten. Noch offensichtlicher aber war ihr völlig verändertes Erscheinungsbild. Erschrocken starrten wir auf den Kopf der alten Dame, auf dem normalerweise eine beeindruckend hoch aufgetürmte, rosa-stichige Zementfrisur thronte. Stattdessen trug Frau Rambo jetzt einen Seidenschal, den sie sich um ihren plötzlich sehr klein wirkenden Kopf geknotet hatte. Schnell erklärte Melanie, dass wir in Frieden gekommen seien, und wir untermauerten unsere gute Absicht mit dem mitgebrachten Blümchen.

»Was ist denn das für ein Blödsinn?«, maulte sie etwas leiser weiter und nahm mir die Rose aus der Hand. Da ich schon als Kind zu nervösem Plappern neigte, erklärte ich schnell, dass mein Vater meiner Mutter immer gelbe Rosen kaufe, weil rote »Beerdigungsblumen« seien. Es folgte eine peinliche Stille in der Frau Rambo offenbar überlegte, ob ich mich über sie lustig machen wolle oder einfach nur schwachsinnig sei. Selbstbewusst übernahm Melanie wieder das Ruder und erklärte der immer noch verwirrten Frau, dass wir gerne in nächster Zeit für sie einkaufen, staubsaugen und überhaupt so lange für sie da sein wollten, bis ihr Arm geheilt sei. Zu unserer großen Enttäuschung lehnte sie sofort alles mehr als deutlich ab. Allerdings, und das war noch erstaunlicher als ihre Fast-Glatze, lud uns Frau Rambo ein, »zu einer anständigen Tageszeit« wiederzukommen, um ihr Gesellschaft zu leisten …

»Was meinst du damit, du warst heute bei Frau Rambo?«, fragte mich meine Mutter, als ich am frühen Abend wieder nach Hause kam. Ich nickte stolz. Tatsächlich hatten Melanie und ich den ganzen Nachmittag mit Frau Rambo verbracht. Auf einem weißen Sofa mit rosafarbenen Samtkissen hatten wir gesessen und Traubensaft aus Porzellantassen mit Goldrand getrunken. Dazu hatte es feine dünne, blattförmige Kekse gegeben und überhaupt war es die ganze Zeit über in der 64-Quadratmeter-Wohnung von Frau Rambo sehr vornehm zugegangen. Dort gab es keine Wasserflecken auf dem Holztisch, kein herumfliegendes Spielzeug oder Krickelkrackeleien auf der Fernsehzeitung. Alle Fußleisten von Frau Rambo waren sorgfältig mit der Wand verbunden und an keiner einzigen Stelle ihrer cremefarbenen Raufasertapete war eine Ecke abgeknibbelt (ganz im Gegensatz zu der baugleichen 64-Quadratmeter-Wohnung, in der meine Eltern eine Etage tiefer mit drei Kindern im Alter von 8, 12 und 14 Jahren hausten. Ganz ehrlich, wenn ich Frau Rambo gewesen wäre, ich hätte vermutlich auch keinen Bock gehabt, über uns zu wohnen). Jedenfalls verbrachten Melanie und ich den ganzen Nachmittag mit der schrecklichen Alten, die, wie sich herausstellte, eigentlich gar nicht so schrecklich war. Und da ich im Gegensatz zu Melanie weder Ballett-, Reit- noch Flötenunterricht hatte, setzte ich in den darauffolgenden Wochen und Monaten die Hausbesuche bei Frau Rambo allein fort. Dort saß ich dann in ihrem feinen Wohnzimmer und lernte die Uhr oder las ihr laut aus meiner *Fara und Fu*-Fibel vor. Manchmal spielten wir auch Karten oder sie ließ mich an ihrem Esstisch sitzen und malen (damit ich meine Klappe hielt und sie und ihr imposanter Haarhelm in Ruhe Zeitung lesen konnten).

Ich war richtig gerne bei Frau Rambo, die nach und nach aufgehört hatte, sich zu beschweren, dass Blumenkästen nicht rechtzeitig bepflanzt oder Mülltonnendeckel nicht richtig geschlossen wurden. Und als meine Eltern schließlich eine doppelt so große Wohnung am anderen Ende der Stadt gefunden hatten, war Frau Rambo, die bis dato alles getan hatte, um sich selbst zu isolieren, ein fester Bestandteil unserer Hausgemeinschaft geworden.

Ich war untröstlich über unser Wegziehen. Schließlich wollte ich überhaupt keine neue Wohnung und kein eigenes Zimmer, auch wenn ich mit dieser Meinung ziemlich allein dastand. Ich wollte mich partout nicht von dem einzigen Haus trennen, in dem ich je gewohnt hatte. Oder von Melanie oder der japanischen Zierkirsche im Hinterhof, die immer in voller Blüte stand, sobald ich Geburtstag hatte. Und am Ende wollte ich mich auch nicht von Frau Rambo trennen. Der schrecklichen alten Schachtel, die bei unserem Abschied tüchtig schimpfte, ich solle nicht so ein Gewese machen, während ihr selbst die Tränen auf ihren Panzer aus Schmuck und Schminke tropften.

Wer hätte das gedacht? Dieselbe Frau, die sich ein Jahr zuvor noch bitterlich über die Familie beklagt hatte, deren kleine Göre so gerne mit ihrem großen Bruder vom Kleiderschrank auf das

Hochbett gesprungen war, beweinte nun die künftige Stille, die eine Etage tiefer einziehen würde. Und all das, weil ein Mensch, dem das Leben vielleicht irgendwann mehr als nur die Hand gebrochen hatte, plötzlich nicht mehr übersehen wurde.

Antons Kindergeburtstag

Glaubt man David Bowie, Liza Minelli und Mick Jagger, fand das ultimative Partyerlebnis der späten 1970er-Jahre in der New Yorker Disko *Studio 54* statt. Glaubt man seinen Kindern, fand das ultimative Partyerlebnis der späten 3. bis 5. Lebensjahre auf irgendeinem Kindergeburtstag statt. Egal, was Sie Ihrem Nachwuchs zu diesem Zeitpunkt aus Altersgründen vorenthalten wollen, Ihre Kinder haben es garantiert schon auf irgendeinem ganz bestimmten Kindergeburtstag bereits gesehen, gehört oder gegessen. Zum Beispiel Salmiak-Pastillen. Oder alkoholfreies Radler. Nicht zu vergessen den Wiener *Tatort* und die *Tagesthemen*.

> *»Was ist das für ein Spiel?«*
> *»Call of Duty.«*
> *»Das wünsche ich mir zum Geburtstag.«*
> *»Das ist erst ab 18.«*
> *»Das hab ich aber schon mal bei Anton auf dem Kindergeburtstag gespielt.«*

Tja Mick, und du dachtest immer die Taschen voll Koks, ein Pferd auf der Tanzfläche und das Hinterzimmer mit abwaschbaren Gummiwänden im *Studio 54* seien legendär gewesen. Du warst offensichtlich nie auf Antons viertem Kindergeburtstag.

My God rides a Longboard

Wir schreiben das Jahr vor drei Jahren. Die Kinder und ich sind im Freibad und hocken gemeinsam mit anderen Eltern und deren Kindern unter dem Sonnensegel des Babybeckens. Und während mir der Kleine zum hundertsten Mal die pipiwarme Brühe aus seiner kleinen Gießkanne über den Kopf schüttet, platzt mir auf einmal der Kragen.

Ich gebe zu, wir hatten keinen guten Start – ich und die Horde 13-jähriger Jungs, die bereits bei unserer Ankunft genau an der Stelle im Gang neben der Umkleide »Pimmelfechten« mussten, wo ich gerade damit beschäftigt war, dem sich windenden Einenhalbjährigen zwischen meinen Beinen eine Schwimmwindel überzuziehen. Und meine Laune wurde auch nicht besser, als mir dieselben Jungs gegen Mittag eine volle Schale Pommes, für die ich etwa zehn Minuten mit zwei hungrigen Kleinkindern angestanden hatte, aus der Hand rempelten. Die Nase voll hatte ich allerdings erst, als die Jungs schließlich eine wilde Verfolgungsjagd durch das Babybecken anzettelten. Ich springe also auf, packe mir einen der Bengel und falte ihn unter lauter »Gib's ihm«-Blicken anderer Kleinkindeltern zusammen. Ich bin stinksauer und höre mich Worte wie »rücksichtslos«, »kleine Kinder« und »aufpassen« zetern. Als ich endlich fertig bin, nennt mich der Bengel eine »alte Arschlocher« und rennt weg. (Tatsächlich rannte er sehr schnell, und ich fragte mich damals, ob er allen Ernstes Angst hatte, dass ich ihm hinterherrenne. Was für eine ulkige Vorstellung).

Jedenfalls wurde mir dort, vor drei Jahren, am Rand des Kinderbeckens etwas klar: Ich war wirklich und wahrhaftig und ohne Rückfahrkarte erwachsen geworden. Daran konnten auch meine Chucks und der Hummel-Hoodie in der Umkleide nichts mehr ändern, denn ich hatte tatsächlich gerade einem 13-Jährigen mit dem Bademeister gedroht.

Aber wann war ich denn so kopffalt geworden? Wieso hatte ich vergessen, wie es sich anfühlt, wenn man mit 13 im Freibad ist? Zwar habe ich mir – aus Gründen – meine Zeit damals nicht mit Pimmelfechten vertrieben, sondern stattdessen auf einem Garfield-Handtuch gelegen und *Denise*-Hefte gelesen. Aber zwischendurch bin ich doch auch kreischend herumgerannt, habe älteren Leuten aus Versehen ihre Pommes aus der Hand gerempelt und bin genau an der Stelle, wo »Nicht vom Beckenrand springen« steht, vom Beckenrand gesprungen. Das konnte doch alles noch nicht so lang her sein? So wie meine Führerscheinprüfung (21 Jahre), mein erster Kuss (25 Jahre), oder dass ich auf dem heimlich ausgeliehenen Walkman meines Bruders die heimlich ausgeliehene Ärzte-Kassette meiner Schwester gehört habe (Kennen Sie noch den Bademeister? Paule heißt er, und sein Lied ist mittlerweile 33 Jahre alt*).

Aber wann genau habe ich angefangen, mich vor Ahoi-Brause zu ekeln? Mich in der Eisdiele für Sorten wie »Mozartkugel« oder »Zimt mit Haselnüssen« zu entscheiden? Seit wann sind Skateboards plötzlich so lang und Verkehrspolizisten so jung, und wieso wird mir neuerdings schlecht, wenn ich mich auf eine Schaukel setze oder die Regenbogenstrecke bei Mario Kart fahren soll? Und wo wir schon dabei sind: Wann zur Hölle habe ich angefangen, einen halben Meter vor dem Fernseher stehend mit dem Controller auf Kinnhöhe zu fahren?!

Vielleicht sollte ich einfach zum nächsten Sandkasten gehen und meinen Kopf da ganz tief reinstecken. Immerhin fühle ich mich jetzt genauso doof, wie ich Leute wie mich früher gefun-

---

* Ja, so habe ich auch geguckt.

173

den habe. Dabei gab es rückblickend eindeutige Anzeichen, dass ich nicht mehr 13 bin. Zum Beispiel vor ein paar Jahren auf dem Geburtstag meines Neffen, als ich die Einzige am Tisch war, die nicht wusste, was ein Chabo ist (oder warum der weiß, wer der Babo ist). Und als ich mir letzten Winter ein paar nigelnagel-nostalgisch-neue 12-Loch-Doc-Martens gekauft habe, habe ich mich keine 5 Minuten Tragezeit später gewundert, wie man es seinen armen Füßen nur so hart gönnen kann? Da liefen bei meinem 13 Jahre alten Ich aber die Tränen. Und zwar vor Lachen, als ich mir am selben Abend noch für das Schuhmodell, in dem ich quasi aufgewachsen bin, ein Lederaufweichspray im Internet bestellt habe. Und während ich mir meine wirklich unfassbar schmerzenden Knicksenkfüße vor dem Zubettgehen mit Arnika-Salbe eingerieben habe, hat mich mein 13-Jahre altes Ich kopfschüttelnd gefragt, was als Nächstes kommt. Eierlikör? Eine Gerry-Weber-Handtasche?

Überhaupt ist mein 13 Jahre altes Ich seit der Geschichte im Freibad vor drei Jahren ein nervtötender Dauergast in meinem Kopf geworden. Einer, der jedes Mal zuverlässig loskichert, sobald ich mir vor dem Schlafengehen Augencreme unter die Lider klopfe oder im Hausflur stehe und die Treppe hochbrülle, dass die Kinder ihre »Halligalli-Musik«* leiser machen sollen. Und als ich neulich einer 16-Jährigen, die vor mir auf dem Fahrrad ohne Handzeichen abgebogen ist, hinterhergehupt habe, hat mein junges Ich genervt die Augen verdreht und mich daran erinnert, dass ich mir in dem Alter während der Fahrt sogar Zigaretten auf der Lenkstange gedreht habe**.

Die Frage ist nur, was mache ich jetzt mit der renitenten Göre in meinem Kopf? Oder mit der Gewissheit, dass offensichtlich nicht nur mein Körper, sondern langsam auch meine Lebensein-

---

* »Ich und mein Holz« 300-mal am Tag. »Ich wünschte, ich wär tot«.
** Ich habe nicht gesagt, dass sie gut waren.

stellungen altern? Immerhin hat es ganz offensichtlich nicht gereicht, dass ich immer noch Kapuzenpullis trage oder morgens auf dem Weg zum Bäcker *Operation Ivy* im Auto höre, denn aus mir ist trotzdem eine Mutti geworden, die im figurformenden Badeanzug mit Kind auf der Hüfte am Beckenrand steht und Jugendliche zusammenscheißt, während ihr der Urin von zehn fremden Babys von den Schultern tropft.

Aber wenn ich genauer darüber nachdenke, hat es ja durchaus rationale Gründe, weshalb ich mich neuerdings in eine nervige alte Schachtel verwandele. Denn im Gegensatz zu 13 Jahre alten, pimmelfechtenden Chabos hat der keifende Babo am Beckenrand einen überaus geschärften Blick für kleine Bobos, die genau dort in ihren Schwimmflügeln planschen, wo 60 Kilo schwere Arschlocherbomben durch die Luft fliegen.

Und wenn ich neuerdings wild hinterm Steuer herumfuchtele, weil eine 17-jährige Fahrradfahrerin ohne Handzeichen abbiegt, dann sicher nicht, weil ich auf einmal einen Spießerfetisch für Verkehrsregeln hege, sondern weil ich gerade eine Vollbremsung machen musste, damit das Mädchen nicht unter meine Räder kommt.

Deshalb, genau aus diesem Grund, scheiße ich Jugendliche neuerdings zusammen. Nicht, weil ich vergessen habe, wie es ist, wenn man 13 oder 17 ist, sondern weil ich momentan einfach besser weiß, wie es sich anfühlt, wenn man als 3-Jähriger im Schwimmbad einen Ellenbogencheck von einem 13-Jährigen kassiert. Oder weil mich der Gedanke nicht loslässt, dass es irgendwann vielleicht mein eigenes Kind ist, das wegen einer fehlenden Geste beim Abbiegen fast überfahren wird (schließlich kann ich mich nicht darauf verlassen, dass es dann einer bummeligen Hausfrau mit Spiderman-Reflexen im Bremsfuß die Vorfahrt nimmt).

Also hab Erbarmen, du augenrollendes junges Ding in meinem Kopf und komm wieder, wenn in zehn Jahren bei uns die

Polizei klingelt, weil die Jungs vielleicht irgendwas geklaut oder beim Schuleschwänzen mein Auto zu Schrott gefahren haben. Denn dann brauche ich ganz sicher ein jugendliches Korrektiv, das den Franz und mich daran erinnert, dass wir selbst mal 17 waren.

Bis dahin ziehe ich meinen Kopf wieder aus dem Sandkasten, weil es okay ist, dass ich jetzt ein »alter Arschlocher« bin. Immerhin habe ich zwei mehr als gute, selbstgemachte Gründe. Damit das altersbedingte Arschlochertum allerdings nicht überhandnimmt, habe ich vorsorglich zwei wichtige Eckpfeiler aus meiner Jugend konserviert: erstens meinen jugendlichen Teint (der immer noch genauso schlecht ist wie mit 13), und zweitens mein butterweiches Herz, welches damals wie heute dem bärtigen Bassisten einer kleinen Hardcore-Combo gehört. Auch wenn sein Bart heute grau und der Bass auf unserem Dachboden unter der Treppe verstaubt ist.

Revenge is a dish best served hot

Weiß Ihre Familie auch nie, was Sie kochen sollen? Oder schlimmer noch: Antwortet sie auf jede Ihrer »Was soll ich kochen«-Fragen mit »Is' mir egal?« Dann habe ich eine Bombenidee. Und mit »ich« meine ich meine Mutter.

Wenn wir zu Hause früher ihre Essensfrage mit »Is' mir egal« beantwortet haben, gab es im Anschluss daran jedes Mal Apfelpfannkuchen. Okay, das klingt jetzt nicht nach einer spektakulären Problemlösungsstrategie. Ist es aber! Denn Sie müssen auf den genauen Wortlaut achten. Jedes Mal. JEDES VERDAMMTE MAL!

Und auch wenn Apfelpfannkuchen jetzt kein Rosenkohlgepampe ist, überlegt man sich nach dem achten Apfelpfannkuchentag in Folge schon genauer, was man als Nächstes für eine Antwort gibt. Meine Mutter hatte nämlich legendäres Sitzfleisch, was das Aussitzen von »Is' mir egal«-Konsequenzen betraf.

Tatsächlich ist diese Form der Heimtücke so herrlich höflich, dass wir für diese Art der Manipulation noch nicht einmal Ärger von Jesper Juul bekommen würden. Die Lösung lautet also: ein persönliches »Is' mir egal«-Rezept. Bei der Auswahl gibt es im Grunde lediglich zwei Dinge zu beachten:

1. Das Gericht sollte schnell und unkompliziert sein. Denn wenn Sie schon in dieser typischen »Was soll ich kochen?«-Stimmung sind, haben Sie in der Regel wenig Lust, einen Seeteufel an Safranrisotto in irgendeinem Mantel zu servieren.
2. Sie müssen konsequent bleiben. Sie müssen bereit sein, wirklich jedes Mal, wenn die »Is' mir egal«-Antwort auf eine

Essensfrage folgt, das »Is' mir egal«-Rezept zu kochen, selbst wenn es allen Teilnehmern bereits aus allen Poren quillt.

Also auf geht's! Nehmen Sie sich ein Beispiel an meiner Mutter und ihren Apfelpfannkuchen. Oder machen Sie es wie ich und nehmen Sie Ihre Sippschaft in Suppenhaft.

Was Sie dazu brauchen?

1 Glas grüne Bohnen
1 Glas weiße Bohnen
1 Sack Kartoffeln
1 Bund Suppengrün
Gemüsebrühe

Was Sie damit machen?

Alles zusammenkippen und 20 Minuten kochen.*

---

* Bin ich Foodblogger, oder wat?!

Alle Mann in Deckung: Mama hat Geburtstag

Seit ich Mutter bin, finde ich Geburtstage doof. Verstehen Sie mich nicht falsch! Das hier wird jetzt kein übliches Gemaule über Motto-Torten-Mütter oder Eltern, die einer Eventagentur 600 Euro zahlen, damit sie nicht selbst Topfschlagen oder Stopptanzen müssen. Erstens sind Motto-Torten total geil (auch wenn das Abgefahrenste, was ich auf die Kuchenkette kriege, bunte Smarties auf dunkler Kuvertüre sind) und zweitens: Da, wo wir wohnen, sind Eltern bislang noch so gnädig und feiern auf einem stinknormalen Spielplatz, wo es Thermomix-Muffins aus der Tupper-Dose und am Abend Pommes* aus dem Backofen gibt.

Meine schlechte Geburtstagslaune konzentriert sich ausschließlich auf den 5. Mai. Das ist nämlich mein eigener und der bei uns zu Hause am sträflichsten vernachlässigte Feiertag im Jahr. Und wer hat Schuld? Na wer wohl? Natürlich meine Mutter. Die hat um unsere Geburtstage früher immer ein Riesenbohei gemacht. Leider hat sie vergessen zu erwähnen, dass das Bohei vorbei ist, sobald man selbst Mutter ist. Dann bringt einem niemand mehr morgens mit der Gitarre ein Ständchen ans Bett. Und es knotet auch keiner Luftballons an den Esszimmerstuhl oder wirft Konfetti auf die Wurstplatte und lässt Frank Zander und seine zu schnell abgespulten Hamster »Alles Gute zum Geburtstag« durch die Küche tröten. Müttergeburtstage sind, mit Verlaub, ganz große, öde Scheiße.

---

* Die traditionell viel später fertig sind als geplant, weil der Ofen verrücktspielt. Oder weil vergessen wurde, ihn vorzuheizen. Oder beides.

Wenn Sie nämlich nicht am Abend vorher bis 22.30 Uhr in der Küche gestanden haben, um sich selbst ein Rührkuchenherz zu backen und die Happy-Birthday-Wimpelkette über den selbst eingedeckten Frühstückstisch zu hängen, ist das Einzige, was den kommenden Morgen von allen anderen unterscheiden wird, Ihr Alter.

Alle Müttergeburtstage, die ich kenne, werden genauso ausschweifend gefeiert wie mein eigener. Müttergeburtstage sind so etwas wie der zweite Weihnachtsfeiertag unter den Familiengeburtstagen. Sie wissen schon, dieser Feiertag, an dem nur noch Reste gegessen werden und alle mit offener Hose vorm Fernseher dösen, während im Hintergrund *Drei Nüsse für Aschenbrödel* läuft. Neu ist das anscheinend aber nicht. Als ich meine eigene Mutter auf diese familiäre Ungerechtigkeit angesprochen habe, hat die nur schulterzuckend erwidert: »Glaubste dat war bei mir früher anders?«

Aber damit ist jetzt Schluss. Wenn Sie künftig genauso frenetisch gefeiert werden wollen wie der Rest der Familie, dann müssen Sie endlich aktiv werden. Denn mal ehrlich: Das Problem mit Müttergeburtstagen ist leider hausgemacht. Mütter selbst haben es verursacht, weil sie jahrelang ihr Hoheitswissen über Gabentisch und Geburtstagszug für sich behalten haben. Wenn Sie also wollen, dass für Sie künftig ein bisschen mehr als »Aprikose in der Hose« herausspringt, müssen Sie anders vorgehen als bisher. Das Stichwort lautet: Qualitätsmanagement.

Das kennen Sie vielleicht von der Arbeit. Also von der richtigen. Der, von der Sie später keine Bügelperlen, sondern eine Rente in der Tasche haben. Sobald dort nämlich innerbetriebliche Prozesse wiederholt durch fehlerhafte Abläufe gestört werden, müssen Qualitätsstandards her. Also auch in Ihrem Fall: Klare Richtlinien, an denen sich Ihre Familie im jährlich wiederkehrenden Ernstfall orientieren kann. Sie wollen Luftballons? Frank Zander? Auf dem Frühstückstisch genauso viele

Blumen und Kerzen, wie auf dem Grab Ihrer Oma an Allerheiligen? Dann notieren Sie das! Hinterlassen Sie Ihren Lieben ein Geburtstagshandbuch, in dem all diese Dinge aufgelistet sind. Checklisten, in denen steht, dass der Geburtstagszug unten im Büroschrank neben den Fotoalben steht und die Lightbox in einem »Je oller, je toller«-Schriftzug leuchten soll.

Sie wollen gefaltete Servietten? Archivieren Sie ein dreieckiges Serviettenmuster. Sie wollen ein Rührkuchenherz? Erstellen Sie das Rezept-Formblatt ISO-GK1 inklusive Einkaufsliste für den idiotensicheren Geburtstagskuchen. Erläutern Sie jeden einzelnen Punkt. Schritt für Schritt. Nehmen Sie sich bei Ihren Ausführungen ein Beispiel an den Hygieneplänen auf Krankenhaustoiletten. Da kann am Ende schließlich auch kein Auszubildender behaupten, er habe nicht gewusst, dass man sich nach jedem Pinkeln und Popeln die Hände desinfiziert.

Das finden Sie jetzt doof? Unnötig? Die faule Bande soll Ihnen gefälligst von selbst ein Krepppapier-Krönchen basteln und »Viva la Mama« rufen, sobald Sie morgens die Treppe herunterkommen? So läuft das aber nicht, Prinzessin. Wenn Sie eine anständige Sause haben wollen, müssen Sie endlich aufhören, von sich auf andere zu schließen. Denn nur, weil für Sie ein Gummibärchenherz auf dem Essteller zur Grundausstattung gehört, heißt das noch lange nicht, dass Ihre Partypraktikanten zu Hause das genauso sehen. Also setzen Sie sich hin und halten Sie schriftlich fest, dass die Buchstaben für die Lightbox in einer pinken Kiste mit weißen Punkten auf dem Wohnzimmerregal mit den Terry-Pratchett-Büchern liegen, und erinnern Sie Ihren Mann daran, dass er die Kinder an selbstgemalte Bilder erinnern soll. (Denn Leute, die glauben, dass Kinder von ganz allein auf die Idee kommen, Sonne, Mond und Herzen für die Mama zu malen, die glauben auch, dass die Erde eine Scheibe ist, die von vier Elefanten auf dem Rücken einer Schildkröte durchs All gerudert wird.)

Etwa drei Tage vor Ihrem errechneten Geburtstagstermin lassen Sie dann die Bombe platzen. Händigen Sie Ihrer Familie das idiotensichere Kompendium für standardisierte Partyprozesse aus. Und es wird großartig werden. Denken Sie nur an die erleichterten Gesichtsausdrücke Ihrer Lieben, die nun endlich wissen, was Sie neben Last-Minute-Geschenken in Last-Christmas-Papier noch alles tun können, damit Sie glücklich altern.

Sollte sich jetzt allerdings Ihr Geburtstag trotz intensivster Bemühungen Ihrerseits immer noch nicht vom zweiten Weihnachtsfeiertag in den Heiligabend unter den Familiengeburtstagen verwandelt haben, dann müssen Sie härtere Saiten aufziehen. Leider. Das ist zwar nicht schön. Aber wenn die Mischpoke immer noch zu faul ist, um Ihnen zum Frühstück drei Luftballons aufzublasen, dann bleibt Ihnen halt nichts anderes übrig. Sie werden Ihre gesamte Familie heimlich zwangskonvertieren. Und zwar in eine Religionsgemeinschaft, in der Geburtstage einfach gar nicht erst gefeiert werden.

Die langen Gesichter möchte ich sehen, wenn meine Familie am 5. Februar, am 10. September oder am 28. Dezember Zeuge wird, wie ich mit irren »Jehova! Jehova!«-Rufen unter dem Küchentisch hervorspringe. Kein Geburtstagszug, keine Kerzen. Nur Graubrot und Aldi-Marmelade, so weit das Auge reicht. Denn wenn ich ohne Nippes und Luftschlangen untergehen muss, dann reiß ich euch alle mit!

Kinderüberraschung

Wenn ein Spermium und eine Eizelle miteinander verschmelzen, entsteht neues Leben. Dass aber jedes neue Leben so unterschiedlich ausfällt, erstaunt regelmäßig alle Eltern, die nach dem ersten Kind noch Zeit hatten, weitere zu zeugen. Denn auch wenn Sie Ihre Kinder auf alten Fotos oft nur anhand von winzigen Details unterscheiden können (»Nee, das muss der Große sein. Das da im Hintergrund ist die Tapete aus der Wohnung in Bad Abbach«), unterscheiden sie sich charakterlich oft wie Tag und Nacht.

Da ist vielleicht das eine Kind, das bereits von Geburt an so wenig geschlafen hat, dass Sie sich selbst tagsüber an jeder roten Ampel mehrfach ohrfeigen mussten, um nicht hinterm Steuer einzunicken, während das zweite so gemütlich daherkam, dass Sie sich nachts mehrmals mit dem Ohr an der kleinen Nase vergewissert haben, ob sie noch Luft holt. Dafür ist das gemütliche Kind ein paar Jahre später aber auch das Kind, das vielleicht nicht alles mit Ihnen ausdiskutieren will, sondern sich stattdessen einfach grinsend in den Hausflur legt und totstellt, statt zu kooperieren.

Da kann man sich als Eltern schon mal fragen, wie es sein kann, dass das gleiche genetische Stelldichein so unterschiedliche Ergebnisse erzielt hat. Glaubt man meiner Hindu-Freundin Deepika, liegt die Ursache hierfür übrigens in der unterschiedlichen Sternenkonstellation zum jeweiligen Zeitpunkt der Geburt. Wenn also beispielsweise die letzte Presswehe nicht im Angesicht der Venus, sondern in dem des Uranus erfolgte, stehen die Chancen also gut, dass Ihr Kind Sie später nicht mit aufge-

183

hauchten Atemherzchen verabschiedet, sondern seinen Strumpf-hosenpopo von innen an die Scheibe der Kindergartenturnhalle drückt und »Küss main Hinnn-tannn!« schreit.

Aber egal ob nun Horoskop oder »human nonsense«, wie es der Zentaur Firenze aus *Harry Potter* nennt. Am Ende ist jedes Kind, das Sie bekommen, einfach anders. Ein Unikat. Auch wenn es aus derselben Form gepresst wurde.

Wir können nur Jungs

Immer, wenn ich an der Supermarktkasse mit meiner Mutter verwechselt werde, mache ich einen Termin bei Helia. Helia ist meine Friseurin und die bildschöne Version eines persischen Hobbits. Am liebsten möchte ich ihr jedes Mal zur Strafe ihre ebenholzfarbenen Locken langziehen, wenn sie mir meine nassen dünnen Haare um mein Mondgesicht herumscheitelt. Als wäre der schwarze Rollkragenkittel am grell ausgeleuchteten Fensterplatz nicht schon schlimm genug. Jedenfalls saß ich neulich wieder bei ihr, damit sie mich 20 Jahre jünger färbt, als es gleich zu Anfang aus ihr herausplatzte. Der Franz solle mir noch ein Baby machen. Unbedingt. Helia ist nämlich nicht nur sehr direkt*, sondern auch wieder schwanger und doppelt aus dem Häuschen, seit sie das Geschlecht ihres neuen Babys kennt. Ich winkte lächelnd ab und versicherte ihr, dass ich mit den Jungs mehr als ausgelastet sei. Daraufhin verdrehte sie nur ihre Augen.

»Isch meine doch ein Meeedschen, Liebes«, seufzte sie und zog das Wort »Meeedschen« zärtlich in die Länge. »Für später. Jungs hast du jetzt. Mama hier, Mama da. Kusskuss. Mama ist Beste. Und kaum sind Jungs groß: Tschüß! Pfschhhh …« Sie deutet mit dem Blondierungspinsel in der Hand eine Wegwerfgeste über ihre Schulter an, bevor sie seufzend fortfährt: »Aber ein Meeedschen … ein Meeedschen hast du für immer.«

Ach Helia, wenn du wüsstest, wie oft ich dieses Gespräch schon geführt habe. Wenn man nämlich wie wir nur eine Sorte Kinder hat, bekommt man ständig zu hören, was man alles ver-

---

* »Pony? Mach isch nisch. Sieht scheiße aus an dir.«

passt. In meinem Fall reicht die Liste traditionell von Flechtfrisuren und Hilfe im Haushalt, über vererbten Schmuck und gemeinsames Sissi-Taschentuchkino, bis hin zu den regelmäßigen Anrufen im Altersheim, die man offensichtlich knicken kann, wenn man nur Söhne großzieht. (Das Gleiche in Grün, pardon, Blau, bekommt übrigens auch immer ein bekannter Vaterfreund zu hören, der beim Befruchtungslotto drei Töchter gezogen hat und deshalb, so die allgemeine Verunsicherung, leider niemals ein Baumhaus hochziehen, die F-Jugend anschreien oder eine Carrerabahn zusammenschrauben wird.)

Dabei ist meine Mutterschaft mit den dauerraufenden Kampfrülpsern gar nicht so trostlos, wie oft angenommen wird. Tatsächlich durfte hier auch schon *Ronja Räubertochter* vorgelesen werden und *Tinkerbell* über den Bildschirm flattern. Bereits unzählige Male wurden mir herrlich bescheuerte Flechtfrisuren auf dem Kopf zusammengezimmert, und selbst die ein oder andere Bremsspur im Bad konnte bereits ohne weibliche Unterstützung entfernt werden.

So reagiere ich immer auf diese Art von Unterhaltungen: Schulterzucken. Lachen. »Presswehen, nein danke!« Und wenn mir im Frühjahr wieder jemand feixend in die Rippen schubst, weil der Storch vor unserem Haus gelandet ist, werde ich wie immer »Nix da!« grinsen und eine unsichtbare Schrotflinte auf sein Nest abfeuern.

Stattdessen könnte ich aber auch sagen, dass es ein großes Glück ist, dass es dieses kleine, Kettcar fahrende Glück auf unserem Hof überhaupt gibt. Ich könnte erzählen, dass bereits sechs Schwangerschaften nötig waren, um heute diese beiden Kinder abends zuzudecken. Oder aber, dass es gar nicht stimmt, dass wir nur Jungs können. Aber wer möchte schon in einer augenzwinkernden Unterhaltung gerne hören, dass das Herz unseres kleinen Mädchens bereits in der 14. Schwangerschaftswoche wieder aufgehört hat zu schlagen?

Denn genau darin liegt das Problem in der augenzwinkernden Unterhaltung über Familienplanung. Niemand weiß, ob hinter all dem Abwinken und Scherzen vielleicht etwas anderes als eine Anekdote steckt. Vielleicht ein dumpfer, unsichtbarer Schmerz aus geplatzten Elternträumen und positiven Schwangerschaftstests, die nach viel zu kurzer Zeit wieder im Plastikmüll gelandet sind. Und das sind nicht die einzigen Landminen, die man mit ungebetenen Fragen auslösen kann, sobald man das Fortpflanzungsterritorium fremder Leute betritt. (Fragen Sie doch mal kinderlose Paare, »Ein-Kind ist kein Kind«-Eltern oder Singles über 30.*)

Dabei sollte man doch eigentlich annehmen, dass gerade Frauen eine gewisse Routine im Umgang mit Fragen rund um ihre Familienplanung haben müssten. Ich selbst gebe doch bereits seit meinem 18. Lebensjahr darüber Auskunft, nachdem man mir schon meinen allerersten Arbeitsvertrag erst über den Schreibtisch geschoben hat, nachdem ich versicherte, dass meine Gebärmutter noch für viele Jahre hormonell versiegelt sei. Natürlich mit dem augenzwinkernden Hinweis, dass die Frage ja streng genommen nicht erlaubt sei. Eine Menge Leute scheint wirklich zu glauben, dass ihr Augenzwinkern jegliche Verletzungen von Privatsphäre neutralisieren würde.

All diese Gedanken gehen mir durch den Kopf, während er mittlerweile unter Helias Trockenhaube steckt. Aber dennoch will ich keinen einzigen davon aussprechen. Zum einen, weil ich nicht über Komplikationen in der Schwangerschaft reden möchte, wenn ich mich auf Augenhöhe mit einem Babybauch befinde. Aber vor allem, weil ich durch meine Geschichte nicht den falschen Rückschluss wecken möchte, dass es sich bei meinen Söhnen um B-Ware handelt.

---

* Nicht. Fragen Sie sie nicht. Niemals! Egal wie sehr Ihnen die Frage nach der Fruchtbarkeit Ihres Gegenübers unter den Nägeln brennt.

Denn das stimmt nicht. Es mag sein, dass ich manchmal melancholisch werde, wenn mir beim Aufräumen die Süßwasserperlenkette meiner Oma in die Hände fällt. Oder ich nur einen Blick auf meine Verwandtschaft werfen muss, um zu wissen, wer im Advent die Päckchen packt und Weihnachtskarten schreibt. Aber auch wenn mir an manchen Tagen vielleicht eine Träne mehr aufs Kissen tropft, während ich *Gilmore Girls* schaue, sind meine Söhne keine Trostpreise. Sie sind mein Hauptgewinn. Mein innigster Stolz. Und so wie man am Abend in unserem Bett keine einzige Stelle finden wird, welche nicht von den beiden Herzenskindern warmgefurzt wurde, gibt es auch in meinem Herzen keinen einzigen Winkel, der nicht von der Liebe und Dankbarkeit für die zwei durchdrungen ist.

Und als Helia am Ende mein frisch gefärbtes Haar über die Rundbürste föhnt, ist es genau das, worüber wir schließlich reden. Über diese hintersten Winkel und genau die Kinder, die für jeden von uns irgendwann bestimmt worden sind.

Das Ende der Arschbombe

Verwirrt starre ich in das Gesicht meiner Schwägerin. »Ich bin was!?« Noch immer hocke ich am Rand meines Schulsport-Vergeltungs-Triathlons und kann nicht glauben, was ich soeben gehört habe. »Du bist zwei Runden zu wenig geschwommen.« wiederholt sie ihren unseligen Satz. Und während sie mit einer Hand ihren hübschen kleinen Bauch hält, legt sie mir die andere auf die Schulter und hockt sich neben mich auf den Rasen. Ich bin fassungslos. Und zum Teufel, ich trage ja immer noch die scheiß Schwimmbrille! Ich ziehe sie vom Gesicht und springe, plötzlich mit neuer, ungeahnter Kraft erfüllt, vom Boden auf.

Ja, es stimmt. Die Geschichte von Franz, der meiner Mutter als 16-Jähriger mit den Worten: »Ich habe es wirklich versucht. Aber es ist hoffnungslos« das Geld für den Nachhilfeunterricht wieder zurückgegeben hat, ist genauso wahr, wie die letzten, an mich gerichteten Worte meines damaligen Mathelehrers Herrn Bernholt, der mir bei der Schulabschlussfeier die Hand schüttelte und sagte: »Es war, als ob man einen Stein unterrichtet.«

Was ich aber, ungeachtet der langen Liste meiner mathematischen Misserfolge mit absoluter Sicherheit garantieren kann, ist, dass ich bis acht zählen kann. Ganz ehrlich. Sehen Sie selbst: Eins, zwei, drei, vier, fünf, sechs, sieben, acht. Das war ganz einfach, und ich habe das jetzt weder vorher gegoogelt noch irgendwo abgeschrieben.

Aus diesem Grund schwöre ich der Fisimatante sofort und eindringlich, dass ich auf jeden Fall die vollen acht Bahnen geschwommen sei. Und wenn eine Bahn 50 Meter lang ist, und ich acht davon geschwommen bin, dann ergibt dies am Ende selbst für einen Einmaleins-Nixblicker wie mich, der die Mathehausaufgaben seines Grundschulkindes unter der Tischplatte heimlich mit den Fingern nachrechnet, genau 400 Meter. Also exakt die Distanz, die für diesen Triathlon vorgesehen war.

Aber die Fisimatante schüttelt nur mitleidig ihren Kopf und rafft sich jetzt ebenfalls wieder auf. »Das mag schon sein«, fährt sie mit einer Stimme fort, die man normalerweise für Kleinkinder reserviert, die eines Morgens beschließen, dass der linke Schuh am rechten Fuß getragen werden soll. »Aber der offizielle Start deiner Staffel war viel später.« Hä? Mein Hirn kann diese Information nicht verarbeiten. Stattdessen versuche ich mir noch einmal die Situation wieder ins Gedächtnis zu rufen.

Das Durcheinander. Die ständig wechselnden Startbahnen. Eine Ordnerin, die mich auf mein Fragen ins Wasser winkt und schließlich die Gruppe freundlich winkender Leute, die am Ende meiner zweiten Bahn so einen Stau verursachen. Und auf einmal lichtet sich der Nebel in meinem Kopf. Oh Gott, die haben mich gar nicht angefeuert? Die wollten, dass ich mich beeile, weil ich den offiziellen Start verzögert habe?

Mir wird ganz flau. Meine Ohren färben sich rot wie Feuermelder, als vor meinem geistigen Auge plötzlich noch einmal die Fisimatante auftaucht …

Ich stolpere halb blind und mit immer noch festgesaugter Brille auf der Nase an den Hilde-Hooligans vorbei und werfe dabei fast die schwangere Fisimatante um, die sich mir plötzlich wild fuchtelnd in den Weg stellt.

»ANDREA!! DU MUSST DA WIEDER REIN!! DU BIST NOCH NICHT FERTIG!!«

Ich nehme ihre fuchtelnden Hände in die meinen. Und da ich zu kaputt zum Hüpfen bin, schüttele ich ihr die Hände und keuche außer Atem: »Jaaaa … ich weiß … Hab's…geschafft!«

»Aber die Ordnerin mit dem Klemmbrett hat doch gemeint, ich soll losschwimmen«, jammere ich los, als mir das ganze peinliche Ausmaß der Situation bewusst wird. Jetzt kann die Fisimatante ihr Lachen kaum noch unterdrücken. »Die dachte, du willst dich vorher warmschwimmen.«

›Ich muss hier weg‹, denke ich. Ich muss dringend jemand Offizielles finden. Meine Erschöpfung hat sich quasi in Luft aufgelöst. Ich hetze von der Wechselzone zurück in den Schwimmbereich. Aber hier ist alles verwaist. Die Schwimmstaffeln sind bereits alle fertig. ›Das darf doch nicht wahr sein‹, hallt es weiter durch meinen Kopf, während mein Blick auf der Suche nach offiziellem Beistand hin und her schweift. Da endlich kommt mir eine der Organisatorinnen entgegen. Ich laufe zu ihr hinüber und beginne mit Händen und Füßen meine verpeilte Schande zu gestehen. Ich lasse Entschuldigungen im dreistelligen Bereich vom Stapel und bin einen halben emotionalen Zentimeter vom Losheulen entfernt. Aber anscheinend kapiert die ehrenamtliche Gute das ganze Ausmaß der Affäre nicht. Stattdessen tätschelt sie die 43 auf meinem Oberarm und sagt: »Ach, ist schon okay.«

Ist schon okay? Gar nichts ist okay! Ich habe einen unehrenhaften Sieg errungen und fordere ein Mindestmaß an Bestrafung. Eine öffentliche Richtigstellung. Vielleicht mit einem Megaphon. Während der Preisverleihung.

»Meine Damen und Herren, bevor wir die Sieger unseres diesjährigen Triathlons verkünden, wollen wir noch darauf hinweisen, dass die Teilnehmerin mit der Startnummer 43 sich heute vorzeitig und somit rechtswidrig aus dem Schwimmbe-

*cken entfernt hat und deshalb mit sofortiger Wirkung blabla-
bla *irgendwas Gemeines* blablabla!«*

Aber statt mir mit irgendeiner Form von Konsequenz zu drohen,
lächelt sie nur und winkt ab: »Ach, hier geht's doch hauptsächlich um den Spaß.«

›Pah! Um den Spaß‹, denke ich und beiße eine heiße Dusche später in mein drittes Stück Kuchen. Der Kuchen schmeckt
nicht. Er ist überteuert und obendrein furztrocken und ge-
schmacksneutral. Aber leider gibt es auf dieser verfluchten Kack-
veranstaltung nichts anderes, und ich bin viel zu frustriert und
unterzuckert, um jetzt noch weitere Ansprüche zu stellen. Ich
habe es vergeigt. Meine ganze schöne Geschichte ruiniert. Die
Geschichte von der Sportgurke, dem Underdog, der heute hier
angetreten war, um sich und seinen Kindern zu zeigen, dass es
nie zu spät ist, das zu werden, was man hätte sein können. Und
jetzt? Eine schöne Scheiße war das. Nur ohne schön.

Meine Laune wird auch nicht besser, als der Franz etwa zwan-
zig Minuten später wieder eintrudelt, und unsere Kinder, noch
bevor sein Rad zum Stehen kommt, im Chor quer durch die
Wechselzone grölen: »PAAA-PAAA! DIE MAMA HAT GEFUUU-
DELT!« Sichtlich verwirrt klatscht er *den Jungen* ab, der sich nun
auf die letzte Etappe unseres »Frauenpower«-Triathlons begibt.

Der Franz ist schweißgebadet. Das ist kein Wunder. Immerhin sind es mittlerweile über 30° Grad, und ich bin mir sicher,
dass er seinen Streckenabschnitt ohne Abkürzung absolviert hat.

»Ich hab dir doch gesagt, vom Adrenalin ist man ganz ver-
peilt!«, entgegnet er, nachdem er die ganze Geschichte schließlich aus meinem eigenen Mund erfährt. Aber im Gegensatz zu
mir fegt auch er, so wie die Ordnerin und seine Schwester zuvor, die Geschichte mit einem Schulterzucken vom Tisch. »Ist
doch jetzt egal«, meint er und beißt in eine der Bananen, die er
sich ein paar Meter weiter besorgt hat. An einem Stand, von dem

jetzt um mich herum alle behaupten, der würde schon die ganze Zeit über Iso-Getränke, Obst und Müsliriegel an die Teilnehmer verteilen. Mit einem Paar zu engen Schlitzen verzogenen Augen nehme ich auch diese Tatsache zur Kenntnis. Ich bezweifle, dass dieser Tag und ich noch Freunde werden.

Drei Bananen später riecht der Franz, dem immer noch der Schweiß vom Kinn aufs Trikot tropft, wie ein Iltis, weshalb er sich auf Anraten ebenfalls in die Dusche begibt. Die Fisimatante und ich suchen derweil mit den Kindern einen Sitzplatz. Nach einer Weile werden wir fündig und landen auf einer kleinen Anhöhe mit gutem Blick auf den Zieleinlauf, wo wir auf *den Jungen* warten. Die Kinder sind selig, weil die Tante ihnen unterwegs zwei blinkende Flummis aus einem Kaugummiautomaten gezogen hat. Und während ich mich unter einen Baum mit Richtungspfeil setze und über den Sinn und Unsinn von Schnapsideen nachdenke, hält besagte Tante, die zu Hause gebliebene per WhatsApp auf dem Laufenden. Das macht ihr offensichtlich großen Spaß. Denn auf jeden Satz, den sie leise gackernd in ihr Handy tippt, folgt ein leises Vibrieren, was bedeutet, dass ihre Schwester von ihrem Düsseldorfer Sofa aus, wo sie ihre kaputte Achillesferse kühlt, einen weiteren Lachtränen-Smiley versendet hat. Schlimm.

Als der frisch geduschte Franz schließlich wieder zu uns stößt, biegt kurz darauf auch schon *der Junge* um die Ecke. Der Große sieht ihn als Erster. Auf sein Kommando springen wir alle auf. Und während *der Junge* nun zu einem allerletzten Sprint auf der Zielgeraden ansetzt, feuern wir ihn lautstark an. Er war reichlich flott. Das muss man neidlos anerkennen. Außerdem bestätigt er auf Nachfrage, sich unterwegs kein einziges Mal verlaufen zu haben (ein Umstand, der an einem Tag wie diesem, auf jeden Fall lobend erwähnt werden sollte).

›Das war es also‹, denke ich, nachdem sich unser aller Wege etwa eine Stunde später wieder auf dem Parkplatz trennen. Mein allererstes freiwilliges Sportfest. Ich kam, sah und beschiss. So zumindest lautete das Urteil unserer Kinder, die nicht müde wurden, diesen Umstand zu betonen.

Am Ende hatte der unerwartete Verlauf aber vielleicht auch sein Gutes. Immerhin standen die Chancen vorher ziemlich gut, dass ich diese Geschichte zu einer allzu eitlen Selbstreflexion verwurste. Ich denke, wir sind uns alle einig, dass diese Gefahr nun nicht mehr besteht. Aber abgesehen davon, dass ich am Ende dieses Triathlons nicht nur meine offizielle, sondern auch unehrenhafteste Bestzeit geschwommen war, hatte ich (mir) an diesem Tag noch etwas anderes geleistet. Nämlich endlich den Rat meines Schwimmlehrers zu beherzigen, den er mir vor über einem Jahr während unserer allerersten Schwimmstunde gegeben hatte: »Du musst diesen alten Scheiß endlich hinter dir lassen.«

So machte sich am Ende doch noch ein wenig Zufriedenheit in meinem Sportgurkenherzen breit. Denn während besagter Schwimmlehrer und ich schließlich unsere sieben Sportsachen und zwei Kinder wieder ins Auto packten und nach Hause fuhren, wurde mir klar, dass ich diesem Ziel trotz allem ganze 400 Meter näher gekommen war. Oder um es mit den Worten von Homer Simpson zu sagen: »Man kann das Wort unehrenhaft nicht ohne das Wort ehrenhaft buchstabieren.«

Friedhof der Kuscheltiere

Haben Sie auch einen Gerätefriedhof? Das ist ein Ort, an dem Sie all den Küchenkrempel aufbewahren, von dem Sie irgendwann mal geglaubt haben, dass Sie ihn regelmäßig benutzen würden. Wie zum Beispiel den Standmixer. Bei dessen Anschaffung haben Sie sich damals fest vorgenommen, dass er ihnen künftig jeden Morgen einen ultragesunden Smoothie mixt. Sogar ein halbes Kilo Chia-Samen hatten Sie eigens für dieses noble Frühstücksunterfangen angeschafft. Bis Sie dann erschrocken feststellten, dass nicht alle Teile spülmaschinenfest sind. Oder aber Sie immer öfter vergaßen, pürierbare Lebensmittel einzukaufen. Jedenfalls kühlte sich Ihre Beziehung zum Standmixer langsam, aber sicher immer weiter ab. Und als dann noch ein Ernährungsexperte kam und Ihnen und den anderen Superfood-Trotteln erklärte, dass man mit dem Vogelfutter aus Südamerika auch nicht besser pupern könne als mit Leinsamen aus Schleswig-Holstein, war es schließlich aus. Bye-bye, One-Night-Standmixer. Ruhe in Frieden neben dem Mini-Donut-Maker, mit dem Sie eigentlich … Ach, egal.

Unser Gerätefriedhof befindet sich übrigens in einem Einbauschrank im Hauswirtschaftsraum links neben dem Kondenstrockner* und trägt den Namen »Schrank der Schande«. Unsere Kinder hingegen haben ihren eigenen Gerätefriedhof. Sie nennen ihn »Kinderzimmer«. Im Gegensatz zum Schrank der Schande kommen sie aber nicht mit zwei Einlegeböden aus. Vielmehr verteilt sich ihr eigener Krempel auf, hinter, in und un-

---

* Das ist wichtig, falls Sie irgendwann bei uns einbrechen möchten.

ter ihren Betten, Böden, Schränken und Regalen. Dabei handelt es sich um einen bunten Mix aus Andenken, Bastelabfällen und ehemaligen Wunschzettelträumen.

Es gibt Tage, da möchte ich beim Betreten der Zimmer am liebsten ein brennendes Streichholz fallen lassen und die Tür wieder schließen. Das geht natürlich nicht. Schließlich wohnen wir hier zur Miete. Außerdem brauche ich mich gar nicht zu beschweren. Immerhin habe ich selbst einen Großteil der Spielzeugflut verursacht. Zum Beispiel den Hamster, auf den ich heute Morgen getreten bin. Den habe ich höchstpersönlich hier angeschleppt. Dabei hätte ich bereits beim Kauf wissen müssen, dass, sobald die erste Begeisterungswelle vorübergeschwappt ist, die Kinder den kleinen *Bam Bam* vernachlässigen würden. Das Gleiche gilt übrigens auch für die berühmten drei K's: Kinderküche, Kugelbahn und Konstruktionsspielzeug. Auch hier waren wir Eltern an der Anschaffung maßgeblich beteiligt. Damals, als wir noch jung und naiv waren. Als wir noch nicht wussten, dass all diese Dinge nicht nur die Fantasie und Motorik der Kinder, sondern auch die schlechte Laune ihrer Eltern fördern, wenn sie regelmäßig auf allen vieren durch die Wohnung rutschen, um die überall herumfliegenden Holznudeln und Glasmurmeln einzusammeln. Ganz zu schweigen vom unangenehmen Gefühl, wenn die winzigen Spinat- und Waschmittelverpackungen aus dem Kaufladen unter dem Hausschuh nachgeben.

Aber selbst, wenn Sie sich als Eltern in Anschaffungsdemut üben, kommt Ihnen immer irgendwer in die Quere. Glauben Sie mir, die Leere eines Kinderzimmers will gefüllt werden. Und wenn schon nicht von Ihnen, dann von anderen. Zum Beispiel von der Verwandtschaft. Das sind diese lieben Menschen, die in Gegenwart Ihrer Kinder so gerne Spendierhosen tragen und Sie immer mit großen traurigen Augen anschauen, sobald Sie die Devise »Aber nur *ein* Teil!« ausgeben.

Schließlich wünschen sich viele dieser Menschen nichts sehnlicher, als dreimal im Jahr ihr Geld aus dem Fenster zu werfen. Und wenn sie es nicht für zu große oder zu teure Dinge hinauswerfen, dann kommen sie mit hundert Kleinigkeiten um die Ecke. »Ach komm«, heißt es dann augenzwinkernd. »Ist doch nur ein Stickerbogen/Pixie-Buch/Wendy-Heft oder (mein persönlicher Favorit:) niedlicher kleiner Bärchenblock für Notizen.« Tja, die haben alle gut schenken. Von denen muss am Ende des Tages ja auch keiner den ganzen Krempel von A nach B räumen (oder ihn heimlich entsorgen). Und überhaupt, haben Sie schon einmal ein Kind gesehen, das sich Notizen macht? Wie muss ich mir das vorstellen? »Oh, bevor ich es vergesse, schreibe ich mir lieber auf, dass ich nach dem Kindergarten mittagesse und anschließend die Kieselsteine auf dem Gehweg verteile.«

Dabei verstehe ich ja durchaus die Anziehungskraft von Kuscheltieren. Oder eines Magnetpuzzlebuches, das bei der Postenbörse drastisch reduziert wurde. Aber am Ende ist das Magnetpuzzleschnäppchen eben genau so lebensnotwendig wie der Ananasschneider im Schrank der Schande (der, mit dem Sie genau eine Ananas zerlegt und sich am Ende der Sauerei überhaupt nicht mehr gewundert haben, warum er zum Zeitpunkt der Anschaffung bereits zweimal reduziert war).

Und was der durchschnittliche Kuscheltierkäufer ja auch nicht bedenkt: Je mehr Kuscheltiere sich auf den Bettkanten im Kinderzimmer tummeln, umso mehr glubschäugige Polyester-Spanner starren auf die armen Eltern, die vielleicht wegen akutem Platz- und Sexmangel in ihrem eigenen Schlafzimmer auf das der Kinder ausweichen müssen.

Aber ich will nicht nur auf Verwandten und Bekannten herumhacken, denn auch wildfremde Menschen drücken Ihren Kindern mit Vorliebe kleine und vor allem sinnlose Aufmerksamkeiten in die Hand. Tatsächlich vergeht kaum ein Tag, an dem ich nicht über irgendeinen Give-away-Kram aus Restaurants oder Geschäften stolpere.

Ein Praxisbeispiel gefällig? Aber gerne doch. Neulich war ich mit beiden Kindern beim Zahnarzt. Und nachdem ihnen dort tipptoppe Zähne attestiert wurden, durften sie sich zur Belohnung jeder sogar zwei Sachen aus der »Schatzkiste« an der Anmeldung abholen. Na toll. Als wäre *ein* chinesischer Plastikschiss nicht genug! Zumal ich ehrlich gesagt keine Ahnung habe, was unsere Kinder mit dem guten Zustand ihrer Zähne zu tun haben. Schließlich bin ich es, die zweimal täglich neben den zwei Hafensängern steht und darauf achtet, dass sie nicht nur heimlich Wasser über ihre Zahnbürste laufen lassen und »Fertig« schreien. Aber durfte ich mir deswegen schon mal einen Long-Island-Ice-Tee an der Anmeldung abholen? Von wegen. Jedenfalls fiel die Wahl der Kinder schließlich auf eine Wabbelspinne, ein fünf Zentimeter langes Lineal, eine Miniatur-Barbie und eine Schlangenkette, die aus mindestens zehn Einzelteilen bestand.

Das Ende vom Zahnputzlied: Noch während wir auf dem Parkplatz stehen, fallen der Billig-Barbie beide Arme ab. Beim Anlegen der Schlangenkette brechen dem zweiten Kind die Hälfte aller Plastikhäkchen durch. Und während ich mit zwei heulenden Kindern wieder nach Hause fahren darf und mich frage, was zum Henker man eigentlich mit einem fünf (!) Zentimeter langen Lineal ausmessen soll, spuckt der Kleine mir, zu Hause angekommen, beim Abschnallen mit den Worten »sneckt komis« die Überreste der Wabbelspinne in die Hand. Noch Fragen?

Dabei gönne ich unseren Kindern doch ihre ganzen Geschenke. Die großen und kleinen. Tatsächlich weiß ich es an manchen Tagen durchaus zu schätzen, dass unsere Kinder am Ende einer Einkaufstour mit Gratisbrötchen vom Bäcker, Kinderwurst vom Metzger und einer kleinen Tüte Gummibärchen am Postschalter quasi schon zu Abend gegessen haben. Aber abgesehen von den unfreiwillig zusammengeschnorrten Mahlzeiten bereitet mir die Spielzeugflut in ihren Kinderzimmern oft körperliche Schmerzen. Und zwar nicht nur, wenn ich barfuß auf ein spitzes, kleines Lego-Scheißerchen trete.

Es ist eher mein Gewissen, das mir im Magen liegt, sobald ich diesen Friedhof der Kuscheltiere betrete. Dabei müsste ich meinen eigenen Ball an dieser Stelle eigentlich flach halten. Immerhin besitze ich neben meinem Gerätefriedhof im Hauswirtschaftsraum noch etliche andere Friedhöfe, welche den vollgestopften Zimmern unserer Kinder in nichts nachstehen. Zum Beispiel der Strickjacken- und Strumpfhosen-Friedhof in meinem Kleiderschrank. Oder der Teelicht- und Deko-Gläser-Friedhof, mit dem ich jederzeit eine Lichterkette von hier bis Meppen bilden könnte. Nicht zu vergessen mein Turnschuhfriedhof oder der gut gefüllte »Kosmetikschrank der Schande« im Badezimmer.

Bevor ich also das nächste Mal unseren Kindern beim Betreten ihrer Zimmer mit »eBay« oder »Flohmarkt« drohe, sollte ich vielleicht erst einmal meine eigene Nase putzen.

Und was den armen *Bam Bam* angeht: Seine sterblichen Überreste haben ihre letzte Ruhe neben dem Dörrobstautomaten gefunden. Zumindest so lange, bis ich einen dieser winzigen Kreuzschlitz-Schraubenzieher im Werkzeugkasten-Friedhof gefunden habe. Schließlich sollte man seinen elektronischen Impulskauf-Hamster der Umwelt zuliebe nicht mit Batterien entsorgen. Denn das wäre ja sonst eine ökologische Schande, oder?

ODER?!

Kein Balg mit Kacknamen an Bord

Huhu lieber Autofahrer, der du letztens vor mir an der Ampel standst,

laut deinem Heckscheibenaufkleber hast du also etwas gegen Eltern, die ihre Kinder Soraya-Chantal oder Jason-Tyler nennen. Aber warum eigentlich? Ich vermute, die Eltern von Soraya-Chantal und Jason-Tyler haben ja auch nichts gegen dich, nur weil du dir an deinen 20 Jahre alten Golf C einen Sportauspuff geschraubt hast, damit deine 2.000-Euro-Karre wie ein GTI klingt.

Meint ja nur
Karmalotta-Bitchualia

Die Kinder von heute

Neulich erzählte mir mein Neffe von einem Jungen namens Tom. Genau wie mein Neffe besucht Tom die 5. Klasse, und dieser Junge sei, wie mir meine Schwester versicherte, ein ausgesprochener Härtefall. Ständig würde er irgendeinen Mist bauen, sich mit seinen Lehrern anlegen, Schlägereien anzetteln und die Schule schwänzen. Auf meine Frage nach den Eltern, entgegnete meine Schwester, dass der Junge wohl bei einer Tante aufwachse, die eine vom Jugendamt initiierte Pflegschaft für ihn innehabe. Trotz allem schwingt in der Stimme meines Neffen immer ein wenig Bewunderung mit, wenn er beispielsweise berichtet, wie Tom heimlich in der Pause eine Zigarette geraucht hat oder Sozialstunden für das eingeworfene Fenster des Schulfahrradkellers ableisten muss.

Bei mir schwingt ja bei jeder neuen Tom-Geschichte eher ein »Alter Falter« mit, denn im Gegensatz zu Scheiben einschmeißen und Schule schwänzen bestand mein 5.-Klasse-Alltag hauptsächlich aus »My Melody«-Parfüm und dem Warten auf die nächste Folge *Alf.* Allerdings ist es ja auch kein Geheimnis, dass Kinder heute in vielerlei Hinsicht krasser sind als früher. Auch unsere Kinder haben sich schon Sachen geleistet, die ich mich als Kind im Leben nicht getraut hätte.

Zum Beispiel hat der Kleine neulich in einem fürchterlichen Wutanfall einen nagelneuen Wollpullover zerschnitten. Da war ich wirklich platt. Angefangenen hatte das Ganze mit einem Geschwisterkrach. Es war noch früh am Morgen gewesen und die Kinder noch keine fünf Minuten wach, als bereits ein irrsinniger Streit unter ihnen entbrannt war. Sie kennen das: Eben noch stehen die beiden friedlich nebeneinander am Waschbecken und helfen sich gegenseitig beim Aufschrauben der Zahnpastatube, und im nächsten Moment hat der Kleine den Großen im Schwitzkasten und versucht, ihn die Toilette hinunterzuspülen. Jedenfalls trennte ich die zwei und scheuchte den Großen an den Frühstückstisch, während der Kleine in einer Ecke des Badezimmers begann, sich auf höchster Frequenz in Rage zu kreischen. Obwohl ich es mir ständig vornehme, rief ich nicht die befreundete Mädchenmutter an (die, die immer behauptet, dass Jungs »wenigstens nicht so hysterisch« seien), sondern versuchte den Kleinen zu beruhigen. Aber natürlich war jetzt alles doof. Ich war doof, der Bruder war doof und Fertigmachen für den Kindergarten sowieso. Dann waren die *Scheißasocken* zu eng, die *Scheißahose* nicht kuschelig genug und obendrein der neue *Scheißapulli,* den ich für heute ausgesucht hatte, angeblich viel zu kratzig. Ich versicherte, dass die Oma den neuen Scheißapulli aus fluffig-weichen Kuschelschafen gestrickt hatte, was er, Sie ahnen es bereits, einen *Scheißawitz* nannte. Und als ich schließlich zwei geschmierte Butterbrote und eine Handvoll neuer grauer Haare später wieder ins Badezimmer kam, hockte der Kleine mit der Bartschere vom Franz auf dem Fußboden und hatte in der Zwischenzeit den schönen neuen Wollpullover komplett zerlegt. Es war wirklich zum Heulen. Und beängstigend. War so ein Pullovermassaker bereits als verhaltensauffällig einzustufen?

Den Vogel abgeschossen hat allerdings der Große. Wir wohnten damals erst ein paar Tage in dem Haus mit den bunt bemalten Bodenfliesen, als »Hünemanns Mia« um die Ecke bog. Mia gehört die Dorfkneipe am Ende der Straße und somit zu unserer unmittelbaren neuen Nachbarschaft. Ich kam gerade mit einem Blumenkübel unter dem Arm aus der Garage, als ich sah, wie die über 80 Jahre alte Mia am Tor stehen blieb und dem Großen, der dort auf seinem Trampeltrecker ein paar Runden auf dem Hof drehte, freundlich zurief: »Kiek es, bis du nich dei Lüttke, dei hier introcken is*?«, worauf der Große auf seinem Trecker innehielt und laut und deutlich: »Dat sach ich dich doch nich, du Arschloch!« antwortete.

Vor Schreck wäre mir fast der Blumenkübel unter der Achsel weggerutscht. Ich dachte, mich trifft der Schlag! Wie kam mein Kind dazu, so eine freche Antwort zu geben? Da kommt man als Eltern aber ins Grübeln. Warum verhalten sich die Kinder so asozial? Sind solche respektlosen Frechheiten vielleicht die viel beschworene Quittung für unseren neumodischen, viel zu laschen Erziehungsstil? Denn Tatsache ist, dass ich als Kind niemals einen Erwachsenen »Arschloch« genannt oder aus Wut einen Wollpullover zerschnitten hätte …

Unsere Kinder übrigens auch nicht. Ich muss Ihnen nämlich etwas gestehen: Der Pullover, um den es weiter oben ging, wurde überhaupt nicht von einem unserer Kinder zerschnitten. (Wenn unsere Kinder Anziehsachen kaputt machen, dann eigentlich nur beim Herumrutschen auf Waschbeton oder in Form murmelgroßer Löcher, die sie beim Fernsehgucken in ihre Ellenbogenärmel kauen.)

Besagter Pullover wurde bereits 1961 zerlegt. Und zwar von einem schwedischen Enfant terrible namens Lotta. Falls Sie Lotta nicht kennen, so sei gesagt, dass es sich bei diesem fünf Jahre alten Mädchen um ein äußerst renitentes Vorschulkind handelt, das nicht nur seine Kleidung zerfetzt und durch massive Kooperationsverweigerung beim Zahnarzt auffällt, sondern auch Fahrräder klaut und bereits mehrfach von zu Hause ausgerissen ist. Diesem kleinen Monster hat seine Erfinderin, die gute alte Astrid Lindgren gleich eine ganze Buchreihe gewidmet, in der auch über Lottas mitunter impulskontrollgestörte Geschwister Jonas und Mia-Maria berichtet wird. Aber lassen wir den Quatsch. Zu

---

* Falls Sie kein Platt schnacken: »Ach guck, bist du nicht der Kleine, der hier eingezogen ist?«

Recht werden Sie jetzt anmerken, dass dieser Vergleich ja wohl zum Himmel stinkt. Immerhin sind *Die Kinder aus der Krachmacherstraße* ja rein fiktive Rotzlöffel.

Was man von meinem Onkel Theo allerdings nicht behaupten kann. Denn im Gegensatz zu unseren Kindern, die für das Arschloch-Wort meistens viel zu höflich sind (»Nein danke Oma, aber davon* muss ich leider kotzen.«), hatte mein Onkel Theo Anfang der 1950er-Jahre eine ziemlich lose Klappe. Und mit der traf er eines Tages auf die entfernte Nachbarsfrau Kasupke**. Aber im Gegensatz zu Hünemanns Mia, wo es heutzutage für die Kleinen immer einen Zitronensprudel aufs Haus gibt, war die olle Kasupke damals mal wieder auf Ärger aus, als sie den fünf Jahre alten Theo mit den Worten: »Bist du nicht der Kleine aus der Vandalenstraße?« am Kragen packte. Sie müssen wissen, mein Onkel durfte zwar damals noch unbeaufsichtigt auf der Straße spielen, allerdings war es ihm unter Androhungen empfindlichster Gesäßstrafe verboten, an den Türen des Nachkriegsgelsenkirchen zu klingeln, um nach Rosinen oder Bonbons zu fragen. Angesichts der drohenden Konsequenzen machte seine spontane Antwort »Dat sach ich dich doch nich, du Arschloch!« also durchaus Sinn, bevor der Bengel seine Beine (und die erbettelte Beute) in die Hand nahm und abzog***.

Aber zurück zu Tom. Sie erinnern sich? Der Härtefall mit dem dieses Kapitel angefangen hat? Was soll ich sagen? Das Letzte, was ich von Tom gehört habe, war, dass er mehrfach vom Unterricht ausgeschlossen wurde und schließlich eine ganze Zeit lang von Zuhause abgehauen ist. Wenn man sich Toms sozia-

---

* zuckerfreier Dinkelvollkornpfannkuchen

** Die in Wirklichkeit ganz anders hieß. Und wenn sich Onkel Theo und meine Mutter irgendwann doch noch auf den richtigen Nachnamen der Nachbarin einigen können, wird dies in der 2. Auflage auf jeden Fall korrigiert.

*** Im ganzen Buch werden Sie keinen Nebensatz mit so vielen b finden.

les Umfeld so anschaut, kommt das vermutlich leider nicht ganz überraschend. Im Gegensatz allerdings zu den Behauptungen eines Journalisten, bei dem ich kürzlich gelesen habe, dass Tom in der Zwischenzeit offenbar Zeuge eines Mordes wurde und im Anschluss an dieses Erlebnis in der Wandnische eines verlassenen Hauses eine Truhe voll Goldmünzen gefunden haben soll.

Der Name dieses Journalisten war Samuel Langhorne Clemens. Geschrieben hat er diese Story allerdings nicht in der *Bild*-Zeitung, sondern in ein Buch namens *Die Abenteuer des Tom Sawyer*, welches er 1876 unter seinem Pseudonym Mark Twain veröffentlicht hat.

Dieses Buch ist nicht nur sehr unterhaltsam, sondern beruht zu großen Teilen auf den Kindheitserlebnissen Twains und seines besten Freundes Thomas Blankenship*.

Mark Twain, ein notorischer Schulschwänzer, den sein Schwiegervater gerne als »verwildert und faul, nikotinsüchtig und gottlos« bezeichnet hat, wird heute von seinen Kritikern als der bedeutendste amerikanische Schriftsteller überhaupt gefeiert.

Und die Moral von der Geschicht'? Die hat Twain gleich mitgeliefert. Und zwar im Vorwort seines legendären Bestsellers.

»Obgleich mein Buch vor allem für die Unterhaltung von Jungen und Mädchen bestimmt ist, hoffe ich doch, dass Männer und Frauen es deshalb nicht meiden werden, denn meine Absicht war zum Teil, Erwachsene auf angenehme Weise daran zu erinnern, wie sie einst selbst waren, wie sie empfanden, dachten und redeten und in was für seltsame Unternehmungen sie sich zuweilen einließen.«

---

* der ungewaschene und unerzogene Sohn eines Säufers, der später als Friedensrichter in Oklahoma und noch viel später als Vorlage für Twains Romanfigur Huckleberry Finn diente.

Das Scheitern ist der Mütter Lust*

Abgesehen von »Shred«, ist der wohl derzeit schlimmste Trendsport unter Müttern das Gefühl des Scheiterns. Nachdem diese hässliche Bauch-Beine-Po-Folter allerdings den Anstand besaß, bereits nach 22 Minuten wieder aus meinem kurzatmigen Leben zu verschwinden, kann ich mein eigenes Scheitern nicht so leicht abschütteln. Warum auch? Schließlich habe ich bereits in der Ausbildung gelernt, dass nichts so heilsam wie ein bohrender Finger in einer hartnäckigen Wunde ist. (Solange es sich um den eigenen Finger handelt, versteht sich.)

Also bitte einen Tusch für meine persönliche Top sieben des mütterlichen Scheiterns:

Klischeeneutrales Erziehungsscheitern

Puppenwagen und Lillyfee-Bettwäsche? Pfff … uns doch wurscht. Egal, welche Wünsche der männliche Nachwuchs hegt, es wird ihm das Testosteron sicherlich nicht den Weg in die heranwachsenden Hoden versperren. Fünf Jahre später hängt die glatzköpfige Barbie mit Tesakrepp umwickelt kopfüber im Spielturm, die sanfte Klangmeditation rund um den selbst gebastelten Regenmacher verwandelt sich nach ganzen 30 Sekunden in eine »Furzschleuderkanone«, und mein Sohn begrüßt mich letztens im Kindergarten mit den Worten: »Schau mal. Der Junge hat

---

* Dieser Kapitel entstand bereits 2015 im Rahmen einer Blogparade, zu der mich Grossekoepfe.de eingeladen hatte (auch wenn es mir natürlich mehr geschmeichelt hätte, wenn sie beim Thema #ArschcooleSuperfrauen statt #GeschichtenvomScheitern an mich gedacht hätten).

Mädchenhaare. Aber es ist ja auch total okay, wenn Jungs Mädchensachen haben.«

Aufklärungsscheitern

Apropos Testosteron. Mein erstes und bislang einziges Aufklärungsgespräch scheiterte an einem gelangweilten Kleinkind, das nach gerade mal drei Sätzen meinen damals hochschwangeren Bauch aus dem Weg schob und mit den Worten: »Ja ja Mama, ich hab schon kapiert. Jungen haben einen Papa und Mädchen eine Mama« vor mir weglief, während das mittlerweile zweite Kind (2) mit einer nahezu unglaublichen Penetranz seinen Penis (den wir hier genauso nennen) »kleiner Pinkel« nennt.

Anstandsvermittlungsscheitern

Apropos Pinkel. Wie viele zerebrale Verknüpfungen im Gehirn von zwei Kleinkindern müssen wohl in einer Einbahnstraße enden, um auf die verfluchte Idee zu kommen, vom Toilettensitz aus in die Badewanne zu pinkeln? In einem *fremden* Badezimmer. Okay, bei Oma. Trotzdem.

Schnürsenkelscheitern

Apropos zerebrale Einbahnstraße. Meine Kinder können keine Schleife binden. Das liegt zum einen sicher an der beinahe monopolistischen Kinderschuh-Klettverschlussindustrie, aber vor allem ist es natürlich das Resultat meines persönlichen Scheiterns. Seit den frühen 1980er-Jahren forme ich nämlich mit zwei lang gestreckten Schnürsenkeln zwei Hasenohren und verknote sie doppelt miteinander. Noch heute kann ich den Kopf vom Franz auch im 230 Kilometer entfernten Büro auf den Schreibtisch fallen hören, sobald ich mir im heimischen Hausflur meine Schuhe mittels meiner drei linken Hände zubinde.

Nadel-und-Faden-Scheitern

Apropos drei linke Hände. Schamesröte überzieht mein gesamtes Gesicht, wenn ich auf die liebevoll genähten Breitcordpumphosen und die Pippi-Langstrumpf-Kittel anderer Kinder blicke, während ich das Seepferdchenabzeichen des Großen mit einer Heißklebepistole auf die Badehose, und das Räuber-Hotzenplotz-Kostüm vom Kleinen mit doppelseitigem Klebeband und einem Heftklammertacker »genäht« habe. Selig sei Urgroßtante Maria, die zu Lebzeiten für selbstgestrickte Socken an den Füßen meiner Kinder sorgte*, weil ich bereits nach einem 20-minütigen Strick-Tutorial auf YouTube am liebsten das gesamte Internet kurz und klein gehauen hätte.

Kreativitätsscheitern

Apropos Kreativität. Jeder Mutter, die mir Bilder von grün gefärbten, in Hulk-Faustform modellierten Fondanttorten in meine Timeline postet, möchte ich gerne ein High-five geben. Mit einem Backblech. Auf ihr Smartphone. Jedes Mal, wenn ich irgendwo ein selbst geschnitztes Gurkenkrokodil sehe, stirbt eine kleine langweilige Scheibe Graubrot in der Pausenbox meiner Kinder.

Ernährungsscheitern

Apropos Ernährung. Alle Kinder hassen Gemüse. Diese Aussage würde mich ungeheuer erleichtern. Leider muss ich immer wieder Artikel lesen, in denen mir versichert wird, dass Kinder bei einer entspannten Herangehensweise an das Thema »gesunde Ernährung« allen Eltern dieser Welt jegliche Arten von Grünzeug hysterisch aus den Händen reißen würden. Leider ist das

---

* Von der ich nach einem Telefonat mit meiner Schwiegermutter erfahren habe, dass sie überhaupt nicht tot ist. Aber warum zur Hölle hat sie dann aufgehört, Socken zu stricken?!?

einzige Gemüse, das unsere Kinder (trotz sämtlichen Ziehens aller entspannten Register) tolerieren, Tomatenmark. Und dieses auch nur, wenn es vorab eine industriell verarbeitete Symbiose mit Zucker, Essig und Gewürzextrakten einging. Wenn unser Kinderarzt also bei der nächsten Untersuchung unserer Kinder Skorbut diagnostiziert, kann dies lediglich auf mein persönliches Scheitern im Umgang mit Vitamin-C-Marketing zurückgeführt werden.

Scheitern – was für ein beschissenes Business (egal was Anselm Grün oder meine Mutter behaupten). Ich kann es in jedem einzelnen Schwangerschaftsstreifen spüren: Die ganze Summe meines mütterlichen Scheiterns wird eines Tages unweigerlich darin enden, dass eines unserer Bücherregale seine stabilen Dienste quittiert und ich beim Staubsaugen von einem Haufen Säuglings-, Erziehungs-, Schwangerschafts-, Geburts-, Wochenbett-, Entwicklungs-, Nahrungs-, Feinmotorikförderungs-, Still-, Beikost-, Familienbett-, Fondanttorten- und Taufkerzen-Bastelbücher erschlagen werde. Todesursache: gute Ratschläge. Meine Überreste möge man Gunther von Hagens spenden, damit dieser mich in einer Pose plastiniere, wie ich wahlweise mit der flachen Hand eine Tischkante abschirme oder angesichts mir künftig drohender Grundschulhausaufgabenbetreuung verzweifelt die Hände über dem Kopf zusammenschlage.

Am Ende dieses Kapitels drehe ich mich übrigens zum Franz um und frage ihn interessiert, an welchem Punkt im familiären Alltag eigentlich Väter versagen. Er hält einen Moment inne und antwortet mir dann: »Besoffen seine Familie verprügeln«.

Bedürfnisorientiert

Falls Ihre Kinder irgendwann auf die Idee kommen sollten, mitten im Dezember die Badezimmerheizung auf 5 hochzudrehen, um anschließend mit Badehosen, Schwimmbrillen und zwei eingestaubten Schwimmnudel-Poolspritzen aus der Garage eine Wasserschlacht zu veranstalten, dann sollten Sie auf jeden Fall bedürfnisorientiert handeln:

1. Falten Sie Ihre Kinder vom Allerfeinsten zusammen (dieses Bedürfnis werden Sie nämlich als Erstes verspüren).

2. Drücken Sie Ihren Kindern anschließend einen Stapel Handtücher in die Hand (denn Ihr nächstes Bedürfnis wird die Verhinderung einer Silberfischzucht in Ihrem Badezimmer sein) und setzen Sie augenblicklich das neue Spiel, welches Ihre Kinder auf den Namen »Künstlicher Sommer« getauft haben, neben »Boccia im Hausflur« und »Riech den Stinkfuß beim Mittagessen« auf die rote Liste für Freizeitaktivitäten.

3. Wechseln Sie vom Tatort in die Küche. Dort nehmen Sie ein 450-Gramm-Glas Nutella aus dem Schrank und wärmen es bei 600 Watt für 40 Sekunden in der Mikrowelle. Und während Sie sich einen passenden Strohhalm suchen, ignorieren Sie Ihre Kinder, die – dem Gekreische nach zu urteilen – gerade die Enden ihrer nassen Handtücher verknotet und »Nicht in die Eier« erfunden haben.

Für Eltern gilt nämlich dieselbe Regel wie bei Komplikationen im Flugzeug: Bevor Sie sich um Ihre Kinder kümmern, kümmern Sie sich erst um sich selbst.

Masternerds

Wenn Sie bei Google die Trendabkürzung »DIY« eingeben, erhalten Sie 513.000.000 Ergebnisse. Zum Vergleich: Wenn Sie das Wort »thermische Schrumpfbuchse« eingeben, erhalten Sie (neben dem Hinweis »Meinten Sie: thermische Strumpfhose«) gerade einmal acht Ergebnisse. Im Gegensatz zu thermischen Schrumpfbuchsen ist das gesamte Internet also rappelvoll mit sogenannten Do-it-yourself-Anleitungen. Das ist nämlich der Appell, der hinter dieser Abkürzung steckt. Ich selbst habe das lange nicht gewusst. Tatsächlich habe ich mich eine halbe Internetewigkeit gefragt, was zum Henker es eigentlich mit diesen drei unaussprechlichen Buchstaben auf sich hat. Aufgeklärt hat mich schließlich der Franz, nachdem ich mich irgendwann beim Frühstück mal lautstark über dieses ganze allgegenwärtige »Dieeeüüü«* gewundert hatte.

Das ganze Ausmaß der unseligen Abkürzung habe ich aber erst mit der Geburt der Kinder erfahren. Jawohl, unselig. Denn nach zwei Kinderzimmern, zwölf Kindergeburtstagen, zwei Taufen und einer Einschulungsfeier weiß ich mittlerweile sehr genau, wie der Do-it-yourself-Hase läuft. Theoretisch. Praktisch ist dieser miese kleine Hase, von dem es im Vorfeld immer heißt, er sei supereinfach, supergünstig und in drei Schritten am Ziel, ein fummeliges Fusselopfer, das sich auf allen vieren über eine klebrige Wiese voller umgeknickter Blumen schleppt.

In Wahrheit ist Do-it-yourself nämlich die Pest. Ein Sargna-

---

* Wie es aussieht, wenn ihm sein Kaffee vor Lachen aus der Nase läuft, weiß ich seitdem auch.

gel namens Größenwahn, der nicht solche befällt, die eh schon Minions stricken oder Lampenschirme aus Cupcake-Förmchen kleben können. Leider suggeriert der Wahnsinn nämlich der ganzen breiten Masse talentfreier Holzköpfe, sie könnten ohne viel Aufwand Cannelloni selbst herstellen oder Lavendelblüten aus Tonpapier rollen.

Glauben Sie mir, ich weiß, wovon ich spreche. Ich gehöre nämlich zu den bedauernswerten Pappnasen der zweiten Kategorie. Und das bereits seit 1988.

Es war das Jahr, in dem meine Oma ihren 62. Geburtstag feierte und sie mir mein Geburtstagsgeschenk (ein von mir mit Kreuzstich verziertes Platzdeckchen), mit den Worten: »Nee, nee, Frollain, dat nimmste wieder mit und machste noch ma neu« zurückgegeben hat. Zu ihrer Verteidigung: Meine Oma war gelernte Schneiderin und der von mir verbrochene Kreuz-und-Querstich war so wild und wirr verarbeitet, dass das Platzdeckchen überhaupt nicht flach auf dem Tisch liegen konnte. (Und zu meiner Verteidigung: Ich war gerade mal zehn Jahre alt und meine naive Mutter hatte das scheiß Blumenmuster vorab als supersimpel eingestuft.)

Aber trotz des vergeigten Kreuzstichs von 1988 ist der Optimismus meiner zwei linken Hände anscheinend ungebrochen. Ansonsten kann ich mir nicht erklären, warum ich immer noch auf den Supersimpel-Trick hereinfalle. So wie bei dem »idiotensicheren« YouTube-Video, in dem ein kleiner aufgeblasener Luftballon mit der Unterseite in geschmolzene Kuvertüre getaucht wird, man diesen nach dem Trocknen vorsichtig platzen lässt und daraufhin eine essbare und äußerst dekorative Dessertschale übrigbleibt.

Natürlich sind meine Luftballons alle nach unmittelbarem Kontakt mit der abgekühlten Flüssigschokolade geplatzt. Um sich ein realistisches Bild von mir und meiner Küche zu veranschaulichen, müssen Sie sich jetzt lediglich ein verstopftes Baby vorstellen, dem man beim Wickeln ein engmaschiges Nudelsieb vor den Poppes hält, während man mit der anderen Hand Fieber misst. Dank dieser »kinderleichten« DIY-Anleitung habe ich im Anschluss zwei Tage lang meine Küche geputzt. Zumindest theoretisch.

Praktisch fängt ja immer alles ganz harmlos an. Zum Beispiel sucht man im Internet nach einer Ferienwohnung für die Herbstferien und bleibt irgendwann bei einem dieser drolligen Zeitraffer-Videos bei Facebook hängen.

Ach guck.
Ein Kuchen.
Der ist ja hübsch.
Und so einfach.

Ich muss nur drei, vier, fünf Zutaten in eine Schüssel schütten, und wenn ich hier ein bisschen knete und da ein bisschen rolle, habe ich am Ende eine pastellfarbene Einhorntorte, aus der beim Anschnitt mit Helium gefüllte Marzipanschmetterlinge herausfliegen.

Krass.
Speichern.

Und da verstaubt es in der Regel auch. In einer Merkliste. Auf dem Handy. Dort, zwischen all den anderen Koch- und Bastelvideos, bei deren Anblick man immer so wild entschlossen ist, es nachzuwerkeln. Zum Beispiel bei der Anleitung für selbstgemachten Sauerteig oder das Wäscheklammer-Drachenspiel. Tatsächlich bin ich beim Durchforsten meiner eigenen Merkliste auf ganze 254 (!) Links gestoßen. Unter anderem mit Anleitungen, wie man magnetische Knete herstellt oder sich »ganz einfach aus Stecklingen Hortensien« zieht. Mit Betonung auf *ganz einfach*.

214

Bei dem Knetvideo habe ich obendrein den Anfängerfehler gemacht und es den Kindern gezeigt, die mir nun seit Wochen in den Ohren liegen, dass ich mit ihnen endlich die schwarze Glibbermocke herstelle, die Münzen verschlucken kann. Ach und hatte ich erwähnt, dass es überhaupt nicht *cheap and easy* ist, flüssige Maisstärke und gepulvertes Eisenoxyd zu besorgen? Dieeeüüü my ass!

Die Wahrheit ist: Wenn ich in der Lage wäre, auch nur einen Bruchteil der 254 DIY-Links aus meinem Handy-Speicher umzusetzen, hätte ich meinen Blog* vor drei Jahren nicht *Andrea Harmonika*, sondern *Leonie – der Profi* genannt und würde Ihnen Ihre Klicks heute nicht mit Laberrhababer, sondern auf der Basis Rhabarber-Chutney mit Anisblüten-Crumble aus der Tasche ziehen. Inklusive supersimpler Anbau- und Ernteanleitung für Anisblüten und Rhabarberpflanzen versteht sich.

Aber genug gemosert.

Es können ja nicht alle Leute ihren Kindern das Jugendschwimmabzeichen mit der Heißklebepistole an die Badehose nähen. Und das ist auch gut so. Denn das einzige Superbillige an Do-it-yourself ist ja eigentlich das Sich-drüber-lustig-Machen. Auch wenn ich mich ein paar Seiten vorher über grün gefärbte, in Hulk-Faustform modellierte Fondanttorten beschwert habe, bin ich ernsthaft fasziniert von Menschen, die genau so etwas können. Die über das nötige Fingerspitzengefühl verfügen, um Rosenknospen aus Marzipan zu rollen, ausgeblasene Eierschalen mit Farnkraut zu bestempeln oder ihren Kindern Kleider aus alten Flohmarktgardinen zu upcyclen.

Vor allem für Letztere hege ich eine große sentimentale Schwäche. Selbstgenähte Kinderkleidung erinnert mich immer an die Nähmaschine meiner Mutter, die mich als Kind so oft in

---

* Merke: Leute, die »das Blog« sagen, sagen auch »Kommata« und stehen auf Partys allein rum.

den Schlaf gerattert hat. Im Gegensatz zu mir hat meine Mutter nämlich genäht wie eine Weltmeisterin. Sobald meine Geschwister und ich abends in unseren Betten lagen, breitete sie ihre Stoffe und Schnittmuster auf unserem Wohnzimmertisch aus und begann zu nähen. Pumphosen, Gardinen und Sommerkleider. Vor allem pastellfarbene Schürzenkleider mit passenden Stoffhauben hatten es ihr angetan. Das Besondere an diesen selbstgenähten Kleidern war aber nicht, dass ich auf meinem Einschulungsfoto so aussehe, als ob ich unterwegs zu einem Casting für *Unsere kleine Farm* gewesen wäre. Das Besondere war, dass sich meine Mutter ihre kurzen Nächte mit drei kleinen Kindern um die Ohren gehauen hat, damit meine Schwester und ich an Heiligabend alle unsere Schürzenkleider und Präriehauben mit unseren beiden Zapf-Puppen Jennifer und Gerda im Partnerlook tragen konnten.

Genau aus diesem Grund sind Kann-man-selber-machen-Menschen auch so unendlich wertvoll für Kann-man-selber-kaufen-oder-bleiben-lassen-Menschen wie mich. Sie schaffen Erinnerungen. Ihrem Talent und ihrer Liebe zu fummeligen Details ist es zu verdanken, dass die kreativen Lücken unseres Lebens regelmäßig gefüllt werden. Denn dank ihnen hängen liebevoll gehäkelte Wimpelketten über den Betten unserer Kinder, stehen auf Familienfesten extravagante Torten auf dem Tisch und unsere Kinder an ihrem ersten Schultag mit unbezahlbaren Schultüten da.

Und wenn Sie ganz viel Glück haben, wohnt einer dieser Menschen vielleicht sogar im Haus nebenan und näht Ihren Kindern einen Anzug aus apfelgrünem Kuschelfleece, der ihnen einen Sommer lang die ausgekühlte Strandhaut wärmt.

Denn es gibt eben Dinge, die kann man nicht kaufen.
Und dafür gibt es Masternerds.

Der Corl-Faktor

Aus aktuellem Anlass habe ich vor Kurzem die sogenannte Corl-Skala erfunden. Eine offizielle Maßeinheit für Elternstress. Die Corl-Skala wird in zehn unterschiedliche Trigger-Stufen eingeteilt. Zum Beispiel wird ein umgekippter Becher Apfelschorle mit einem Elternstresswert von 0,5 Corl als niedrig eigestuft. Mittlere Corl-Werte können bereits nachgewiesen werden, sobald sich Ihre Kleinkinder während der Autofahrt selbst abschnallen oder mit der Matratze aus dem Kinderbett die frisch polierte, 17 Stufen steile Holztreppe im Hausflur herunterkesseln. Ein blutverschmiertes Kind hingegen, das Ihnen laut brüllend aus der Küche entgegengerannt kommt, nachdem kurz zuvor das laute Splittern einer Glasflasche zu hören war, wird bereits mit einem deutlich erhöhten Wert von 8 Corl eingestuft. Den maximalen Hyper-Hyper-Herzkapser-Corl-Wert von 10 erreichen Sie, wenn Ihr Kind mit dem Laufrad vom Fahrradweg plötzlich fröhlich winkend auf die Bundesstraße abbiegt oder wenn auf das Geräusch eines umgekippten Kinderzimmerschranks in der oberen Etage nichts als Stille folgt.

Anders als bei männlichen Maßeinheitserfindern wie James Watt, Anders Celsius oder der nach oben offenen Charles-Francis-Richter-Skala basiert das Namensgebungsverfahren meiner Corl-Skala übrigens nicht auf Eitelkeit, sondern dem Namen eines körpereigenen Hormons namens Cortisol. Diesem Hormon, das Ihrem Körper unter Stress ad hoc energiereiche Verbindungen zur Verfügung stellt, ist es nämlich zu verdanken, dass Sie zum Beispiel drei Stufen gleichzeitig nehmend eine Treppe hochhechten können, nur um im Kinderzimmer angekommen fest-

217

zustellen, dass nicht der Kleiderschrank umgefallen ist, sondern lediglich die von dort auf das Bett heruntergesprungenen Kinder durch den Lattenrost gekracht sind*.

Auch kann ein spontan in die Höhe geschnellter Corl-Spiegel genauso schnell wieder absinken. Zum Beispiel, wenn Sie feststellen, dass das Blut im Gesicht »nur« aus einem geschnittenen Finger stammt, mit dem sich das Kind ein paar Mal durch das tränennasse Gesicht gewischt hat (oder wenn Sie von Ihrer Spielplatzlektüre hochgeschreckt erleichtert feststellen, dass das laut schreiende Kind, das vom Klettergerüst gefallen ist, nicht Ihr eigenes ist. Sorry. Isso.)

---

* So viel dazu, wenn Sie Ihren Kindern Anekdoten aus der eigenen Kindheit erzählen.

Prepper-Mom

Erinnern Sie sich noch an die drei Dinge in Ihrem Portemonnaie? Eines davon war das Notfallpflaster, das Sie immer mit sich herumtragen, falls sich Ihr Kind im Supermarkt mal den Finger im Einkaufswagen klemmt. (Obwohl die Chancen natürlich größer sind, dass es irgendwann auf dem eingebildeten Kratzer eines Dreijährigen landet.) Alle Eltern, die ich kenne, tragen solche und andere Notfallmacken mit sich herum. Abgekochte Notfallschnuller, Pixie-Bücher gegen Warteschlangen, eine Erste-Hilfe-Banane für unterwegs oder ein Päckchen Taschentücher, falls irgendwer auf dem Spielplatz sein Geburtserlebnis aufarbeiten will.

Mein persönlicher Notfallgegenstand ist eine Wasserflasche, die ganzjährig durch den Beifahrerfußraum meines Autos rollt. Diese Flasche ist für die regelmäßigen Durstattacken bestimmt, die unsere Kinder immer dann ereilen, sobald wir uns 300 Meter Luftlinie von unserem Zuhause entfernen. Im Sommer ist das Wasser heiß, im Winter teils gefroren und, wenn der Franz nicht gerade mein Auto aufgeräumt hat, ist es meistens auch sehr, sehr abgestanden.

Aber was soll's. Immerhin ist die Flasche nur für Notfälle gedacht und gibt mir außerdem jedes Mal, wenn ich durch eine Kurve fahre und sie dann von links nach rechts rumpelt, das unbezahlbare Gefühl, vorbereitet zu sein. Dieses Gefühl kennen und lieben alle Eltern. Egal ob ausreichend Wechselwäsche, eine Unfallversicherung für Ihren rennradfahrenden Mann oder eine Packung Butterkekse in der Freibadtasche. Sie alle verströmen den süßen Allzeit-bereit-Duft, in den man sich so gerne hüllt, sobald Kinder da sind. Leider löst sich dieses Gefühl immer genau dann in Luft auf, sobald man einen Film von Roland Emmerich schaut.

Wenn Sie Kinder haben, sind Katastrophenfilme nämlich eine ganz persönliche neue Seuche in Ihrem Leben. Egal ob *Independence Day*, *Godzilla* oder *Outbreak*. Alle diese Sachen können Sie auf einmal nicht mehr ohne die nötige Distanz schauen und selbst beim Härtesten unter den Spielplatz-Rucksackpackern keimt irgendwann die Frage auf: Was würden wir eigentlich machen, wenn morgen ein Komet auf Bayern fällt? Wenn eine Eiszeit anbricht oder Alien-Overlords die Weltherrschaft an sich reißen? Denn sollte tatsächlich irgendwann ein russischer Fischkutter, an dessen Bord sich tausende lebende Haie befinden, von einem Tornado erfasst werden und anschließend genau dort über Langeoog hinwegfegen*, wo Sie mit Ihren Kindern in einer Strandmuschel hocken und Mau-Mau spielen, dann sieht Ihr abgestandenes Fußraumwasser für Notfälle aber plötzlich ganz schön alt aus.

Mein persönlicher Albtraum ist die Fernsehserie *The Walking Dead*. Seit fünf Jahren verfolgen der Franz und ich nun schon das Schicksal einer Gruppe Überlebender, die sich mit ihren Kindern durch eine Welt schlägt, in der etwa 99 %** der Bevölkerung von einem Zombievirus befallen ist. Dabei plagen mich beim Schauen immer genau zwei Dinge:

1. Hoffentlich werden die Kinder nicht wach und gucken heimlich von der Treppe aus zu (und müssen anschließend bis zur Volljährigkeit einschlafbegleitet werden) und
2. die erschütternde Erkenntnis, wie unfassbar nutzlos ich im Falle einer Apokalypse wäre.

---

* Sie finden die *Sharknado*-Filmreihe überbewertet? Sie haben sie wohl nicht alle?!

** Die Zahl habe ich erfunden. In Wirklichkeit habe ich keine Ahnung.

Das macht mich echt fertig. Ständig sehe ich vermeintlich stink-normalen Menschen dabei zu, wie sie Fallen aufstellen, Autos kurzschließen, Zombies mit EC-Karten enthaupten oder sich beidhändig joggend durch eine Kleinstadt schießen.

Und was kann ich? Abgesehen davon, dass das Gefährlichste, was ich mit meiner EC-Karte anstellen kann, das Überziehen eines Kontos ist, beherrsche ich keine einzige Kampftechnik und kann mein Auto an schlechten Tagen nicht mal mit dem passenden Schlüssel starten. Sobald ich 50 Meter jogge, muss ich mich anschließend hinlegen, und bei meinem letzten Versuch, dem Franz einen Schraubenzieher auf der Kirmes zu schießen, habe ich mir mit dem Rückstoß des Luftgewehrs den Kiefer geprellt.

Dabei verfüge ich bei uns zu Hause im Alltag eigentlich über eine recht ansehnliche Sammlung an potenziellen Waffen. Aber was habe ich von den ganzen Baum-, Kreis- und Kettensägen, wenn das einzige Gerät, das ich unter Stress starten kann, der Laubbläser ist. (Und wie zur Hölle soll ich mir mit dem Laub-bläser Untote vom Hals halten, wenn der es nicht mal bei voller Blaskraft schafft, einen Dreijährigen, der draußen barfuß über den Hof springt, zurück ins Haus zu pusten?) Ich sehe mich schon, wie ich mir vor Aufregung als Erstes in den Fuß schieße oder mich hinter meinen Hochbeeten verstecke. »KEINEN SCHRITT WEITER. ICH HABE EINE PREMIUM-MULTI-BRAUSE, UND ICH WERDE SIE BENUTZEN!!«

Am schlimmsten aber ist meine unwiderstehliche Anziehungskraft für absurde Unfälle. Ich habe mir schon mal beim Staubsaugen eine Gehirnerschütterung zugezogen, kann in flachen Turnschuhen so umknicken, dass ich mir beim anschlie-ßenden Sturz beide Arme breche und bin in der Schule mal eine Treppe hinuntergefallen, wobei ich mir nicht nur das vordere und hintere Kreuzband gerissen, sondern mir anschließend auf dem Parkplatz der Notaufnahme auch noch drei Finger gebrochen habe (wobei das streng genommen nicht meine Schuld war, sondern die des Sanitäters, der beim Zuwerfen der Krankenwagentür meine rechte Hand übersehen hatte).

Wer um Himmels willen sollte also ausgerechnet mich in sein Weltuntergangsteam wählen? Nein, nein. Wenn man während der Apokalypse nicht gleich ins Gras beißen will, muss man schon Leute um sich scharen, die aus härterem Holz geschnitzt sind. Leute, die Urin zu Trinkwasser filtern oder mit Batterien und Alufolie Feuer machen können und nicht solche, die lediglich einen Wetterumschwung vorhersagen können, weil es in ihrem Ellenbogen zieht.

Das finden Sie jetzt verrückt? Ich ja auch. Allerdings gibt es in den USA tatsächlich eine ganze Menge Leute, die sich auf genau solche Szenarien vorbereiten. Also vielleicht nicht genau auf den Tag, an dem ein verrückter Wissenschaftler Dinosaurier wieder zum Leben erweckt. Aber zumindest auf Zeiten, in denen die öffentliche Ordnung zusammenbricht. Diese sogenannten »Prepper« (abgeleitet aus dem Englischen: *to be prepared*/bereit sein) errichten tatsächlich in ihrer Freizeit geheime Schutzbauten, legen Wasser- und Lebensmittelvorräte an und lagern haufenweise Schutzkleidung, Werkzeug und (immerhin sind wir in den USA) Munition und Waffen ein. Ein bisschen zum Fürchten sind sie allerdings schon, diese mittelalten, mitteldicken, Mittelwesterncowboys, die in Dokumentationen auf YouTube mal stolz, mal anonym Rede und Antwort stehen. Und wenn sie dann am Ende ihre Hände selig durch einen Wäschekorb voller Patronenhülsen gleiten lassen, fragt man sich schon, wie sehr wohl der ein oder andere das Ende der Zivilisation herbeisehnt.

Allerdings darf man bei aller Augenbrauenhochzieherei nicht vergessen, dass es in den USA ja tatsächlich eine ganze Reihe realistischer Bedrohungen gibt. Nicht selten gefährden dort wirklich Naturkatastrophen wie Überflutungen oder Hurrikane das öffentliche Leben. Aus diesem Grund wird das Bevorraten und Trainieren für den Ernstfall sogar ausdrücklich empfohlen. Und aus diesem Grund hat das Parlament im Bundesstaat Illinois sogar für Oktober 2017 einen sogenannten »Zombie Preparedness Month« ausgerufen. Sie haben richtig gelesen. Da übt der Zivilschutz vor Ort mit allen interessierten Bürgern, wie man sich anständig auf eine Zombieapokalypse vorbereitet. Zwar handelte es sich hierbei lediglich um eine PR-Maßnahme. Allerdings ging es in erster Linie tatsächlich darum, eine Mehrheit der Bevölkerung fürs *Preppen* zu begeistern. Denn wer sich, so die Annahme, auf Untote vorbereiten kann, der kommt auch zwei Wochen ohne Strom nach einem Erdbeben klar. (Zumal es auch irgendwie beruhigend ist, wenn am Ende nicht nur die Verschwörungstheoretiker Wasser und Kerzen eingelagert haben.)

Wer jetzt allerdings denkt: »Pfzzz, was kümmern mich die transatlantischen Panik-Flitzpiepen?«, der schaue sich mal den Internetauftritt des Bundesministeriums für Bevölkerungsschutz und Katastrophenhilfe genauer an. Von wegen Preppen ist nur was für Amis und Reichsbürger. Dort kann man sich eine ganze 67-Seiten-starke Anleitung zur Vorbereitung auf den Ernstfall runterladen. Die liest sich zwar nicht so ulkig wie die Pressemitteilung des Illinoiser Parlaments, umfasst dafür aber unter anderem einen zweiwöchigen Notfallversorgungsplan. Und damit Sie das nicht tun müssen, habe ich mal die dort empfohlenen Nahrungsmittel und -mengen, die jeder bei sich zu Hause einlagern sollte, auf einen Vier-Personen-Haushalt umgerechnet:

- 112 Liter Getränke;
- 19,6 Kilogramm Getreide, Brot, Kartoffeln, Nudeln oder Reis;
- 22,4 Kilogramm Gemüse, Hülsenfrüchte;
- 14,4 Kilogramm Obst, Nüsse;
- 14,8 Kilogramm Milchprodukte;
- 8,5 Kilogramm Fisch, Fleisch und Eier;
- 2 Kilogramm Fette, Öle.

Tja, da staunen Sie. Also hopphopp und nicht gebummelt und das abgestandene Fußraumwasser gegen zehn Kisten Mineralwasser getauscht. Und vergessen Sie das Kurbelradio und die Taschenlampe nicht. Jetzt können Sie nämlich nicht mehr behaupten, Sie hätten keinen Plan gehabt, wenn das nächste Hochwasser oder die Reptilienmenschen vor Ihrer Haustür stehen.

Pachycephalodingsbums

»*Mama, wusstest du, dass kaltes Wasser eine engere Verknüpfung hat als warmes?*«

»*?*«

»*Deswegen schwimmen Sachen auf kaltem Wasser besser und werden in heißem Wasser schneller nach unten gedrückt.*«

»*?!?*«

Mit Kindern lernen Sie jeden Tag etwas Neues. Zum Beispiel, was ein Spannungsfeld ist. Oder warum die Angry Birds so angry sind.* Außerdem kennen Sie irgendwann den Unterschied zwischen einem Muldenkipper und einem Schaufellader und wissen, dass Luchse nachtaktiv und etwa doppelt so schwer wie Karakale sind (und dass es Karakale gibt.) Wenn sich im Buchhandel die Regale unter irgendetwas biegen, dann sicherlich unter Kindersachbüchern. Egal ob Römer, Körper und Feuerwehr oder Raumfahrt, Wald und Tiefsee. Kaum ein Thema, das nicht für Kinder aufbereitet wird. Bereits der Wissensdurst der Allerkleinsten scheint so groß, dass er nicht mehr allein durch das Trinken aus einer Pfütze gestillt werden kann. Vielmehr heißt es: Wo kommt die Pfütze her? Warum sickert sie auf einer geteerten Straße nicht gleich in den Boden? Und wieso wollen meine Eltern eigentlich nicht, dass ich das köstliche Pfützenwasser aus-

---

* Die grünen Schweine haben ihnen ihre Eier gestohlen.

trinke? Die passenden Antworten können Sie dann in Büchern wie *Unser Wetter, Auf der Baustelle* oder *Was ist Was: Mein Magen-Darm-Trakt* nachlesen. Das ist übrigens nicht nur schlau, sondern auch nicht neu.

Bereits seit den 1960er-Jahren gibt es Kindersachbücher, die es sich zum Ziel gesetzt haben, kleine Wissenslücken auf kindgerechte Weise zu stopfen. Zumindest offiziell. Inoffiziell dienen diese Bücher einem ganz anderen Zweck. Nämlich dem, das ganze Ausmaß der Dummheit von Eltern zu offenbaren. Denn mal ehrlich: Kapieren Sie etwa, was Sie Ihren Kindern da abends über tektonische Platten und Leuchtdioden vorlesen? Ich nicht. Und je höher die Altersangaben auf den Kindersachbüchern werden, desto ratloser werde ich. Kraft-Wärme-Kopplung? Wirbelschleppen? Mesozoikum?

Dabei hatte ich eigentlich gehofft, dass ich den Kram mit meinem Schulabschlusszeugnis hinter mir gelassen hätte. Von wegen. Denn wo eben noch mit »Hoppla! Bobo hat den Becher umgestoßen. Der Becher ist hinuntergefallen« im Kinderzimmer intellektuell eher tiefgestapelt wird, heißt es morgen plötzlich: »Calcit, Aragonit, Perowskit und andere Mineralien halten giftige Schwermetalle fest, indem sie mit ihnen chemische Bindungen eingehen.« Letzteres stammt beispielsweise aus dem Kinderschlaubuch *Was ist Was: Mineralien und Gesteine*, das laut Verlag für Kinder ab acht Jahren geeignet ist. Solche Altersangaben deprimieren mich immer. Schließlich bin ich bereits fünf mal acht Jahre und verstehe beim Vorlesen nur chemische Bindung mit Bahnhof.

Allerdings bin ich auch nicht das beste Beispiel. Das habe ich sogar schriftlich. Bereits in meinem allerersten Grundschulzeugnis finden Sie neben »Es mangelt ihr an Sorgfalt« auch den Satz »Andrea fasst neue Lerninhalte nicht schnell auf«. Womit Sie im Grunde auch schon alles über meine gesamte Schulzeit wissen. Denn bis auf das Alphabet und den Dreisatz habe ich wirklich nichts gelernt. Ob das jetzt an der Schule lag oder daran, dass ich die meiste Zeit damit verbracht habe, Fussel von meinem Pritt-Stift zu knibbeln und auf die große Pause zu warten? Wir werden es nie erfahren.

Fakt ist jedoch, dass ich jedes Mal nervöses Augenzucken bekomme, sobald mich eines der Kinder nach etwas Schlauem fragt. Und damit meine ich nicht, ob Pippi Langstrumpf den Hulk hochheben kann, sondern warum beispielsweise der Himmel blau ist. ›Denk nach, denk nach‹, denke ich dann immer, und mein Gehirn antwortet in etwa so:

> »Okay, keine Panik. Wir schaffen das. Also erstens: Licht. Sonnenlicht. Und Wellen. Irgendwas mit Wellen. Und Prisma. Ahahahaaa, erinnerst du dich noch an die Simpsons-Folge, wo Homer ...«

Sie sehen, mein Hirn ist keine Hilfe.

Insofern ist der Kindersachbuchsektor für Eltern wie mich ja eigentlich ein Segen. Denn auch wenn er mir regelmäßig meine naturwissenschaftlichen Grenzen aufzeigt, übernimmt er einen Großteil der ehrenamtlichen Bildung unserer Kinder. Und außerdem, wer möchte sich nicht gerne morgens um sechs auf dem Klo über Lötkolben unterhalten, die bis zu 800 Grad heiß werden können. (Oder eine Stunde später seinen Kaffee über den Tisch spucken, weil die Kinder wissen wollen, ob der Lötkolben ihres Vaters auch 800 Grad heiß werden kann.*)

Obendrein gibt es noch einen weiteren, unschlagbaren Vorteil von Kindersachbüchern. Sie können sie jederzeit und mit wenig Aufwand einfach ersetzen. Zum Beispiel gegen einen Beipackzettel:

---

* Eine Antwort auf diese Frage finden Sie hier nicht. Damit Sie sich aber nicht umsonst in diese Zeile verirrt haben, verrate ich Ihnen dafür etwas anderes: Lötdrähte sind innen hohl und mit Fett gefüllt. Klingt komisch, ist aber so.

»Das ist ein Rhinologikum. Es gehört zur Familie der Alpha-Sympathomimetika und lässt Nasenschleimhäute abschwellen. Außerdem lassen sich durch den Abtransport von Sekret auch Katarrhe des Tubenmittelohrs vorbeugen.«

Mit entsprechender Betonung lässt sich so zum Beispiel prima jede Menge Urlaubsgepäck einsparen.

Dennoch sollten wir bei allen Vorteilen nicht die Schattenseiten der Bilderbuchbildung vergessen. Abgesehen vom sporadischen Gesichtsverlust (»Mama, was ist denn eine chemische Bindung?«) werden Eltern immer noch viel zu wenig über die restlichen Risiken und Nebenwirkungen von Kindersachbüchern aufgeklärt. So müsste beispielsweise dringend darauf hingewiesen werden, dass Bücher wie *Wir entdecken unsere Körper* Kinder plötzlich auf Körperteile aufmerksam machen, von denen sie eigentlich ihre Finger lassen sollten. Und zwar im wahrsten Sinne des Wortes. Denn wenn sich Ihr Kind beim Vorlesen plötzlich den Finger in den Hals steckt um seinen »Halsbommel« zu suchen, können Sie im Zweifelsfall gar nicht so schnell reagieren, wie es Ihnen im hohen Bogen seine Apfelschorle in den Schoß bricht.

Und wo wir schon von Apfel sprechen: Kennen Sie diese tollen Kartoffelbatterien, die so gerne in Kindersachbüchern zum Thema Elektrizität vorgestellt werden? Nein? Dabei ist das ganz einfach. Ihre Kinder brauchen lediglich eine Kartoffel, ein Kupferkabel, zwei verzinkte Schrauben und ein LED-Birnchen. Außer natürlich Ihre Kinder haben einen an der Waffel. Dann benutzen sie einen Apfel, zwei Schrauben, eine 9-Volt-Batterie und Ihre nagelneuen Kopfhörer. Das Ergebnis: können Sie sich denken.

An solchen Tagen verfluche ich das Kindersachbuch. Oder wünschte mir, die Kinder hätten neben meinen Gesichtszügen auch ein bisschen von meiner Einstellung geerbt. Mir persönlich ist es nämlich, mit Verlaub, scheißegal, wie ein Stromkreis funktioniert. Seit ich denken kann, gebe ich mich damit zufrieden, dass der Strom fließt, wenn ich einen Stecker in die Dose stecke. Klick. Licht an. Klack. Aus die Maus. So einfach ist das. (Allerdings war ich in der 5. Klasse auch das einzige Kind, das im Physikunterricht nicht an den Blechpolen, sondern über den VARTA-Schriftzug seines 4,5-Volt-Blocks geleckt hat.)

Wobei die Diskussion über Kindersachbücher am Ende sowieso nur Raum- und Zeitverschwendung ist. Ändern können Sie nämlich eh nichts. Selbst wenn es für Sie völlig okay wäre, wenn Ihre Kinder bis zur Einschulung glauben, dass Zitronenfalter Zitronen falten, fällt Ihnen früher oder später sowieso irgendwer in den Rücken. Und wenn es nicht der Kindergarten oder die Bücherkiste im Wartezimmer ist, dann ist es vielleicht eine Oma. Oder die örtliche Bücherei. Oder, wie in unserem Fall, die Oma, die in der örtlichen Bücherei arbeitet. Die leiht den Tinnef dann sowieso jede Woche stellvertretend aus. Übrigens jedes Mal sehr zur Freude der Kinder. Und das ist schließlich auch der Grund, weshalb ich mir ihnen zuliebe gerne jeden Abend drei Knoten in die Zunge* lese. Immerhin steht in meinem Grundschulzeugnis auch, dass ich mich »anderen Kindern gegenüber verträglich und hilfsbereit« verhalte. Und wer weiß? Vielleicht verstehe ich ja eines Tages noch, wovon ich rede. Schließlich heißt es im selben Zeugnis auch, »ist nach gezieltem Üben in der Lage, die gestellten Aufgaben überwiegend sicher zu lösen«.

---

* Ich sag nur Pachycephalosaurus.

Jammerlappen

OCH NÖÖÖ! Jetzt ist es amtlich. Jammern lässt das Gehirn schrumpfen. Genauer gesagt, den Hippocampus. Und der spielt in unserem Oberstübchen immerhin eine zentrale Rolle. Schließlich bildet er eine zentrale Schaltstation in unserem limbischen System, das wiederum dafür sorgt, dass wir emotional und triebhaft bleiben (whoop-whoop!). Na, wenn das kein Grund zur Sorglosigkeit ist!

Wenn Sie also das nächste Mal auf einem Pfund Bügelperlen ausrutschen oder mit Ihrem Kind das Einmaleins üben, dann jammern Sie nicht herum, sondern gehen Sie Ihrem Hippocampus zuliebe besser in die Abstellkammer und inhalieren dort ein Snickers-Eis. Oder zwei. Dabei können Sie ja an den niederländischen Fußballtrainer Huub Stevens denken. Aber nicht, weil der Ihr limbisches System so wuschig macht, sondern weil er einmal in einer Pressekonferenz nach einer 0:2-Niederlage gegen Bayern München den legendären Satz formulierte: »Ich darf nicht jammern. Ich muss Vertrauen ausstrahlen.« Wenn das mal kein hippocampus-freundliches Elternmantra ist, dann ich weiß ich auch nicht.

Nachruf

Ich weiß, ich weiß. Der Hippocampus schrumpft. Deswegen wird das jetzt auch kein jammervoller Nachruf, sondern eher eine liebevolle Rückschau auf drei besondere Dinge, deren Wert ich erst zu schätzen wusste, als sie aus meinem Leben verschwunden waren.

Den Anfang macht der Laufstall. Sie wissen schon, der 70er-Jahre-Kinderknast, für dessen Besitz Ihnen heute das moralische Sorgerecht Ihres Kindes entzogen werden kann (zumindest solange Sie nicht bei Remo Largo schwören, dass er nur zum Einsatz kommt, wenn Sie Einkäufe ins Haus schleppen oder das gefärbte Stroh auf Ihrem Kopf nach einer Haarkur schreit). Dessen Besitz erübrigt sich natürlich irgendwann von selbst, weil motorisch normal entwickelte Grundschulkinder irgendwann allein herausklettern können. Aber spätestens, wenn Sie das erste Mal abends alle herumfliegenden Sachen in eine Ecke werfen, werden Sie wehmütig feststellen, dass da ja leider niemand mehr steht, der den ganzen Krempel für Sie auffängt. Denn ein Wohnzimmer ohne Laufstall aufzuräumen, ist wie das Ticken einer Uhr: Es hört einfach nicht auf.

Und wo wir schon beim Auf-, Ein- und Wegräumen sind, ist als Nächstes Ihre Handtasche dran. Nein, nein. Nicht das Lederding mit eingewebtem Innenlogo und verstärktem Taschenboden. Auch nicht der pastellfarbene Stoffbeutel vom dm-Markt, der mit zunehmenden Spielplatzbesuchen die unpraktische Lederdiva an Ihrer Schulter verdrängt hat. Ich rede von der Handtasche mit der Lenkstange und den vier Rollen. Die, mit der Sie so versehentlich wie regelmäßig Marmelade und Salatgurken ohne zu bezahlen aus dem Aldi geschoben haben. Aber abgesehen von den unorganisierten Verbrechen, die Sie mit Ihrer fahrbaren Handtasche begangen haben, zählt der Buggy wohl zu den treuesten und nützlichsten Begleiterscheinungen der Kleinkinderzeit. Das wissen Sie spätestens, wenn Sie das erste Mal ohne ihn mit Ihren Kindern im Urlaub durch irgendeine Innenstadt bummeln wollen.

Kommen wir zum dritten und letzten Nachruf, der mit den Worten »*Rest in peace*« nicht treffender formuliert werden könnte. Denn was gibt es Friedlicheres, als jenes Zeitfenster, in dem Eltern tagsüber in Ruhe ihre Füße hochlegen, um eine Tasse Kaffee später vor dem Fernseher einzunicken, während das Kind seinen Mittagsschlaf hält. Ja, der Mittagsschlaf ist heilig. Ist er doch für Eltern oft die einzige Möglichkeit, das Tageslicht für eigene Zwecke zu nutzen.

Deshalb, liebe Eltern, die Sie noch mittels Laufstall aufräumen, einen Stadtbummel mit dem Buggy erledigen oder mittagsschlafende Kinder haben: Genießen Sie es einfach. Es ist großartig.

Von einer, die auszog das Fürchten zu lehren

Es war einmal ein Mädchen. Das lebte mit seinen Eltern und einem älteren Bruder in einer kleinen Stadt nahe der tschechisch-österreichischen Grenze. Den Eltern gehörte ein Schreibwarengeschäft, hinter dessen Verkaufstresen sie die meiste Zeit des Tages standen. Aus diesem Grund verbrachte Hanni, wie das Mädchen von allen gerufen wurde, ihre ersten Lebensjahre bei der Großmutter. Nachdem jedoch Hannis Vater eines Tages voller Entsetzen feststellen musste, dass seine Tochter ausschließlich die Muttersprache der tschechischen Großmutter gelernt hatte, wurde diese umgehend des Hauses verwiesen und durfte erst wieder einen Fuß über die Schwelle setzen, nachdem das Mädchen fließend Deutsch sprach.

Leider blieb die Großmutter nicht die einzige Bezugsperson, die das Mädchen bereits in jungen Jahren verlor. Als Hannis älterer Bruder Georg zehn Jahre alt war, starb er an den Folgen einer Hirnhautentzündung. Ein schwerer Verlust, der unter anderem zur Folge hatte, dass das Mädchen nun abends allein durch die Gassen der kleinen Stadt ziehen musste, um den Vater nach Ladenschluss in einem der vielen Wirtshäuser ausfindig zu machen. Doch obwohl Hanni ihren betrunkenen Vater immer wieder, vom Gelächter der anderen Säufer begleitet, nach Hause zerren musste, zog sie den depressiven Vater der harten Mutter vor, die das Mädchen zwar nicht mit dem Rohrstock, dafür aber mit regelmäßiger Nichtbeachtung und Gefühlskälte strafte.

Dennoch schienen all die frühen Krisen aus dem kleinen Mädchen eine widerstandsfähige, selbstbewusste junge Frau gemacht zu haben. Denn entgegen dem ausdrücklichen Willen ihrer Mutter legte Hanna ihre Reifeprüfung ab und studierte im Anschluss daran Humanmedizin. Und als ihr erster Ehemann, den sie mit 24 Jahren während ihres Studiums heiratete, Hanna betrog, nahm sie dies keineswegs stillschweigend hin, sondern setzte ihn vor die Tür und reichte die Scheidung ein.

Inspiriert von ihrem akademischen Ausbilder Professor Dr. Ferdinand Sauerbruch* wollte Hanna ursprünglich Chirurgin werden. Dieser Wunsch wurde ihr allerdings ausdrücklich verwehrt. Immerhin handelte es sich um eine Zeit, in der Hanna selbst noch erleben musste, wie Professoren den Hörsaal verließen und sich weigerten zu unterrichten, solange weibliche Studenten im Auditorium saßen.

Am Ende aber promovierte sie nicht nur, sondern erhielt sogar ihre Zulassung als Fachärztin für Lungenerkrankungen und begann als Assistenzärztin in einem Krankenhaus zu arbeiten. Zwar hängte sie nach ihrer zweiten Hochzeit ihre berufliche Tätigkeit vorerst zugunsten der fünf folgenden Kinder an die Nägel, allerdings ließ sie ihre Karriere nie aus den Augen. Sie publizierte in Tageszeitungen und Fachzeitschriften, hielt Vorträge, engagierte sich ehrenamtlich in der Frauenschaft und der Volkswohlfahrt und schrieb sogar drei Bücher, von denen eines ein viel gefeierter Bestseller wurde.

Allerdings war es nicht Hannas bunt bebildertes Kinderbuch *Mutter, erzähl uns von Adolf Hitler*, das sich zu jener Zeit wie warme Semmeln verkaufte. Auch nicht ihr ebenfalls erfolgreicher Erziehungsratgeber *Unsere kleinen Kinder*. Die Rede ist von

---

* In der ersten Hälfte des 20. Jahrhunderts war Prof. Dr. Sauerbruch einer der bedeutendsten Chirurgen seiner Zeit und schrieb unter anderem mit seinen Verfahren zur operativen Brustkorböffnung Medizingeschichte. Aufgrund seiner außerordentlichen Leistungen wurde Sauerbruch zwischen 1912 und 1951 etwa sechzigmal für den Nobelpreis für Pathologische Medizin nominiert und ist somit quasi die Meryl Streep der Thoraxchirurgie.

ihrem Bestseller *Die deutsche Mutter und ihr erstes Kind.* Dieses Buch, das sich mit der Pflege und Handhabung von Neugeborenen und Säuglingen beschäftigte, avancierte bereits kurz nach seiner Veröffentlichung zum Standardwerk in deutschen Kinderstuben.

Zwar war es nicht besonders neu, was Frau Dr. Johanna Haarer da in ihren Büchern über Disziplin und Ordnung schrieb, sehr wohl allerdings, dass der preußische Drill von nun an auch für Neugeborene galt. Schritt für Schritt begleitete ihr Buch fortan junge, potenzielle und werdende Mütter und gab genaue Anweisungen. Und zwar von Anfang an:

> *»Ist das Kind abgenabelt (…) und atmet gut, so wird es zunächst in ein Tuch eingehüllt und beiseitegelegt.«*

Ganze 24 Stunden sollte ein Baby nach der Geburt von seiner Mutter getrennt aufbewahrt werden, und erst nach Ablauf dieser Zwangspause seiner Mutter zum ersten Mal übergeben werden. Die Wöchnerin sollte diese wertvolle Ruhezeit nutzen, um Kraft zu sammeln, denn von nun an lag ein stetiger Kampf vor ihr. Wie alle Mütter hatte sie nämlich einen »kleinen Haustyrannen« geboren, der vom ersten Atemzug an in seiner angeborenen Sucht nach Aufmerksamkeit und Nahrung kontrolliert werden musste.

»Wehret den Anfängen!« hieß es gleich zu Anfang, denn: »Das Kind gewöhnt sich (sonst) an die ständige Nähe und Fürsorge eines Erwachsenen und gibt bald keine Ruhe mehr, wenn es nicht Gesellschaft hat und beachtet wird.«

Allen bereits in den 1930er-Jahren vorliegenden entwicklungspsychologischen Erkenntnissen zum Trotz wurde die Mutter von Anfang an systematisch angeleitet, den geistig-seelischen Bedürfnissen ihres Kindes möglichst wenig Beachtung zu schenken.

»Vor allem mache sich die ganze Familie zum Grundsatz, sich nie ohne Anlass mit dem Kinde abzugeben. Das tägliche Bad, das regelmäßige Wickeln des Kindes und Stillen bieten Gelegenheit genug, sich mit ihm zu befassen, ihm Zärtlichkeit und Liebe zu erweisen und mit ihm zu reden. Die junge Mutter hat dazu natürlich keinerlei Anleitung nötig. Doch hüte sie sich vor allzu lauter Bekundung mütterlicher Gefühle.«

Denn, so warnte Haarer eindringlich, würde diese Form der »Affenliebe« Kinder nicht »erziehen«, sondern lediglich »verweichlichen«, »verzärteln« und »verziehen«.

Tatsächlich erteilte sie mitunter sogar den expliziten Rat, sich nicht am Gebaren älterer Generationen zu orientieren, da diese oftmals zu weich und nachgiebig im Umgang mit Säuglingen seien. Um aber den Willen eines Säuglings vom ersten Schrei an zu brechen, bedürfe es »freundlich distanzierter«, aber unnachgiebiger Mütter:

»Dann, liebe Mutter, werde hart! Fange nur ja nicht an, das Kind aus dem Bett herauszunehmen, es zu tragen, zu wiegen, zu fahren oder es auf dem Schoß zu halten, es gar zu stillen. Das Kind begreift unglaublich rasch, dass es nur zu schreien braucht, um eine mitleidige Seele herbeizurufen und Gegenstand solcher Fürsorge zu werden. Nach kurzer Zeit fordert es diese Beschäftigung mit ihm als ein Recht, gibt keine Ruhe mehr, bis es wieder getragen, gewiegt und gefahren wird – und der kleine, aber unerbittliche Haustyrann ist fertig.«

Dabei war Haarer keinesfalls eine Stillgegnerin. Ganz im Gegenteil:

»Deutsche Mutter, Du musst Dein Kind stillen! Aus Deiner Brust fließt die nährende Quelle, vom weisen Schöpfer mit allen Eigenschaften ausgestattet, die dem Kinde Gesundheit und Gedeihen verbürgen. (…) Nur, wenn Du Dein Kind stillst, erfüllst Du Deine Pflicht als Mutter. (…) Deutsche Mutter, wenn Du Dein Kind stillst, tust Du nicht nur Deine Schuldigkeit Deinem Kinde gegenüber, sondern erfüllst auch eine rassische Pflicht.«

Allerdings sollte das Stillen nur unter geringem Blickkontakt und in einem streng-kontrollierten Rahmen erfolgen:

»Alle Tage wird zu denselben Zeiten gestillt. (…) Erster Plan für 5 Mahlzeiten: Wir stillen um 6, 10, 15, 18 und 22 Uhr. Regelmäßige 4-stündige Pausen, Nachtruhe 8 Stunden.«

Sogar alternative Verdauungsfakten erfand die Medizinerin, damit ihre strikten Stillpläne eingehalten wurden. Zum Beispiel prophezeite sie Koliken, wenn die Stillabstände nicht eingehalten wurden und somit »frische« auf »alte« Milch im Säuglingsmagen traf. Oder sie drohte mit Langzeitschäden, wenn man dem evolutionsbedingten Wunsch des Kindes nach Nähe nachgab:

»Manche Verkrümmung der Wirbelsäule hat ihren Ursprung darin, dass das Kind ständig auf dem Arm gehalten wird.«

Aber auch später sollte die Nahrungsaufnahme, welche Haarer als eine der vielen »Kraftproben zwischen Mutter und Kind« bezeichnete, nach strikten Anweisungen erfolgen:

»Das Baby soll mit festem Griff bewegungslos gehalten werden, so dass es nur noch den Mund öffnen und schließen kann

*und schlucken muss, was der Erwachsene ihm zuteilt, und zu
einem Zeitpunkt, den dieser bestimmt.«*

Den Vätern wiederum wies Haarer, abgesehen von der Verteidigung des deutschen Volkes gegen seine Feinde, ausschließlich die Rolle des Ernährers zu, »… damit die Frau wieder ihrem natürlichen Beruf als Mutter und Hausfrau« nachgehen konnte, denn: »Mutterschaft und die Aufzucht ihrer Kinder. Dafür ist die Frau da.«

Allein knapp 700.000 Mal verkaufte sich Haarers *Die deutsche Mutter und ihr erstes Kind* im Dritten Reich. Es stand auf den Lehrplänen der Hauswirtschaftsschulen, diente als Grundlage für die von der NS-Mutterschaft initiierten, flächendeckenden Reichsmütterschulungen und wurde beim »Bund Deutscher Mädel« im Ausbildungsfach »Säuglingspflege« gelehrt. Haarer selbst sprach auf Kundgebungen und Großveranstaltungen, hielt Vorträge und publizierte immer weitere Schriften zum Thema Familie und Erziehung.

Bis schließlich am 7. Mai 1945 Generaloberst Alfred Jodl im französischen Reims die bedingungslose Kapitulation aller deutschen Truppen unterzeichnete. Zu diesem Zeitpunkt verlor die Parteifunktionärin und NS-Erziehungsexpertin Haarer dann, wie viele andere auch, plötzlich einen Großteil ihres Gedächtnisses. Aber obwohl sie mehrfach beteuerte, nichts von nichts gewusst zu haben (und beim Verfassen ihrer Rassenschwurbeleien lediglich auf der Schreibmaschine ausgerutscht sei), wurde sie nach Kriegsende von den Alliierten interniert und als »Täterin« eingestuft.

Haarers Ehemann Otto, den man, als »Mitläufer« eingestuft, wieder hatte laufen lassen, litt derweil zu Hause unter dem ungewissen Schicksal seiner internierten Frau. Auch die plötzliche Verantwortung für einen Haushalt, in dem zwei gebrechliche Schwiegereltern und fünf Kinder im Alter von 3 bis 13 Jahren lebten, wuchs ihm zusehends über den Kopf, weshalb er eines Tages sich und seine Sorgen nach einem langen Spaziergang im Jahre 1946 über den Rand einer Brücke warf (eine Tat, die Haarer später ihren Töchtern gegenüber als »einen Akt ungemeiner Schwäche« bezeichnen wird.)

Nach dem Freitod ihres Mannes wird Haarer schließlich aus der Lagerhaft entlassen. Da man ihr allerdings zur Strafe für ihre NS-Mittäterschaft die Zulassung entzogen hatte, durfte sie nicht mehr als selbstständige Fachärztin praktizieren. Stattdessen trat Haarer eine Stelle als beratende Ärztin beim Gesundheitsamt an, wo sie bis zu ihrer Rente Tuberkulose-Untersuchungen durchführte und Sprechstunden abhielt. Und nachdem ihr Verlag ihren einstigen Bestseller vom Herrenrassegeschwätz befreit hatte, durfte dieser ab 1949 auch wieder mit Genehmigung der Besatzungsmächte unter dem neuen und alten Titel *Die deutsche Mutter und ihr erstes Kind* auf den deutschen Markt, wo man es meinem Vater noch 1972 in einer Gelsenkirchener Buchhandlung als das Standardgeschenk für meine werdende Mutter verkaufte.

Zwar fand man in der entnazifizierten Ausgabe jetzt keine Sätze mehr wie:

> *»Auf uns Frauen wartet als unaufschiebbar dringlichste die eine uralte und ewig neue Pflicht: der Familie, dem Volk, der Rasse Kinder zu schenken.«*

Und auch Schwangerschaften wurden fortan nicht mehr als »die Front der Mütter unseres Volkes« bezeichnet, »die den Strom des Lebens, Blut und Erbe unzähliger Ahnen, die Güter des Volkstums und der Heimat, die Schätze der Sprache, Sitte und Kultur weitertragen und auferstehen lassen« bezeichnet. Dennoch blieben ihre pädagogischen Glaubenssätze nahezu vollständig erhalten. Nach wie vor sollte das Baby nach der Geburt von der Mutter getrennt aufbewahrt und mit möglichst viel Abstand zum eigenen Körper gehalten werden. Wegen der ständig drohenden Gewöhnungsgefahr sollte es weder übermäßig aufgehoben, beachtet noch herumgetragen werden, und sein Schreien sollte, solange es satt und sauber war, möglichst ignoriert werden.

Zwar behauptete Haarer auch nicht mehr, dass die Anwendung von Schmerzmitteln unter der Geburt »übertriebener Humanitätsduselei« und der »Abkehr vom Heroismus« geschuldet sei. Allerdings beharrte sie auch weiterhin darauf, dass erst eine Geburt mit möglichst wenig Gebrauch von künstlicher Schmerzerleichterung eine »Frau von Format« hervorbringen würde.

Ganze 1,2 Millionen Mal verkaufte sich die Säuglingsbibel der »NS-Gausachbearbeiterin für rassenpolitische Fragen«. Bis heute ist es der meistverkaufte Erziehungsratgeber Deutschlands. Obwohl die Autorin nie eine Ausbildung in (frühkindlicher) Pädagogik oder Kinder- und Jugendmedizin absolviert hatte, wurden ihre Thesen, die ausschließlich auf ihrer eigenen Meinung als Mutter oder Lungenfachärztin basierten, bis in die 1980er-Jahre hinein an pädagogischen Ausbildungsstätten gelehrt und in Kreissälen und auf Wöchnerinnenstationen praktiziert.

Vor allem aber ihre Kernaussage, dass der Säugling ein manipulatives Wesen sei, das es unter Kontrolle zu bringen galt und nicht durch zu viel Aufmerksamkeit und Körperkontakt zu verwöhnen, ist das wohl hartnäckigste Erbe, das uns Haarers verquere Thesen hinterlassen haben. Denn obwohl ihre standardisierte Anleitung zur Beziehungsarmut seit ihrem Tod 1987 nicht mehr nachgedruckt wurde und es mittlerweile zahlreiche Untersuchungen gibt über die emotionalen Langzeitschäden ihrer »Säuglingspflege«, die heute unter den Fachbegriff »schwarze Pädagogik« fällt, ziehen sich Haarers Erziehungsideale immer noch wie ein roter Faden durch unsere heutige Elternschaft.

Noch immer wird Eltern selbst bei einem wenige Wochen alten Säugling zu strikten Schlaf- oder Nahrungsrhythmen geraten. Es wird ihnen die Angst eingetrichtert, dass das Baby sonst niemals lernen würde, eine Zeit lang auf Nahrung zu verzichten oder gar eine Nacht durchzuschlafen. Ich kenne keine Eltern, die nicht nach der Geburt irgendwann von ihrem familiären oder sozialen Umfeld davor gewarnt wurden, ihre Kinder zu sehr zu verwöhnen, wenn sie sie viel auf dem Arm tragen oder in das elterliche Bett lassen.

Selbst unter Kinderärzten und Orthopäden kursieren immer noch die bereits mehrfach widerlegten Theorien, die auch die Lungenfachärztin Haarer vertrat, dass »Schreien die Lungen kräftigen würde« oder dass ihrer jungen Wirbelsäule zuliebe Säuglinge nicht im Tragetuch, sondern möglichst viel und flach auf dem Rücken liegen sollen.

Auch der Druck einer heroischen Geburt lastet vielerorts noch immer auf Müttern, eine PDA oder Kaiserschnittentbindung wird ihnen als Schwäche ausgelegt und nicht selten wird auch Vätern immer noch die biologische Befähigung abgesprochen, für die emotionalen Bedürfnisse ihrer Kinder sorgen zu können.

Am Ende liegt es also an uns, die Ratschläge jener Frau, die laut Aussage ihrer Tochter bis zu ihrem Tod überzeugte Nationalsozialistin gewesen sei, auszuschlagen. Ihre Einstellung und Glaubenssätze zu ignorieren, die bis heute besonders von jenen vehement verteidigt werden, die nicht müde werden zu betonen, was ihnen alles nicht geschadet habe. Wenn wir Eltern aber heute nicht mehr auf die Idee kommen würden, unsere Kinder zu willfährigen Befehlsempfängern, zu Gebärmaschinen und Kanonenfutter fürs Vaterland zu erziehen, dann sollten wir auch nicht auf Erziehungsmethoden zurückgreifen, die genau dieses damals im Schilde führten.

Literatur & Quellennachweise

Haarer, J., (1939) *Die deutsche Mutter und ihr erstes Kind.* Lehmanns Verlag München,

Haarer, J., (1973) *Die Mutter und ihr erstes Kind*, Carl Gerber Verlag

Haarer, G., (2012) *Die deutsche Mutter und ihr letztes Kind – Die Autobiografien der erfolgreichsten NS-Erziehungsexpertin und ihrer jüngsten Tochter*, Offizin Verlag Hannover

Fischbäck, P., (2010) *Zum Erziehungsratgeber »Die deutsche Mutter und ihr erstes Kind«* Grien Verlag

Internetarchiv der Universität Wien

Bayerischer Rundfunk, Dokumentation *Meine deutsche Mutter*, BR-Mediathek

Briefliche Mitteilungen vom 27.4.2005 von Dr. Anna Hutzel (geb. Haarer) an das Institut für Pädagogik und Zukunftsforschung (IPZF)

Wikipedia/Johanna Haarer/Ferdinand Sauerbruch/Eugenik

www.fembio.de

www.rabeneltern.org

www.gewünschtestes-wunschkind.de

Jedem Anfang wohnt ein verdammter Zauber inne

Ein leises Brummen dringt aus meiner Hosentasche, dicht gefolgt von einem kurzen Klingeln, das aus der Schlüsselbund-und-was-sonst-noch-herumfliegt-Schale im Hausflur tönt. Da der Franz sein Handy an den Wochenenden ignoriert, ziehe ich meins aus der Tasche und werfe einen kurzen Blick auf das Display. Mein Herz macht einen Satz. Und während mein Blick von der WhatsApp-Nachricht wieder zurück zum selig lächelnden Großen wandert, der gerade im Zentrum seines Geburtstagsfrühstücks hockt und Geschenke auspackt, schwimmen meine Augen bereits in Tränen. ›Wie schön, dass du geboren bist‹, denke ich. ʼDu und deine funkelnagelneue Cousine.‹

* * *

»Als ich dich nach deiner Geburt das erste Mal im Arm hielt, war ich so glücklich. Und gleichzeitig dachte ich: ›Wieder eine Sorge mehr.‹« Mit diesem Satz verstörte mich meine Mutter einmal vor vielen Jahren, als sie mir zum Geburtstag gratulierte. »Ach, das ist aber schön«, entgegnete ich damals und nahm ihr zur Strafe den Teller mit Geburtstagskuchen wieder weg. Dabei war mir natürlich klar, dass meine Mutter diesen Satz nicht in irgendeiner bösen Absicht vom Stapel gelassen hatte (weshalb ich ihr die Hälfte des Kuchens auch wieder zurückgab). Bei meiner Mutter handelt es sich nämlich um die menschgewordene Version des kleinen Mogwai Gizmo aus dem 1980er-Jahre-Film *Die Gremlins*. Ein äußerst gutmütiges, freundliches Wesen mit einer zauberhaften Singstimme, das sich lediglich in einen unkontrollierbaren

Albtraum verwandelt, sobald es ~~nass wird, Sonnenlicht ausge-~~ ~~setzt wird, nach Mitternacht gefüttert wird,~~ als Beifahrer in einem Auto sitzt, dessen Tachonadel auf der Autobahn die 80-Ki-
lometer-pro-Stunde-Marke knackt.

Dennoch verwirrte mich ihr »Wieder eine Sorge mehr«-State-
ment damals. Und zwar nicht nur inhaltlich, sondern auch in der
Art und Weise, wie sie es abgegeben hatte: mit einem liebevol-
len Lächeln, in das sich ein zutiefst wehmütiger Zug geschlichen
hatte. Dass sich dieser Zug irgendwann auch in mein eigenes Lächeln schleichen würde, hätte ich zu diesem Zeitpunkt nicht geglaubt. Aber es passierte. Und zwar zum ersten Mal in der Nacht,
als der Kleine auf die Welt kam. Dieses zweite, reichlich blaue
Wunder, das nach einer holprigen Entbindung schließlich mit
großen, weit geöffneten Augen zwischen seinen Eltern lag. In
diesem Moment habe ich plötzlich voll und ganz verstanden, was
meiner Mutter damals durch den Kopf und das Herz gegangen
war. Ja, es stimmt. Es *ist* eine Sorge mehr.

Aber es ist keine Sorge im Sinne einer Bürde oder einer neuen
Last. Vielmehr ist es das bereits vorhandene Wissen um die ganze
Tragweite, die dieses neue Leben mit sich bringt. Das Wissen um
die Schönheit des ersten Lächelns und der ersten Wörter. Aber
auch um die Tischkanten, an denen sich der kleine Kopf in unserer Hand noch stoßen wird. Das Tempo, in dem diese winzig kleinen Hände wachsen werden. Oder aber, dass wir irgendwann im Dunkeln an die Schlafzimmerdecke starren und uns bei
dem bloßen Gedanken, dass diesem kleinen Glück etwas zusto-
ßen könnte, die Tränen in die Ohren laufen.

Genau das ist es, was hinter diesem sonderbaren Lächeln
steckt. Hinter dem automatisch zur Seite geneigten Kopf und
der versonnenen, mitunter etwas scheel anmutenden Melancho-
lie, die sich beim Anblick eines Neugeborenen in die Gesichter
von Nicht-mehr-Neueltern schleicht. So wie vor ein paar Tagen
in mein Gesicht, nachdem ich mich mit beiden Kindern auf den

Weg gemacht hatte, um unser allerneustes Familienmitglied zu besuchen.

Da standen wir nun und blickten gemeinsam auf die kleine schlafende Schönheit in ihrem Stubenwagen. Und während ich so selig vor mich wieder-eine-Sorge-mehr-hinlächelte, stand der Große neben mir und hielt die winzige Hand seiner Cousine, die er auf der Hinfahrt seufzend als sein »schönstes Geburtstagsgeschenk« bezeichnet hatte.

Das wiederum war dem Kleinen nicht entgangen. Genauso wenig wie die Tatsache, dass ihn dieses kleine Würschtel in dem schwarzen *Star-Wars*-Strampler offensichtlich vom Niedlichkeitsthron der Großfamilie gestoßen hatte. Und während er den Rest des Besuchs stirnrunzelnd unter dem Stubenwagen hockte und einen Trostkeks nach dem anderen zerbröselte, lehnte sich der Große verschwörerisch zu mir hinüber und flüsterte: »Ich glaube, er ist ein bisschen eifersüchtig.« »Das glaube ich auch«, erwiderte ich leise und drückte ihm einen Kuss auf seinen Kopf, für den ich mich längst nicht mehr so tief bücken musste, wie zu der Zeit, als er selbst ein vier Jahre alter Babyskeptiker war.

Ab heute gehe ich ohne Feuchttücher auf den Spielplatz

Wenn man schon 70 Stunden die Woche in einem OP ohne Labor oder Röntgenkontrolle mitten im indischen Niemandsland gearbeitet hat, sollte man meinen, dass einen nichts mehr schocken kann. Da hatte ich allerdings auch noch nicht mein erstes Kind bekommen.

Mit einem Kind wird eine Reset-Taste im Leben gedrückt und plötzlich ist nichts mehr, wie es war. Die ersten Wochen fühlen sich an, als ob man unter dem permanenten Einfluss einer miesen Flasche Rotwein Origamischwäne faltet oder sich statt zu schlafen lieber zum x-ten Mal verheult einen Milchstau wegduscht. Dabei wollte ich doch mich und mein Baby in einem Tragetuch durch eine flotte Kangastunde wuppen, statt im Internet lauter Scheiße zu recherchieren (wieso ist die plötzlich grün, wenn das Kind erhöhte Temperatur hat … und wann zur Hölle spricht man eigentlich genau von dieser erhöhten Temperatur?).

Gibt es etwas Tragisch-Komischeres als eine schweißnasse Mutter, die ihr sich windendes, über und über in kaltgepresstem Bio-Mandelöl getränktes Kind anfleht, sich jetzt bitte endlich zu entspannen? Welche Mutter würde am liebsten ihre Nachbarin verklagen, weil sie dem Baby ungefragt einen Weißmehlzwieback geschenkt hat? Und welche Mutter putzt ihrem Baby nachts nach der Akutglobuligabe im Zehnminutentakt den ersten Zahn?

Gestatten: ich.

Ein neurotischer Einzelfall unter frisch gebackenen Müttern? Schön wär's!

Es wurde also dringend Zeit, dass ich mich in diversen Babyschwimmstillmusikkrabbelmassagekursen von anderen Müttern erden ließ. Was ich allerdings zu diesem Zeitpunkt noch nicht wusste, ist, dass ein Haufen Erstlingsmütter für eine Erstlingsmutter ungefähr so nützlich ist, wie eine Schule voller Kindergartenkinder, die sich gegenseitig Lesen und Schreiben beibringen wollen.

Ich habe nach meiner ersten PEKiP-Stunde den ganzen Heimweg über im Auto geweint, weil mein Sohn der Einzige in der Gruppe war, der mit zehn Monaten den Kopf noch nicht heben konnte, und wollte ernsthaft meine Autoschale wieder umtauschen, weil eine Mutter sie als bei Stiftung Warentest »nur mit gut getestet« identifiziert hatte. Wenn sie mich eine heroinspritzende Hure genannt hätte, wäre ich vermutlich genauso verletzt gewesen. Nehmen wir nur mal die unbedarfte Frage nach einem wunden Hintern. Sozusagen der Klassiker unter den »Was soll ich jetzt nur machen?«-Fragen des mütterlichen Alltags:

»Du musst dir UNBEDINGT die Honigwundsalbe von Burt's Bees bei Amazon bestellen.«

»Aber die hat doch tausend Allergene. Nein, nein, du musst dir UNBEDINGT das Ingeborg Stadelmann Lavendelhydrolat in der Bahnhofsapotheke bestellen.«

»Es gibt nichts Besseres als Heilwolle. Du musst dir UNBEDINGT Heilwolle besorgen. Ich bestelle die immer beim Hans Natur.«

»Wir lassen unsere Heilwolle immer direkt beim kbA*-zertifizierten Bauern vor Ort scheren und walken dann unsere eigenen Windeln. DAS solltest du UNBEDINGT mal ausprobieren.«

Abgesehen von Scheren und Walken habe ich tatsächlich alles brav gemacht. Heute würde ich wohl eher *Die Ritter der Kokos-*

---

* kontrolliert biologischer Anbau

nuss zitieren: »Erklärt mir doch bitte noch einmal, wie man mittels Tütenaufblasen Erdbeben verhindern kann!«

Jetzt kann ich darüber lachen. Aber wenn man gerade erst Mutter geworden ist, lastet diese neue Welt oft viel zu schwer und ernst auf unseren ungeübten Schultern. Alles will man richtigmachen. 100 Prozent. In unserem ersten Muttertagszeugnis soll »zur vollsten Zufriedenheit« stehen. Deswegen hat man für jeden Ratschlag, sei er hilfreich oder abstrus, ein offenes Ohr oder Portemonnaie. Bis die Notbremse gezogen wird. Denn die müssen wir irgendwann ziehen, wenn wir nicht irre werden wollen.

In meinem Fall war das ein spätsommerlicher Septembernachmittag. Es waren bereits ein paar Tage vergangen, seit mein Sohn seine erste Kerze auf dem ei-, zucker- und mehlfreien Möhrenkuchen ausgepustet hatte, als ich mit ihm auf dem Spielplatz saß. Er spielte im Sandkasten zwischen meinen Füßen und dem prall gefüllten Rucksack voller Picknickutensilien und Wechselwäsche. Mir gegenüber saß eine Mutter, deren Kinder ebenfalls den Sandkasten umgruben. Und während sie so dasaß und ihr müdes Gesicht der spätsommerlichen Sonne entgegenstreckte, schenkte sie mir kurz ein verschwörerisches Lächeln, als ihr Sohn mit wohligem Gegrunze seine Schaufel ablutschte. Dann schloss sie wieder die Augen und hielt ihr Gesicht weiter in die Sonne. Die Szene hat mich sehr berührt. Der Flügelschlag eines Schmetterlings kann also zumindest auf der anderen Seite des Sandkastens einen Tornado auslösen. Denn diese Frau wirkte, so ganz und gar im Gegensatz zu mir, trotz ihrer Müdigkeit angekommen.

Sie strahlte eine herrliche Scheiß-egal-Launigkeit aus und wirkte dabei zufrieden. Müde, aber zufrieden. Nicht liebevoller oder abgeklärter, schlauer oder empathischer als andere Mütter, sondern einfach nur wunderbar undurchgeknallt.

Da begriff ich, dass wenn ich meinen 40. Geburtstag ohne Betablocker oder Kuraufenthalt erleben wollte, ich endlich mit diesem (an dieser Stelle zitiere ich gerne meinen heute fünf Jahre alten

Sohn, wenn mal wieder die Erbsen auf der falschen Seite des Tellers liegen) »Scheißkackverdammtscheißkack« aufhören musste. Ich musste mich (und das musste ich tatsächlich UNBEDINGT) endlich verflucht noch einmal locker machen. Ich musste aufhören, mich ständig infrage zu stellen, und alles, was nicht sofort reibungslos lief, meinem persönlichen Versagen in die Schuhe zu schieben. Ich hatte viel zu viel Zeit darauf verschwendet, auf andere Leute zu hören oder Apfelscheiben sternförmig auszustechen, anstatt wirklich und wahrhaftig zur Ruhe zu kommen, um endlich diese feine, leise innere Stimme zu verstehen, die alle *Intuition* nennen und die ich bis dato vergeblich gesucht hatte.

Zwölf Fahrstunden habe ich gebraucht, um meinen Führerschein zu erhalten. Tatsächlich habe ich Jahre gebraucht, um Auto fahren zu können. Warum hatte ich also angenommen, dass mit dem Kind auch die Erfahrung geboren wird? Ich beschloss von nun an, dass es okay ist, wenn ich die Unterseite des Pulloverbundes zum Naseputzen der Kinder hernehme oder dass ein fünf Kilo Rapunzel-Basismüsli und ein Nutellaglas eine friedliche Koexistenz in meinem Küchenschrank führen können. Dass ich ihnen ab und zu ein Filly-Bob-der-Baumeister-mit-Plastikschisskram-Heft kaufen kann, ohne gleich mit geistiger Verwahrlosung zu rechnen. Ich würde auch aufhören, so zu tun, als würden wir ausschließlich im Urlaub an der Autobahnraststätte ausnahmsweise zu McDonald's fahren, weil ich nach einem langen Samstag im Schwimmbad sehr wohl die Vorzüge einer schnellen Pommes zu schätzen weiß.

Ein wunder Hintern ist für alle Beteiligten nicht schön und manchmal schlimm, aber er bedeutet nicht das Ende der Welt. Und wenn man dann noch hergeht und die ganzen anderen Mütter in seinem Freundes- und Bekanntenkreis sorgfältig durchsiebt, sollten nur noch die hängen bleiben, die einem am Ende einfach nur die Hand halten, wenn man sich über seinem Milchkaffee ausweint, und nicht diejenigen, die immer alles besser wissen.

Ich war heute auf dem Spielplatz. Ich habe mein Gesicht der Sonne zugewandt und die Schatten fielen hinter mich. Und das Beste: Ich hatte keine Feuchttücher dabei.

Das letzte Wort

Liebe Leserinnen*,

am 21.September 2014 habe ich den Text »Ab heute geh ich ohne Feuchttücher auf den Spielplatz« auf meinem Blog »Andrea Harmonika – Unterhaltung auf mittlerem Niveau« veröffentlicht.

Ich habe ihn damals geschrieben, nachdem meine Nachbarin Nadine, ebenfalls Mutter von damals zwei kleinen Kindern, in einer schlichten Geste der Solidarität meine Hand in die ihre genommen hatte, während ich mich bei ihr einen Milchkaffee lang an meinem Küchentisch über Schlafmangel und Trotzanfälle ausgeweint hatte. Bis heute wurde dieser Blogbeitrag über 300.000 Mal gelesen und auf Facebook mehr als 40.000 geliked, geteilt und kommentiert.

Und genau aus diesem Grund, liebe Leserinnen, möchte ich das letztes Wort jetzt an Sie richten: Danke, dass ich jeder Einzelnen von Ihnen, auf den Tag genau drei Jahre nach der Veröffentlichung der »Feuchttücher« ein ganzes Buch lang mein zwar nicht mehr ganz so müdes, dafür aber immer noch übervolles Herz ausschütten durfte.

Vielleicht sehen wir uns ja in ein paar Jahren wieder.

Mit noch mehr grauen Haaren und Problemen, die man als Eltern bekommt, sobald die Kinder hinter den Ohren durchgrünen.

---

* Denn machen wir uns nix vor: In neundreiviertel von zehn Fällen sind Sie eine Frau, die dieses Buch auf der Couch, in der Badewanne oder am Strand gelesen hat.

Bis dahin wünsche ich Ihnen und allen, deren große oder kleine Hände Sie halten, nur das Beste.

Und natürlich Banane.
Mit Zuckerguss und Sahne,

Andrea Harmonika

Schreibtisch, 21.09.2017

Das allerletzte Wort

ist ein großes Danke.

Und mit eins meine ich fünf.

Zwei davon gehen an meine beiden Mütter, und zwar für so viel mehr als Bügelwäsche und Apfelpfannkuchen.

Und die restlichen drei an meinen Produzenten Cindy und meine Agenten Franziska und Leonie, weil sie auf mich gesetzt haben, ohne dass ich vorher mit ihnen schlafen musste.

Was brauchen Familien wirklich?

Nina Katrin Straßner
KEINE KINDER SIND
AUCH KEINE LÖSUNG
Schützenhilfe von
der Juramama
304 Seiten
ISBN 978-3-404-60935-2

»Bekommt endlich mehr Kinder«, tönt es seit Jahren aus aller Munde. Sind die dann aber da, haben wir den Salat. Im Beruf werden Mütter und geltende Gesetze ausgebremst. Väter, die mehr als zwei Monate Elternzeit nehmen, sind auch weg vom Fenster. Und wenn die Eltern ihren Kummer im Biergarten ertränken wollen, nagelt einer ein Schild an den Eingang: »Kinder verboten!« Nina Straßner sagt, was wir tun können. Die Juristin lotst Eltern mit leichter Feder durch alles Gesetzliche und erklärt, wann wir Arbeitgeber belügen dürfen, warum sich tobende Kinder im Supermarkt rechtlich einwandfrei benehmen und weswegen übergewichtige Königspinguine ein optimales Rollenbild abgeben.

Bastei Lübbe